ADMINISTRATIVE
LAW

スタンダード
行政法

村上裕章
MURAKAMI HIROAKI

有斐閣

# はしがき

　本書は，行政法を簡潔にわかりやすく解説した入門書です。読者として想定しているのは，法律系学部や法科大学院で初めて行政法を学ぶ人や，公務員試験や資格試験のために行政法を学ぶ人などです。行政法の基本を改めて確認するためにも役立つと思います。

　本書の特色として，以下の点をあげることができます。

## ① 通説判例のわかりやすい説明

　本書では，具体例をあげたり，図表を用いたり，定義や要件を明確に示したりして，通説判例をできるだけわかりやすく説明しています。巻頭で「行政法の学び方」を解説するとともに，各章の冒頭で各部分の概要を示し，全体像をつかめるよう工夫しています。

## ② 沿革や比較法による立体的理解

　入門書としての限界はありますが，これまでの沿革を説明したり，比較法的な特色を明らかにすることにより，日本の現行法を立体的に理解できるよう配慮しています。たとえば，伝統的理論とされる田中二郎の学説は，すでに時代遅れとなった部分も多いのですが，現行法を理解する上で重要と思われる事項を説明しています。

## ③ 演習問題による基本的事項の確認

　各章に演習問題を付しました。応用問題ではなく，基本的事項を確実に理解することを目的とするものです。解答例もつけましたので，自学自習に役立てて下さい。

## ④ コラムでより深い学びへ

　本書は入門書ですが，より深い学びへと導くために，要所にコラムを設けています。その内容は，より高度な論点の説明，最新の議論の紹介，法改正の整理，

異なった視点からの検討など，さまざまです。

　本書のもとになったのは，「法学教室」463 号〜486 号（2019 年 4 月〜2021 年 3 月）に連載した「スタンダード行政法」です。このタイトルとしたのは，〈行政法学のスタンダードな（標準的な）内容を，簡潔にわかりやすく解説する〉という趣旨からです。しかし，さらに，〈スタンダード・ナンバーのように，シンプルでわかりやすいが，含蓄に富んでおり，再読に耐えるものをめざす〉という意図もありました。この目標を達成できたとはとうていいえませんが，機会があれば今後も改善を重ねたいと考えています。

　連載の企画段階では「法学教室」編集部の清田美咲さんから，執筆中から書籍化にかけては同じく菅野真吾さんから，多くの的確かつ有益なご助言を得ることができました。鈴木淳也編集長からは，折に触れて温かい励ましのお言葉をいただきました。本書は編集部との二人三脚から生まれたものです。

　書籍化にあたっては，岡山大学学術研究院社会文化科学学域の田代滉貴講師，九州大学大学院法学研究科修士課程の小川直斗君，森保広大君，同法学部の志水佑衣さん，徳田りささん，井上碧君，安河内優文君から，読者目線の貴重なアドバイスをいただきました（肩書きは当時のもの）。ここに記して深謝いたします。

2021 年 10 月

村上裕章

はしがき ........................................................................................ i

目次 ............................................................................................. iii

凡例 ............................................................................................. xi

## 序章　　　　　　行政法の学び方　　　　　001

❶行政法とほかの法分野との関係 [002]　❷行政法の特色 [002]　❸行政法の体系 [003]
❹行政法の学習方法 [003]

## 第1章　　　　　　行政法の基礎　　　　　007

**第1節　行政法** ......................................................................... 009

Ⅰ．　行政とは何か ..................................................................... 009
　❶行政の意義 [009]　❷行政の分類 [011]

Ⅱ．　行政法の歴史 ..................................................................... 011
　❶諸外国の状況 [012]　❷日本の状況 [012]

Ⅲ．　行政法とは何か ................................................................. 013
　❶行政法の意義 [013]　❷公法私法二元論 [013]　❸公法私法二元論に対する批判 [014]

**第2節　行政法の法源** ............................................................. 017

Ⅰ．　法源とは何か ..................................................................... 017

Ⅱ．　成文法源 ........................................................................... 017
　❶憲法 [018]　❷条約 [018]　❸法律 [018]　❹命令 [019]　❺条例及び規則 [019]

Ⅲ．　不文法源 ........................................................................... 020
　❶慣習法 [020]　❷判例法 [021]　❸行政上の法の一般原則 [021]

**第3節　「法律による行政」の原理** ......................................... 025

Ⅰ．　「法律による行政」の原理とは何か ................................... 025

Ⅱ．　法律の法規創造力 ............................................................. 025

Ⅲ．　法律の優位 ....................................................................... 025

Ⅳ．　法律の留保 ....................................................................... 026
　❶法律の留保の意義 [026]　❷法律の留保に関する学説 [027]

**第4節　行政裁量** ..................................................................... 030

Ⅰ．　行政裁量とは何か ............................................................. 030
　❶行政裁量の意義 [030]　❷行政の判断過程 [031]
　❸明治憲法下の考え方 [032]　❹現在の考え方 [033]

Ⅱ．　行政裁量の種類 ................................................................. 034

iii

❶行為形式等による分類 [034]　❷裁量の所在による分類 [034]
❸裁量の根拠による分類 [035]　❹裁量権の広狭による分類 [036]

Ⅲ． 行政裁量と司法審査 ……………………………………………………… 037
❶裁量権の逸脱濫用 [037]　❷司法審査の密度 [038]　❸司法審査の手法 [040]

第5節　行政手続 …………………………………………………………………… 042

Ⅰ． 行政手続とは何か ………………………………………………………… 042
❶行政手続の意義 [042]　❷行政手続の種類 [042]　❸行政手続の重要性 [043]
❹行政手続の法源 [044]

Ⅱ． 主要な行政手続 …………………………………………………………… 046
❶告知・聴聞 [046]　❷文書閲覧 [048]　❸理由の提示(理由付記) [049]　❹基準の設定・公表 [053]

Ⅲ． 手続瑕疵の効果 …………………………………………………………… 053
❶学説 [053]　❷判例 [054]

演習問題・解答例 ………………………………………………………………… 055


# 第2章　　　　　　　　　行政組織　　　　059

第1節　行政主体とは何か ……………………………………………………… 061
Ⅰ． 行政主体の意義 …………………………………………………………… 061
Ⅱ． 行政主体の種類 …………………………………………………………… 061

第2節　行政組織の基本原理 …………………………………………………… 064
Ⅰ． 行政機関の意義 …………………………………………………………… 064
Ⅱ． 行政機関の種類 …………………………………………………………… 064
Ⅲ． 権限の代行方式 …………………………………………………………… 065
Ⅳ． 上級行政機関の指揮監督権 ……………………………………………… 066
Ⅴ． 行政機関相互間の協議 …………………………………………………… 067

第3節　国の行政組織 …………………………………………………………… 068
Ⅰ． 概説 ………………………………………………………………………… 068
Ⅱ． 内閣 ………………………………………………………………………… 068
Ⅲ． 内閣府及び省 ……………………………………………………………… 068
Ⅳ． 庁 …………………………………………………………………………… 069
Ⅴ． 委員会 ……………………………………………………………………… 069
Ⅵ． 附属機関 …………………………………………………………………… 069
Ⅶ． 内部部局等 ………………………………………………………………… 070

第4節　普通地方公共団体の組織 ……………………………………………… 071
Ⅰ． 概説 ………………………………………………………………………… 071
Ⅱ． 議会 ………………………………………………………………………… 071

iv

| Ⅲ. | 長 | 071 |
| Ⅳ. | 委員会（委員） | 072 |
| 演習問題・解答例 | | 073 |

## 第3章　　　　　行政の行為形式　　　　　075

### 第1節　行政立法 ......078
Ⅰ. 行政立法とは何か ......078
Ⅱ. 法規命令 ......078
❶法規命令の意義 [078] ❷法規命令の種類 [079] ❸委任の限界 [080]
❹法規命令の制定手続 [083]
Ⅲ. 行政規則 ......084
❶行政規則の意義 [084] ❷行政規則の種類 [084] ❸行政規則の特色 [085]
❹行政規則の外部化 [086]

### 第2節　行政行為 ......089
Ⅰ. 行政行為とは何か ......089
❶行政行為の意義 [089] ❷行政行為の重要性 [090] ❸講学上の概念としての行政行為 [091]
Ⅱ. 行政行為の種類 ......091
❶授益的行為と侵害的行為 [091] ❷内容による伝統的な分類 [092]
Ⅲ. 行政行為の効力 ......096
❶公定力 [096] ❷不可争力 [100] ❸執行力 [101] ❹不可変更力 [101]
Ⅳ. 行政行為の瑕疵 ......102
❶行政行為の瑕疵とは何か [102] ❷行政行為の無効と取消し [103] ❸瑕疵に関する特例 [106]
Ⅴ. 職権取消しと撤回 ......109
❶行政行為の効力の発生と消滅 [109] ❷職権取消し [110] ❸撤回 [112]
Ⅵ. 行政行為の附款 ......113
❶附款の意義 [113] ❷附款の種類 [113] ❸附款の限界 [115]
Ⅶ. 行政行為の手続 ......116
❶概説 [116] ❷申請に対する処分 [116] ❸不利益処分 [120]
❹処分等の求め [124] ❺届出 [125]

### 第3節　行政契約 ......126
Ⅰ. 行政契約とは何か ......126
❶行政契約の意義 [126] ❷行政契約の種類 [126]
Ⅱ. 行政契約と法 ......127
❶法律の根拠 [127] ❷実体法上の規律 [127] ❸手続法上の規律 [130]
Ⅲ. 救済手段 ......130

❶契約の相手方 [130] ❷第三者 [130]

**第4節　行政指導** ………………………………………………………………………… 131
　Ⅰ．　**行政指導とは何か** ……………………………………………………………… 131
　　❶行政指導の意義 [131] ❷行政指導のメリット・デメリット [131] ❸行政指導の種類 [132]
　Ⅱ．　**行政指導と法** ………………………………………………………………………… 133
　　❶法律の根拠 [133] ❷実体法上の規律 [133] ❸手続法上の規律 [135]
　Ⅲ．　**救済手段** ……………………………………………………………………………… 135
　　❶行政指導の中止等の求め [135] ❷取消訴訟 [136] ❸損害賠償訴訟 [136]

**第5節　行政計画** ………………………………………………………………………… 137
　Ⅰ．　**行政計画とは何か** ……………………………………………………………… 137
　　❶行政計画の意義 [137] ❷行政計画の種類 [137] ❸行政計画の法的性質 [138]
　Ⅱ．　**行政計画と法** ………………………………………………………………………… 138
　　❶法律の根拠 [138] ❷実体法上の規律 [138] ❸手続法上の規律 [139]
　Ⅲ．　**救済手段** ……………………………………………………………………………… 140
　　❶取消訴訟 [140] ❷損害賠償訴訟 [140]

演習問題・解答例 ………………………………………………………………………… 141

---

# 第4章　　　行政上の実効性確保手段　　145

**第1節　行政上の強制執行** …………………………………………………………… 147
　Ⅰ．　行政上の強制執行とは何か ………………………………………………… 147
　Ⅱ．　行政代執行 ……………………………………………………………………………… 148
　　❶意義 [148] ❷要件 [148] ❸手続 [150] ❹救済手段 [150]
　Ⅲ．　直接強制 ………………………………………………………………………………… 150
　Ⅳ．　執行罰 ……………………………………………………………………………………… 151
　Ⅴ．　行政上の強制徴収（滞納処分）……………………………………………… 152
　Ⅵ．　行政上の義務の司法的執行 …………………………………………………… 152
　　❶問題の所在 [152] ❷行政上の強制執行が可能な場合 [153]
　　❸行政上の強制執行ができない場合 [154]

**第2節　即時強制** ………………………………………………………………………… 156
**第3節　行政上の制裁** ………………………………………………………………… 158
　Ⅰ．　行政上の制裁とは何か ………………………………………………………… 158
　Ⅱ．　行政罰 ……………………………………………………………………………………… 158
　　❶意義 [158] ❷行政刑罰 [158] ❸行政上の秩序罰 [159]
　Ⅲ．　その他の制裁 ………………………………………………………………………… 160
演習問題・解答例 ………………………………………………………………………… 161

vi

# 第5章　　行政情報の収集・管理・利用　165

| | | |
|---|---|---|
| **第1節** | **行政調査** | 167 |
| Ⅰ. | 行政調査とは何か | 167 |
| | ❶行政調査の意義 [167]　❷種類 [167] | |
| Ⅱ. | 行政調査と法 | 168 |
| | ❶法律の根拠 [168]　❷実体法上の規律 [168]　❸手続法上の規律 [169] | |
| Ⅲ. | 救済手段 | 169 |
| **第2節** | **公文書管理制度** | 170 |
| **第3節** | **情報公開制度** | 171 |
| Ⅰ. | 情報公開制度とは何か | 171 |
| Ⅱ. | 適用範囲 | 171 |
| Ⅲ. | 開示・不開示の判断 | 172 |
| | ❶不開示情報 [172]　❷部分開示 [175]　❸裁量的開示 [175]　❹存否応答拒否 [175] | |
| Ⅳ. | 開示請求に対する手続 | 176 |
| Ⅴ. | 救済手段 | 176 |
| | ❶不服申立て [176]　❷訴訟 [177] | |
| **第4節** | **個人情報保護制度** | 178 |
| Ⅰ. | 個人情報保護制度とは何か | 178 |
| Ⅱ. | 適用範囲 | 179 |
| Ⅲ. | 個人情報の取扱い | 180 |
| Ⅳ. | 本人の権利 | 181 |
| Ⅴ. | 救済手段 | 182 |
| Ⅵ. | 監視制度 | 182 |
| 演習問題・解答例 | | 183 |

# 第6章　　行政争訟　187

| | | |
|---|---|---|
| **第1節** | **行政訴訟とは何か** | 189 |
| Ⅰ. | 行政争訟の意義 | 189 |
| | ❶行政訴訟と行政上の不服申立て [189]　❷両者のメリット・デメリット [189] | |
| Ⅱ. | 行政訴訟の意義 | 190 |
| | ❶諸外国における行政訴訟制度 [190]　❷日本における行政訴訟制度の沿革 [190] | |
| | ❸現行法上の行政訴訟 [192] | |
| Ⅲ. | 行政訴訟の種類 | 194 |
| | ❶行政訴訟の諸類型 [194]　❷抗告訴訟の種類 [197] | |

| 第2節 | 取消訴訟の訴訟要件 | 201 |
|---|---|---|
| Ⅰ. | 処分性 | 201 |

❶処分性とは何か [201]　❷公権力性 [202]　❸法的効果 [205]　❹外部性 [208]　❺成熟性 [209]

| Ⅱ. | 原告適格 | 214 |
|---|---|---|

❶原告適格とは何か [214]　❷行政事件訴訟法改正までの判例 [216]
❸行政事件訴訟法の改正 [222]

| Ⅲ. | （狭義の）訴えの利益 | 226 |
|---|---|---|

❶（狭義の）訴えの利益 とは何か [226]　❷処分等の効果の消滅 [228]
❸「回復すべき法律上の利益」[231]

| Ⅳ. | 被告適格 | 234 |
|---|---|---|
| Ⅴ. | 管轄裁判所 | 235 |
| Ⅵ. | 審査請求前置 | 236 |
| Ⅶ. | 出訴期間 | 237 |
| Ⅷ. | 教示制度 | 237 |
| 第3節 | 取消訴訟の審理 | 239 |
| Ⅰ. | 審理の対象 | 239 |

❶取消訴訟の訴訟物 [239]　❷主張事由の制限 [239]　❸違法判断の基準時 [242]

| Ⅱ. | 審理手続 | 244 |
|---|---|---|

❶民事訴訟法の適用 [244]　❷釈明処分の特則 [244]　❸職権証拠調べ [244]
❹訴訟参加 [245]　❺立証責任 [246]

| 第4節 | 取消訴訟の判決 | 249 |
|---|---|---|
| Ⅰ. | 判決の種類 | 249 |
| Ⅱ. | 判決の効力 | 250 |

❶既判力 [250]　❷形成力 [250]　❸拘束力 [251]

| 第5節 | その他の行政訴訟 | 253 |
|---|---|---|
| Ⅰ. | 無効等確認訴訟 | 253 |

❶意義 [253]　❷訴訟要件 [254]　❸審理 [257]　❹判決 [257]

| Ⅱ. | 不作為の違法確認訴訟 | 258 |
|---|---|---|

❶意義 [258]　❷訴訟要件 [258]　❸審理 [259]　❹判決 [259]

| Ⅲ. | 義務付け訴訟 | 260 |
|---|---|---|

❶概説 [260]　❷非申請型義務付け訴訟 [261]　❸申請型義務付け訴訟 [264]

| Ⅳ. | 差止訴訟 | 266 |
|---|---|---|

❶意義 [266]　❷訴訟要件 [268]　❸審理 [271]　❹判決 [272]

| Ⅴ. | 公法上の当事者訴訟 | 272 |
|---|---|---|

❶意義 [272]　❷訴訟要件 [273]　❸審理 [276]　❹判決 [276]

| 第6節 | 仮の救済 | 277 |
|---|---|---|
| Ⅰ. | 概説 | 277 |

viii

Ⅱ. 執行停止 ........................................................................ 278
　❶意義 (278)　❷要件 (278)　❸手続 (279)

Ⅲ. 仮の義務付け・仮の差止め ........................................ 279
　❶意義 (279)　❷要件 (280)　❸手続 (280)

Ⅳ. 内閣総理大臣の異議 .................................................... 281

第7節 行政上の不服申立て ............................................ 282

Ⅰ. 行政上の不服申立てとは何か .................................... 282
　❶意義 (282)　❷沿革 (282)　❸現行法上の不服申立て (283)

Ⅱ. 審査請求の適法要件 .................................................... 285
　❶処分についての審査請求 (285)　❷不作為についての審査請求 (287)　❸教示制度 (288)

Ⅲ. 審査請求の審理 ............................................................ 289
　❶概説 (289)　❷審理手続 (290)

Ⅳ. 審査請求に対する裁決 ................................................ 293
　❶裁決の種類 (293)　❷裁決の効力 (294)

Ⅴ. 仮の救済 ........................................................................ 295

演習問題・解答例 ................................................................ 296


# 第7章　国家補償　301

第1節 国家賠償 ................................................................ 303

Ⅰ. 国家賠償とは何か ........................................................ 303
　❶国家賠償の意義 (303)　❷国家賠償制度の沿革 (303)　❸現行法上の国家賠償 (305)

Ⅱ. 公権力の行使にもとづく責任 .................................... 305
　❶意義 (305)　❷要件 (306)　❸公務員の個人責任 (325)

Ⅲ. 営造物の設置管理にもとづく責任 ............................ 327
　❶意義 (327)　❷要件 (327)　❸他の責任者への求償 (337)

Ⅳ. 賠償責任者 .................................................................... 337
　❶費用負担者の責任 (337)　❷内部関係における求償 (338)

第2節 損失補償 ................................................................ 340

Ⅰ. 損失補償とは何か ........................................................ 340
　❶損失補償の意義 (340)　❷損失補償制度の沿革 (340)　❸現行法上の損失補償 (341)

Ⅱ. 損失補償の要否 ............................................................ 342
　❶一般的基準 (342)　❷財産権が剥奪される場合 (342)　❸財産権が制限される場合 (344)

Ⅲ. 損失補償の内容 ............................................................ 347
　❶「正当な補償」の意味 (347)　❷通損補償 (350)　❸精神的損失に対する補償 (350)
　❹生活権補償 (351)

| 第 3 節 | 国家補償の谷間 | 352 |
|---|---|---|
| Ⅰ. | 国家補償の谷間とは何か | 352 |
| Ⅱ. | 予防接種事故による被害者の救済 | 352 |

演習問題・解答例 354

事項索引 358

判例索引 368

## COLUMN

| | | |
|---|---|---|
| **0** | 調査官解説 | 005 |
| **1-1** | 日本行政法学の父　田中二郎 | 010 |
| **1-2** | 青色申告 | 023 |
| **1-3** | 特別権力関係論 | 029 |
| **1-4** | 原子力発電所に対する規制の変遷 | 036 |
| **1-5** | 司法審査の密度と手法 | 038 |
| **1-6** | 実体的審査と判断過程審査の関係 | 041 |
| **1-7** | 明文に定めのない手続の根拠 | 048 |
| **1-8** | 理由の差替えを認めるべきか | 052 |
| **2-1** | 指定法人 | 063 |
| **2-2** | 機関委任事務 | 072 |
| **3-1** | 「しくみ解釈」の重要性 | 077 |
| **3-2** | 「行政立法」か「行政基準」か | 078 |
| **3-3** | 告示の対象となる行為の法的性質 | 085 |
| **3-4** | 行政行為と処分の関係 | 091 |
| **3-5** | 公定力に関する考え方の変遷 | 097 |
| **3-6** | 重大明白説の根拠 | 106 |
| **3-7** | 違法性の承継と区別すべき問題 | 109 |
| **3-8** | 条件と負担の区別 | 114 |
| **3-9** | 申請権（応答義務）と訴訟の関係 | 117 |
| **3-10** | 届出の争い方 | 125 |
| **3-11** | 要綱行政 | 132 |
| **3-12** | 品川マンション事件と行政手続法33条 | 135 |
| **4-1** | 行政上の強制執行制度の変遷 | 147 |
| **4-2** | 自主条例にもとづく義務と行政代執行 | 149 |
| **4-3** | 直接強制と即時強制の区別 | 157 |
| **5-1** | 公務員の氏名を開示すべきか | 173 |
| **5-2** | インカメラ審理の必要性 | 177 |
| **6-1** | 2004年行政事件訴訟法改正 | 192 |

| | | |
|---|---|---|
| **6-2** | 田中二郎の公法私法二元論と行政事件訴訟法 | 193 |
| **6-3** | 住民訴訟 | 196 |
| **6-4** | 処分性拡大論と訴訟類型多様化論 | 202 |
| **6-5** | 国営空港等による騒音の争い方 | 204 |
| **6-6** | 名宛人の原告適格 | 214 |
| **6-7** | 新潟空港訴訟の背景事情 | 220 |
| **6-8** | 原告の死亡と訴訟承継の可否 | 228 |
| **6-9** | 「はいそれまでよ論」の射程 | 230 |
| **6-10** | 原発訴訟における安全性の判断基準 | 243 |
| **6-11** | 絶対効説と相対効説の対立 | 250 |
| **6-12** | 3つのもんじゅ訴訟上告審判決 | 256 |
| **6-13** | 義務付け判決と第三者効 | 263 |
| **6-14** | 本案勝訴要件か訴訟要件か | 266 |
| **6-15** | 長野勤評事件は生きているか | 268 |
| **6-16** | 差止訴訟の対象となる権力的事実行為 | 268 |
| **6-17** | 2014年行政不服審査法改正 | 283 |
| **6-18** | 不服申立てにおける「概括主義」の意味 | 284 |
| **6-19** | 相当の期間の経過の位置づけ | 288 |
| **7-1** | 広義説の問題点 | 307 |
| **7-2** | 職務義務違反説の起源 | 314 |
| **7-3** | 規制義務の理論的説明 | 318 |
| **7-4** | 反射的利益論の位置づけ | 323 |
| **7-5** | 瑕疵論争と判例 | 329 |
| **7-6** | 財政的制約を考慮すべきか | 332 |
| **7-7** | 請求権発生説と相当補償説の関係 | 342 |
| **7-8** | 「正当な補償」に関する判例の読み方 | 350 |

# 凡例

## ① 判例の表示

大判(決) ············ 大審院判決(決定)
最大判(決) ········ 最高裁判所大法廷判決(決定)
最判(決) ············ 最高裁判所第一〜第三小法廷判決(決定)
高判(決) ············ 高等裁判所判決(決定)
地判(決) ············ 地方裁判所判決(決定)

表示例:最判昭和 50・2・25 民集 29 巻 2 号 143 頁

●年月日は「・」で表示。
●出典は,判例集の通し頁を表示(出典の略語は下記②参照)。

## ② 判例集・雑誌等の略語

民録 ····················· 大審院民事判決録
民(刑)集 ··········· 大審院・最高裁判所民事(刑事)判例集
行集 ····················· 行政事件裁判例集
訟月 ····················· 訟務月報
最判解民事(刑事)篇 ········ 最高裁判所判例解説民事(刑事)篇
判時 ····················· 判例時報
判タ ····················· 判例タイムズ
法教 ····················· 法学教室

## ③ 教科書等の略語

宇賀・概説 I ·········· 宇賀克也『行政法概説 I〔第 7 版〕』(有斐閣,2020年)
宇賀・概説 II ········· 宇賀克也『行政法概説 II〔第 7 版〕』(有斐閣,2021年)
小林・行訴法 ········ 小林久起『行政事件訴訟法』(商事法務,2004年)
塩野・行政法 I ······ 塩野宏『行政法 I〔第 6 版〕』(有斐閣,2015年)
塩野・行政法 II ····· 塩野宏『行政法 II〔第 6 版〕』(有斐閣,2019年)
塩野・行政法 III ···· 塩野宏『行政法 III〔第 5 版〕』(有斐閣,2021年)
田中・行政法上 ···· 田中二郎『新版行政法(上)〔全訂第 2 版〕』(弘文堂,1974年)
百選 I・II ············ 宇賀克也ほか編『行政判例百選 I・II〔第 7 版〕』(有斐閣,2017年)

本書のコピー，スキャン，デジタル化等の無断複製は著作権法上での例外を除き禁じられています。本書を代行業者等の第三者に依頼してスキャンやデジタル化することは，たとえ個人や家庭内での利用でも著作権法違反です。

ADMINISTRATIVE
LAW

INTRODUCTION

序章

行政法の学び方

## ❶ 行政法とほかの法分野との関係

　行政法の意味についてはのちに詳しく説明するが（⇨第1章第1節Ⅲ），さしあたり，「行政に適用される法」と理解しておこう。

　行政法とほかの法分野との関係については，憲法の具体化であるとともに，民刑事法の応用であるということができる。

　「行政」は国家の三権（立法・司法・行政）の一つであるが，これら三権の権限や相互関係については，憲法によってその基本原則が規定されている。行政法は，行政の作用や組織についてより具体的に定める法である。たとえば，日本国憲法には内閣に関する規定があるが（憲法第5章），詳しくは内閣法以下の法令に規定されている。この意味で，行政法を**憲法の具体化**ということができる。

　他方で，行政法の内容を見ていくと，民事法・刑事法を基本としつつ，行政に適用されることを理由として，一定の修正を加えたものであることが多い。たとえば，行政作用に対して，民法の対抗要件の規定（民法177条）が適用されるかどうかが議論されている（⇨第1章第1節Ⅲ）。この意味で，行政法を**民刑事法の応用**ということができる。

## ❷ 行政法の特色

　行政法の特色として，憲法，民法，刑法のような**基本となる法典がない**ということがある。行政法の分野でも，行政手続法，行政不服審査法，行政事件訴訟法，国家賠償法など，重要な法律は存在するが，いずれも行政法の全体をカバーしているわけではない。それを理由に，行政法の学習が難しいという声をしばしば聞く。

　しかし，本書で説明するように，基本法典が存在しないとしても，行政法学が一般理論を組み立てており，これを学ぶことによって，行政法の全体像を理解することができる。たとえば，実定法上は，許可，免許，命令などさまざまな用語が使われている。行政法学はこれらを抽象化して，「行政行為」という概念を作り出し，その一般的な性質を解明している（⇨第3章第2節）。

## ❸ 行政法の体系

現在の一般的な考え方によれば，行政法は，①行政作用に適用される法の一般的な枠組みを論じる**行政作用法**，②行政作用によって権利利益が損なわれた場合の救済手段を論じる**行政救済法**，③行政を行う主体（国や地方公共団体などの行政主体）がいかに組織されているかを論じる**行政組織法**から構成される（⇨ 図 0-1）。

本書では，前半（第 1 章〜第 5 章）で行政作用法と行政組織法（基本的部分）を，後半（第 6 章・第 7 章）で行政救済法を扱う。

**◊ 図 0-1　行政法の体系**

**①行政作用法**…行政作用に適用される法の一般的な枠組みを論じる部分
- (a) 行政法の基本原理＝行政法の法源，基本原理，行政裁量，行政手続 ⇨本書第 1 章
- (b) 行政の行為形式＝行政立法，行政行為，行政契約，行政指導，行政計画 ⇨本書第 3 章
- (c) 行政の実効性確保手段＝行政上の強制執行，即時強制，行政上の制裁 ⇨本書第 4 章
- (d) 行政情報の収集・管理＝行政調査，公文書管理，情報公開，個人情報保護
  ⇨本書第 5 章

**②行政救済法**…行政作用によって権利利益が損なわれた場合の救済手段を論じる部分
- (a) 行政争訟（行政作用の是正を求める手段）＝行政訴訟，行政上の不服申立て
  ⇨本書第 6 章
- (b) 国家補償（金銭による補償を求める手段）＝国家賠償，損失補償，国家補償の谷間
  ⇨本書第 7 章

**③行政組織法**…行政を行う主体（国や地方公共団体などの行政主体）がいかに組織されているかを論じる部分 ⇨本書第 2 章

## ❹ 行政法の学習方法

行政法には基本法典がないことから，行政法を学ぶためには，教科書を読んで行政法の全体像を理解し，あわせて法令や判例を調べるのが適切である。

行政法の教科書には，大まかに分けると，①本書のような初心者向けの**入門書**，②1 冊で行政法の全体を解説した**概説書**，③2〜3 冊で行政法を詳細に論じた**基本書**がある（⇨ 図 0-2）。時間があればこれら 3 種類を順に読み進めるのが望ましいが，余裕がない場合には，さしあたり入門書か概説書

**◉ 図 0-2　行政法の主な教科書**

**入門書**

石川敏行ほか『はじめての行政法〔第 4 版〕』（有斐閣，2018 年）

曽和俊文ほか『現代行政法入門〔第 4 版〕』（有斐閣，2019 年）

野呂充ほか『行政法〔第 2 版〕』（有斐閣，2020 年）

藤田宙靖『行政法入門〔第 7 版〕』（有斐閣，2016 年）

**概説書**

稲葉馨ほか『行政法〔第 4 版〕』（有斐閣，2018 年）

櫻井敬子＝橋本博之『行政法〔第 6 版〕』（弘文堂，2019 年）

芝池義一『行政法読本〔第 4 版〕』（有斐閣，2016 年）

髙木光『行政法』（有斐閣，2015 年）

高橋滋『行政法〔第 2 版〕』（弘文堂，2018 年）

**基本書**

阿部泰隆『行政法解釈学 I・II』（有斐閣，2008・2009 年）

宇賀克也『行政法概説 I〔第 7 版〕・II〔第 7 版〕・III〔第 5 版〕』（有斐閣，2020・2021・2019 年）

大橋洋一『行政法 I・II〔第 4 版〕』（有斐閣，2019・2021 年）

小早川光郎『行政法(上)』，『行政法講義（下 I）・(下 II)・下 III』』（弘文堂，1999・2002・2005・2007 年）

塩野宏『行政法 I〔第 6 版〕・II〔第 6 版〕・III〔第 5 版〕』（有斐閣，2015・2019・2021 年）

藤田宙靖『新版行政法総論(上)・(下)』（青林書院，2020 年）

を通読し，必要に応じて基本書に目を通すことをおすすめしたい。

　法令としては，先ほどあげた重要法律のほか，行政法の分野には無数といってよい法令が存在する。はじめはどう読めばよいかわからないかもしれないが，基本的なパターンがあり（総則→本体部分→補則・雑則→罰則），なれてくれば初見でもおおよその見当がつくようになる。法令には六法に掲載されていないものも多いが，政府のウェブサイト（https://www.e-gov.go.jp/）で簡単に検索できる。条文が出てきた場合には，こまめにその内容を確認すると理解が深まる。

　行政法には基本法典が存在しないことから，判例が大きな役割をはたしている。判例があげられていたら，さしあたり宇賀克也ほか編『行政判例百選 I・II〔第 7 版〕』（有斐閣，2017 年）などで概要を確認し，重要なものについては判決原文を読むことが望ましい。主要な最高裁の判例には，最高裁の

調査官による解説（調査官解説）があるので，判例を深く理解したいときは
とても便利である。

---

**COLUMN 0**　　　　　　　　　　　　調査官解説

　最高裁判所調査官は，最高裁判事を補助する役職で，中堅の裁判官の中から任命される。最高裁の判決は調査官によって起案されるのが通例なので，調査官解説は判例を理解する上で重要な手がかりとなる。

　調査官解説は，一般に，判決が下されたのち，①まず判例時報・判例タイムズなどの匿名コメントとして，②次いで「ジュリスト」誌の「時の判例」（署名入り）として，③さらに「法曹時報」誌で注つきの詳細な解説として，④最後に毎年度の『最高裁判所判例解説民事篇・刑事篇』において，順次公表される。調査官解説を読む場合，いつの判決かに応じて最新のバージョンを手に入れよう。

# ADMINISTRATIVE
LAW

## CHAPTER 1

第
**1**
章

行政法の基礎

## ➜ はじめに

　行政法には基本となる法典がないことから（⇨ **序章❷**），行政法上の概念や基本原則について明文規定がないことが多い。そこで第1章では，行政法の基礎となる重要論点を概観する。

　第1節では，「行政」の意味を明らかにし，行政法の歴史を概観したうえで，「行政法」とは何かを考える。

　第2節では，行政法の法源について，成文法源と不文法源に分けて概説する。

　第3節では，行政法上もっとも重要な「法律による行政」の原理について，その意義を説明したうえで，主要な学説を検討する。

　第4節では，「法律による行政」の原理の例外ともいえる行政裁量について，その意義，種類，司法審査との関係を考える。

　第5節では，行政裁量の拡大とともに重要となっている行政手続について，その意義，主要な手続，手続瑕疵の効果を検討する。

# 第1節　行政法

**SECTION 1**

# Ⅰ. 行政とは何か

## ❶ 行政の意義

　本節では「行政法とは何か」を検討するが，その前提として，**行政法が適用される行政とは何か**をまず考えてみたい。

　憲法で学ぶように，国家権力の濫用を防ぐため，日本国憲法を含む近代憲法では，権力分立の制度が採用されている。行政は，国家の三権（立法・司法・行政）の一つである。もっとも，これら三権の意味については，形式的観点（形式的意味）と実質的観点（実質的意味）を区別する必要がある。

　**形式的観点**とは，**作用をゆだねられた機関によって国家作用を分類する考え方**である。すなわち，立法府である国会にゆだねられた作用を立法，司法府である裁判所にゆだねられた作用を司法，行政府である内閣以下の行政機関にゆだねられた作用を行政と呼ぶ。この分類は比較的明快である。

　**実質的観点**とは，**作用の性質によって国家作用を分類する考え方**である。この観点からすると，立法とは，一般的・抽象的な法を定める作用，司法とは，法を適用して具体的な紛争を解決する作用とされ，ここまではほぼ争いがない。これに対し，実質的な意味での行政が何かについては，見解の対立がある。

　通説である**消極説**（控除説）によれば，実質的意味における行政とは，**すべての国家作用から立法と司法を除いたもの**をいう。歴史的にも，絶対君主制の時代には国王がすべての権力を握っていたが，まず国民代表である議会が，次いで裁判所が独立したという経緯がある。

　これに対し，学問としての行政法学を確立する上で，消極的な定義では十分ではないとして，**行政を積極的に定義しようとするのが積極説**である。代

表的な見解は，日本の行政法学を確立した田中二郎（⇨ COLUMN 1-1）による次の定義である。「法のもとに法の規制を受けながら，現実具体的に国家目的の積極的実現をめざして行なわれる全体として統一性をもった継続的な形成的国家活動」（田中・行政法上 5 頁）。

田中説に対しては，行政の特色を述べたにすぎず，定義とはいえないのではないか，積極的な定義が行政法学の確立にとって本当に必要なのか，という批判がある。さらに，田中は，上記の定義からさまざまな解釈を当然のこととして導き出している。たとえば，行政に一定の処分を命じるよう求める訴訟（義務付け訴訟）は，形成的活動であるから行政作用にあたり，司法作用としては認められないと主張するが，これに対しては批判が強い（⇨ 第 6 章第 5 節Ⅲ❶）。このように，積極説には問題が多く，消極説がなお通説である。

なお，国家作用の形式的分類と実質的分類は異なった観点のものであり，両者は必ずしも重ならない。たとえば，国会が弾劾裁判（実質的意味での司法作用）を行い（憲法 64 条），裁判所が司法行政（実質的意味での行政作用）を行い，行政機関が政令・省令等の制定（実質的意味での立法作用）を行う場合がそうである。本書で「行政」という言葉を用いる場合，原則として形式的意味での行政をさす。

---

**COLUMN 1-1**　　　　　　**日本行政法学の父　田中二郎**

　日本の行政法学は，美濃部達吉（1873 年〜 1948 年）らがその基礎を築き，田中二郎（1906 年〜 1982 年）によって確立された。第二次世界大戦後しばらくの間，田中の理論は「通説」とされ，立法・司法・行政の各方面で強い影響力をもった。「伝統的行政法学」といえば一般に田中理論をさし，戦後の行政法学は，ある意味，その克服の歴史だったともいえる（この点については原田大樹「行政法クロニクル」法教 439 号〜 462 号〔2017 年〜 2019 年〕に詳しい）。田中は最高裁判所の判事も務めたが（1964 年〜 1973 年），裁判官としてはリベラルな立場を貫いており，行政法学における保守的な印象とのギャップはなかなか興味深い。

## ❷ 行政の分類

行政作用はさまざまな観点から分類できる。

マスコミ等でしばしば用いられるのは，**行政作用を担当する行政機関による分類**である。財務省が担当する財務行政，経済産業省が担当する経済産業行政などである。比較的明快であるが，省庁再編などによってその内容が変わる可能性がある。

行政法学でよく使われるのが，**①社会の秩序を維持し，危険を防止する規制行政，②国民生活の向上を目的とする給付行政，③行政作用を行うためのリソース（ヒト・モノ・カネ）を入手するための調達行政**という分類である。行政目的によるマクロな分類ということができる。歴史的に見れば，かつては規制行政が中心だったのに対し（夜警国家），20世紀以降は給付行政が拡大したといわれている（社会国家）。

これと似ているが異なるものとして，**①権力的手法を用いる権力行政**と，**②権力的でない手法を用いる非権力行政**の分類がある。「権力的」が何を意味するかは，実は非常に難しい問題であるが，さしあたり**国民の権利義務を一方的に変動させる行為**をさすと理解していただきたい。たとえば，納税義務を一方的に課す課税処分は権力的手法であるのに対し，パソコンを購入するための行政契約は（当事者の意思の合致によって成立するから）非権力的手法である。具体的に用いられる手法に着目する点で，ミクロな分類ということができる。行政法ではこの分類は非常に重要である。

規制行政・給付行政と権力行政・非権力行政は重なることが多いが，そうでない場合もある。有害物質の排出を抑制するために（規制行政）公害防止協定（行政契約）を締結する場合，生活保護（給付行政）について支給決定（行政行為）を行う場合がそうである。

# Ⅱ。 行政法の歴史

実質的な意味での行政作用は古代から存在していたが，「行政法」という法分野が成立したのは比較的最近である（おおよそ19世紀以降）。この点で

ローマ法以来の伝統を誇る民法とは大きく異なる。

　行政法の成立が遅れたのは，行政を法によって統制しようとする考え方が，近代になってはじめて確立したからである。もっとも，行政法の意味は国によって同じではない。以下では，諸外国における行政法の状況を概観した上で，日本の状況を見ることにしたい。

## ❶ 諸外国の状況

　行政法のあり方は，大陸法諸国（フランス，ドイツ等）と英米法諸国（イギリス，アメリカ合衆国等）でかなり異なる。

　**大陸法諸国**では，司法裁判所とは別系統の行政裁判所が設置され，そこでは，私人間に適用される私法とは基本原理を異にする法体系（公法）が適用されると考えられている。このように，行政裁判所が存在し，公法と私法を区別する考え方（これを「公法私法二元論」という）が見られる国のことを，**行政国家**という。

　これに対し，イギリスでは，中世以来「法の支配（rule of law）」の考え方が存在し，国王も私人も同じ法にしたがうものと考えられ，行政裁判所も存在しない。アメリカ合衆国をはじめとする**英米法諸国**の多くも，こうした制度を継受している。このように，行政裁判所が存在せず，公法私法二元論も見られない国のことを，**司法国家**という。

　なお，国家の三権のうち行政権の役割が大きい国家のことを「行政国家」ということがあるが，上記の「行政国家」はこれとはまったく別の用語である。

## ❷ 日本の状況

　日本では，明治時代に近代法制度を導入する際に，憲法・行政法の分野では，国王の権力が強かったドイツが主なモデルとされた。そこで，大日本帝国憲法は，司法裁判所とは別に行政裁判所を設置し，これが行政事件の管轄をもつことを定めた（61条）。学説においても，ドイツ法の影響のもとで，

公法私法二元論が導入された。行政国家の制度が採用されたわけである。

　第二次世界大戦後，アメリカ法の影響のもと，日本国憲法が制定され，それに伴って行政裁判所が廃止された。この点で，日本は司法国家となった。もっとも，戦後初期の通説（田中二郎など）は公法私法二元論を維持していた。これに対しては強い批判があり，学説上，二元論は既に克服されたといえる。しかし，行政事件については，民事訴訟法ではなく，特別の訴訟法（行政事件訴訟法）が適用されるなど，実定法上もその影響が残っている（⇨ 本節Ⅲ）。その限りで，現在の日本の制度は，司法国家と行政国家の中間形態といえるであろう。

# Ⅲ。 行政法とは何か

## ❶ 行政法の意義

　以上をふまえて，本節のメイン・テーマである「行政法とは何か」を考えてみよう。行政法をいかに定義するかについては，①国内公法説と，②特別法説が対立している。

　**国内公法説**とは，**行政法を行政に関する国内公法と定義する考え方**であり，公法私法二元論を前提としている。

　**特別法説**とは，私法と基本原理を異にする法体系としての公法が存在するとは考えず，**行政に適用される法が私法と異なるかを，実定法に則して個別に検討し，その結果明らかになった特別法を行政法と解する考え方**である。

　要するに，公法私法二元論をとるか否かが両説の違いである。そこで，次に，公法と私法の区別について簡単に検討しておきたい。

## ❷ 公法私法二元論

　公法私法二元論にもさまざまなものがあるが，ここでは，かつての通説だった田中二郎の考え方を紹介する。

　田中によれば，国家と私人の関係は，**国家が私人に対して優越的な意思の**

**◐ 図1-1　田中二郎の公法私法二元論**

> **権力関係**…国家が優越的な意思の主体として行動することが認められている場合
> 　　　→公法の適用→行政事件→行政事件訴訟法の適用（抗告訴訟）
> **管理関係**…国家が私人と対等の立場で行動する場合
> ┌─**行政上の管理関係**…公益上の必要に基づいて特殊な規律が認められている場合
> │　　　→公法の適用→行政事件→行政事件訴訟法の適用（公法上の当事者訴訟）
> └─**私経済関係**…特殊な規律が存在しない場合
> 　　　→私法の適用→民事事件→民事訴訟法の適用

**主体として行動する権力関係**と，**対等の立場で行動する管理関係**に分けられる。管理関係はさらに，**公益上の必要にもとづいて私法とは異なる特殊な規律が認められている行政上の管理関係**と，**特殊な規律が存在しない私経済関係**に分けられる。そして，権力関係と行政上の管理関係には公法が適用されるのに対し，私経済関係には私法が適用される（⇨ 図1-1）。

　田中によれば，公法と私法の区別は単に理論的なものにとどまらず，解釈の上でもさまざまな実益があるとされる。まず，①実体法上の実益として，公法上の債権には5年の**短期消滅時効**が適用され（会計法30条など参照），②公法関係には**対抗要件**の規定（民法177条）が適用されず，③公法上の権利（公権）は**一身専属的**であって，他人に譲渡できないとされる。訴訟法上の実益としては，**公法上の法律関係に関する事件（行政事件）には行政事件訴訟法が適用される**（同法4条参照）。

## ❸　公法私法二元論に対する批判

　公法私法二元論は戦後強く批判され，現在の学説の大勢はこれを支持していない（詳しくは，塩野・行政法Ⅰ 28頁以下など参照）。

　まず，先ほど述べたように（⇨ 本節Ⅱ❷），日本では行政裁判所が廃止されており，公法私法二元論は制度的な基盤を失っている。また，上記の時効などの例からもうかがえるように，公法私法二元論には，実定法を無視して，過度に公益を強調する傾向が見られる。

次に，解釈論上の実益のうち，実体法上の実益については，判例によって認められていない。

①の5年の**短期消滅時効**の規定（会計法30条）について，判例は，国の債権を早期に決済する必要がある場合の定めであると解しており，公法上の債権一般に適用しているわけではない（陸上自衛隊事件に関する最判昭和50・2・25民集29巻2号143頁，百選Ⅰ26事件）。

②の物権の変動を第三者に対抗するためには登記を要するとする**対抗要件**の規定（民法177条）については，農地改革の一環として行われた不在地主に対する農地買収処分には，登記上ではなく真実の所有者が不在地主かどうかが重要であるとして，その適用を否定する一方（大分県農地委員会事件に関する最大判昭和28・2・18民集7巻2号157頁，百選Ⅰ〔第6版〕9事件），租税の滞納処分については，国が一般債権者より不利に扱われる理由はないとして，その適用を肯定している（富山県財産税事件に関する最判昭和35・3・31民集14巻4号663頁，百選Ⅰ11事件）。

③の公権の**一身専属性**については，市会議員の報酬請求権に関し，特定個人に専属するわけではなく，単なる経済的価値として移転が予定されているとして，第三者への譲渡を認めている（酒田市市議会事件に関する最判昭和53・2・23民集32巻1号11頁）。

このように，判例は，公法か私法かによるのではなく，問題となった事案にふさわしい解決を追求しており，基本的には妥当な考え方ではないかと思われる。

訴訟法上の実益については，行政事件訴訟法4条が公法上の当事者訴訟を「公法上の法律関係」に関する訴えと定義しており，公法上の法律関係に関する事件（行政事件）に行政事件訴訟法を適用する考え方に立つことは否定できない（同法は田中二郎の強い影響下に制定されたので，当然といえば当然である）。

しかし，これまで行政訴訟の大半を占めていた抗告訴訟は，「公権力の行使に関する不服の訴訟」（行政事件訴訟法3条1項）と定義されており，公法と私法の区別とは直接関係がない。公法上の当事者訴訟と民事訴訟とは，確かに，問題となった法律関係が公法上のものか，私法上のものかによって区

別されている。しかし，両訴訟の手続にはほとんど違いがなく（⇨第6章第5節Ⅴ），数少ない実質的な違いである職権証拠調べ（行政事件訴訟法24条）も，実際にはほとんど利用されていない（⇨第6章第3節Ⅱ❸）。したがって，訴訟法上の取扱いを理由として，公法私法二元論を維持することには疑問がある。

　以上のような理由から，現在の学説の多くは公法私法二元論をとっていない。もっとも，公法理論を復権させるべきであるとする見解や，公法上の当事者訴訟を活用すべきであるとする見解も，一部で有力に主張されていた。

　2004（平成16）年の行政事件訴訟法改正により，公法上の当事者訴訟の一種である公法上の確認訴訟の活用を促す趣旨の規定が設けられ（4条），実際にこの種の訴訟が多く提起されるようになった（⇨第6章第5節Ⅴ）。しかし，公法上の当事者訴訟と民事訴訟に実質的な違いがない以上，このことは公法私法二元論を復活させる理由とはならないように思われる。

　以上のように考えると，公法私法二元論をとることは妥当ではない。したがって，上記の特別法説（⇨前記❶）により，私法とは基本原理を異にする法体系としての公法が存在すると考えるのではなく，個別の問題ごとに，実定法をふまえて，私法と異なった取扱いをすべきかを検討するのが妥当である。

# 第2節　行政法の法源

SECTION 2

## I. 法源とは何か

　**法源**とは，**法の存在形式**をいう。わかりやすくいえば，法を解釈・適用する際に，援用することができる規範を意味する。のちに述べるように，法律は法源とされるが，学説はそうではない。第1節IIIで検討した公法私法二元論を例にとると，田中二郎が教科書に公法上の法律関係には民事訴訟法は適用されないと書いていても，裁判では決め手とならず，法律（行政事件訴訟法など）の定めが必要である。

　法源には，文書の形式を備えた**成文法源**と，そうではない**不文法源**がある（⇒ 図1-2）。近代以降は，成文法源が中心となっている。行政法においては，「法律による行政」の原理が適用されることから，とくにそれがあてはまる。もっとも，行政法には基本法典が存在しないことから，不文法源も重要な役割をはたしている。

**◎ 図1-2　法源の種類**

| 成文法源 | | 不文法源 |
| --- | --- | --- |
| ①憲法　　④命令 | | ①慣習法 |
| ②条約　　⑤条例及び規則 | | ②判例法 |
| ③法律 | | ③行政上の法の一般原則 |

## II. 成文法源

　成文法源には，①憲法，②条約，③法律，④命令，⑤条例及び規則がある。

## ❶ 憲法

**憲法**とは，**国家の統治の基本を定める法**をいう。現在の日本では，「日本国憲法」がこれにあたる。日本国憲法は「国の最高法規」（憲法 98 条）であるから，すべての法分野の基礎となる。行政法には「憲法の具体化」という側面があることから（⇨ 序章❶），とくに重要な法源である。行政法関係に憲法が直接適用されることがあるほか（たとえば，憲法 29 条にもとづく損失補償請求権について，⇨ 第 7 章第 2 節 I ❸），法令の解釈において憲法が考慮されることもある（たとえば，裁量権の逸脱濫用について，⇨ 本章第 4 節 III ❶）。

## ❷ 条約

**条約**とは，**国家（または国際機関）の間における合意**をいう。一般に，条約は法律の定めをまって私人を拘束する効力をもつが，ただちにこのような効力を及ぼす条約（自動執行条約）もある。近年は行政法上も重要な意味をもつ条約が増えている。たとえば，教育行政や労働行政においては，「女子に対するあらゆる形態の差別の撤廃に関する条約」，「障害者の権利に関する条約」などに注意を払う必要がある。

## ❸ 法律

**法律**とは，**国会（衆議院及び参議院）が「法律」という形式で定める法**をいう（憲法 59 条）。「法律による行政」の原理という用語からもわかるように，行政法におけるもっとも重要な法源である。行政手続法，行政不服審査法，行政事件訴訟法，国家賠償法などのほか，行政法分野には非常に多くの法律が存在する。しかし，民法・刑法のような基本法典は存在しない（⇨ 序章❷）。

## 4 命令

**命令**とは，**国の行政機関が定める法**をいう。内閣が定める政令，府省の長が定める府令・省令（内閣府令，財務省令など），外局の長が定める規則（人事院規則など）がある。「法律による行政」の原理からすれば，行政活動については本来法律で定めるべきである。しかし，現実には，法律では基本的な事項のみを定め，詳細は命令に委任していることが多い（**委任立法**）。たとえば，行政手続法 13 条 2 項 5 号は，軽微な義務を課す不利益処分について事前手続を免除しているが，具体的な範囲は政令の定めにゆだねている（行政手続法施行令 2 条参照）。命令の詳細は第 3 章第 1 節 II で検討する。

## 5 条例及び規則

**条例**及び**規則**とは，**地方公共団体が定める法**をいう。議会が定めるものを条例，執行機関（都道府県知事・市町村長など）が定めるものを規則という。地方公共団体の**条例制定権**は，憲法によって保障されている（憲法 94 条）。情報公開制度など，条例が国の法律に先行した例も多い（⇨ 第 5 章第 3 節 I）。

国の法令と条例の関係については議論がある（**条例制定権の限界**）。条例は「法律の範囲内で」（憲法 94 条），「法令に違反しない限りにおいて」（地方自治法 14 条 1 項）定めることができるとされているが，具体的な限界は明確ではない。かつては，国が法令を定めた事項については，条例を制定できないとする見解（**法律先占論**）が通説だった。しかし，徳島市公安条例事件の上告審判決（最大判昭和 50・9・10 刑集 29 巻 8 号 489 頁，百選 I 43 事件）がこれを否定し，きめ細かな判断基準を示した。

この判決によれば，条例が国の法令に違反するかどうかは，両者が対象とする事項と規定の文言を比較するだけではなく，それぞれの趣旨，目的，内容及び効果を比較し，両者の間に矛盾抵触があるかどうかによって判断しなければならない。具体的には，①条例が定める事項について国の法令に明文規定がない場合でも，法令全体から，その事項について規制をせずに放置すべきとする趣旨と解されるときは，条例は違法となりうる。他方，②特定の

● 図1-3　徳島県公安条例事件の判断枠組み

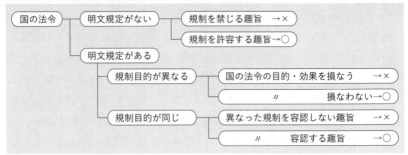

事項について両者に規定がある場合でも，⑦条例の規制目的が異なり，国の法令の目的と効果を何ら阻害しないとき，④規制目的が同じであっても，国の法令が全国的に一律に同じ内容の規制をするのではなく，異なった規制を容認する趣旨と解されるときは，条例は違法ではない（⇨ 図1-3）。

その後，1999（平成11）年の地方自治法抜本改正をはじめ，地方分権改革が行われたが，上記の判断基準は，現在も基本的に適用されると考えられている。もっとも，地方自治法改正によって，**国と地方公共団体の役割分担**（住民に身近な行政はできる限り地方公共団体にゆだねる）に関する規定（地方自治法1条の2第2項・2条11項〜13項）がおかれたことには，注意が必要である。

# Ⅲ．不文法源

文書の形式を備えていない法源である不文法源には，①慣習法，②判例法，③行政上の法の一般原則がある。

## ❶ 慣習法

**慣習法**とは，社会生活上くり返して行われている行動（慣習）が，実定法上拘束力を認められるようになったものをいう。「法律による行政」の原理が適用される行政法関係では，慣習法が成立することは少ない。慣習法の例

として，政令の公布が官報によって行われることがあげられる（政令201号事件に関する最大判昭和32・12・28刑集11巻14号3461頁，百選Ⅰ45事件参照）。

## ❷ 判例法

　**判例法**とは，**判例によってつくり出された法**をいう。英米法諸国とは異なり，日本では判決に先例拘束力が認められないので，判例法が法源といえるかには疑問がある。しかし，すでに述べたように（⇨ 序章❷），基本法典のない行政法の分野では，法令に明文の定めがないことが少なくないため，判例法は現実には大きな役割を担っている。

## ❸ 行政上の法の一般原則

　**法の一般原則**とは，**成文法源が存在しないとしても，当然に適用されると考えられる原則**をいう（**条理**ともいう）。基本法典が存在しない行政法では，判例法と並ぶ重要な法源である。主なものとしては，信頼保護原則，比例原則，平等原則などがある。

### (1) 信頼保護原則

　**信頼保護原則**とは，**行政に対する私人の信頼は保護されなければならないとする原則**である。民法に定める**信義則**（民法1条2項）は，法の一般原則として，行政法上も適用されるが，その一つの表れである。さまざまな場面で問題となるが（たとえば，行政行為の職権取消し・撤回について，⇨ 第3章第2節Ⅴ），ここでは2つの重要判例を紹介しておこう。

　青色申告承認申請懈怠事件（最判昭和62・10・30判時1262号91頁，百選Ⅰ24事件）では，原告が青色申告（⇨ COLUMN 1-2）の承認を受けることなく青色申告をしたところ（承認を受けていないので青色申告とは認められない），税務署はこれを見すごして，5年間にわたって過少な税金を受け取った。ところが，税務署長は，のちにこの申告を白色申告とみなし，過去にさかのぼ

って更正処分（申告額が過少であるとして税額を変更する処分）をしたので，原告が同処分の取消訴訟を提起した。

　最高裁は，法律にしたがって行われた課税処分であっても，法の一般原則である信義則の法理を適用して取り消される場合があるとした。もっとも，「法律による行政」の原理（なかでも租税法律主義）が貫かれるべき租税法律関係においては，納税者間の平等・公平を犠牲にしても，納税者の信頼を保護しなければ正義に反するような，特別の事情が存する場合に限られるとする。そして，その判断にあたっては，少なくとも，①税務官庁が納税者に公的見解を表示し，②納税者がその表示を信頼して行動したところ，③のちに当該表示に反する課税処分が行われ，④そのために納税者が経済的不利益を受けることになったかどうか，⑤納税者が税務官庁の表示を信頼したことに責めに帰すべき事由がないかの考慮が不可欠であるとした。本件については，公的見解の表示がされたとはいえないとして，更正処分は適法と判断した。

　宜野座村工場誘致事件（最判昭和56・1・27民集35巻1号35頁，百選Ⅰ25事件）では，原告が沖縄県宜野座村の誘致政策に応じて工場建設を進めていたところ，村長選で誘致反対派が勝利し，新村長が工場進出に協力しない方針をとった。そこで原告が，工場建設が事実上不可能になったとして，同村を被告として損害賠償請求訴訟を提起した。

　最高裁は，地方公共団体のような行政主体は施策を変更することができるが，関係者との信頼関係を破壊する場合には，不法行為責任が生じることもあるとした。すなわち，①施策の決定が特定の者に対して特定内容の活動を促す個別，具体的な勧告・勧誘を伴うもので，②その活動が，相当長期にわたる施策の継続を前提として，はじめて投入された資金・労力に相応する効果を生じうる性質のものである場合（工場建設はこれにあたる）は，その者の信頼は保護されなければならない。そして，③その者が社会観念上見すごすことができない程度の積極的損害を受ける場合に，④地方公共団体がその損害を補償するなどの代償的措置を講ずることなく施策を変更することは，⑤やむをえない客観的事情によるのではない限り，信頼関係を破壊するものとして，行政主体の不法行為責任を生じさせるとする。

　以上の例からもわかるように，法律にしたがった処分や，民意を反映した

政策変更であっても，信頼保護を理由として違法とされる場合がある。

> **COLUMN 1-2　　　青色申告**
>
> 　青色申告とは，一定の帳簿書類を備えていることを条件に，税務署長の承認を得て，青色の申告書で行う納税申告をいう（所得税法143条，法人税法121条）。一般の申告は白色申告と呼ばれる。青色申告は白色申告より有利に扱われており（税金が安くなる場合もある），一種の特典と考えられている。経営の合理化と行政調査の効率化のため，帳簿書類の整備を促進することを目的とする制度である。

## (2) 比例原則

　**比例原則**とは，**行政が用いる手段は，その目的に応じたものでなければならない**という原則である（⇨ 図1-4）。行政法学においては，裁量審査（⇨ 本章第4節Ⅲ），行政行為の職権取消し・撤回（⇨ 第3章第2節Ⅴ），行政の実効性確保手段（⇨ 第4章）などで問題となる。比例原則の内容として，①目的適合性の原則，②必要性の原則，③均衡の原則がある。

図1-4　比例原則のイメージ

　**目的適合性の原則**とは，**行政が用いる手段は，その目的に適合したものでなければならない**という**原則**である。高さ制限を超える違法建築物に対してその是正を命じる（建築基準法9条1項）際に，制限を超える部分の取り壊しを命じるだけでなく，外壁の色を変えるように求めるような場合，この原則に反する。

　**必要性の原則**とは，**行政が用いる手段は，目的達成に必要不可欠のものでなければならない**という原則である。高さ制限を超える部分の取り壊しを命じれば十分であるにもかかわらず，建築物全体の取り壊しを命じるような場合，この原則に反する。

　**均衡の原則**とは，**行政が用いる手段は，目的達成による利益と均衡したも

のでなければならないという原則である。高さ制限違反がごくわずかであり，実害がまったくないにもかかわらず，あえてその部分の取り壊しを命じるような場合，この原則に反する。

## (3) 平等原則

　**平等原則**とは，**行政は正当な理由なく差別的取扱いをしてはならない**という原則である。日本国憲法には明文の定めがあるので（憲法14条），憲法上の原則でもある。行政法においては，行政規則の外部化（⇨ 第3章第1節Ⅲ ❹），損失補償（⇨ 第7章第2節）などで問題となるが，ここでも重要判例を紹介しておこう。

　高根町簡易水道事業給水条例事件（最判平成18・7・14民集60巻6号2369頁，百選Ⅱ155事件）では，別荘地をかかえる地方公共団体が，別荘利用者（別荘給水契約者）の水道基本料金を，一般の住民と比べて著しく高額とする条例改正を行った。具体的には，別荘給水契約者1件あたりの年間水道料金の平均額と，それ以外の給水契約者1件あたりのそれが，ほぼ同一水準となるように定めたが，後者にはホテル等の大規模施設も含まれていた。その結果，一般の給水契約者が1300円から1400円に値上げされたのに対し，別荘給水契約者については3000円から5000円に値上げされ，基本料金が約3.6倍となった。そこで別荘給水契約者が，平等原則や，公の施設の利用について不当な差別的取扱いを禁じる地方自治法244条3項などに本件条例は違反し，無効であると主張して，債務不存在の確認等を求める訴訟を提起した。

　最高裁は，水道事業者は水源と施設を確保する必要があるが，別荘では夏季等の一時期に水道使用が集中するから，年間を通じて平均して相応な水道料金を負担させるため，別荘給水契約者の基本料金を高額に設定すること自体は許されるとした。しかし，本件条例による上記のような設定方法は，料金の大きな格差を正当化するに足りる合理性を有するものではないとして，本件条例は地方自治法244条3項に違反し，無効であると判断した。

# 第3節 「法律による行政」の原理

**SECTION 3**

## I. 「法律による行政」の原理とは何か

**「法律による行政」の原理**とは，**行政は法律にしたがって行われなければならないとする原理**である。行政法におけるもっとも重要な原理である。

私人については**私的自治の原理**が適用され，他人の権利を侵害しない限り，原則として自由に行動できる。これに対し，国などの行政主体は，国民にサービスを提供するために設けられており，国民の意思にもとづいて活動する必要がある。そこで，国民を代表する機関である国会が制定した法律にしたがうことが求められる。

「法律による行政」の原理は，①法律の法規創造力，②法律の優位，③法律の留保という3つの下位原理からなる。

## II. 法律の法規創造力

**法律の法規創造力**とは，**国民の権利義務に関する定め**（これを「法規」という）**は，法律だけがつくり出せる**という原理である（憲法41条参照）。すなわち，行政機関だけの判断で，国民の権利を制限したり，義務を課したりする命令を制定することはできない。もっとも，法律の委任があれば，行政機関も命令によって法規を定めることができる（⇨ 本章第2節II❹）。

## III. 法律の優位

**法律の優位**とは，**行政作用は法律に反してはならない**という原理である。行政作用が法律に反する場合，その作用は取り消されたり，それによる損害が賠償されたりする。

025

# Ⅳ. 法律の留保

## ❶ 法律の留保の意義

**法律の留保**とは，**行政作用は法律の根拠がある場合にのみ行うことができる**という原理である。法律の優位と法律の法規創造力がすべての行政作用に適用されるのに対し，法律の留保が適用される範囲（どのような行政作用に法律の根拠が必要か）については，のちに述べるように争いがある。

学説を検討する前に，法律の留保にいう「法律の根拠」が何を意味するかを確認しておこう。一般に，行政に関する法律の定めには，①組織規範，②根拠規範，③規制規範の3種類があるとされる。

**組織規範**とは，**ある行政機関が取り扱う事務の範囲を定める規範**である。たとえば，「私的独占の禁止及び公正取引の確保に関する法律」（以下，本節では「独占禁止法」という）27条の2は，公正取引委員会の取り扱う事務として，「私的独占の規制に関すること」等をあげている。これは，同委員会の取り扱う事務の範囲を定めるのみであり，「私的独占の規制に関すること」について，具体的な処分などを行うことを認める趣旨ではない。

**根拠規範**とは，**ある行政機関の権限を具体的に定める規範**である。たとえば，独占禁止法7条によれば，公正取引委員会は，同法3条等の規定に違反する行為（不当な取引制限など）があるときは，事業者に対し，違反行為を排除するために必要な措置の命令（排除措置命令）ができる。これが根拠規範であり，法律の留保にいう「法律の根拠」はこれをさす。

**規制規範**とは，根拠規範があることを前提として，**権限行使の方法や制限を定める規範**である。たとえば，独占禁止法49条によれば，排除措置命令を発する際に，公正取引委員会は事業者の意見聴取を行わなければならない。

以上のように，法律の留保にいう「法律の根拠」は，根拠規範をさしている。したがって，法律の留保とは，行政機関の権限を具体的に定める根拠規範がある場合にのみ，行政作用を行うことができる，という原理である。

## ❷ 法律の留保に関する学説

　そこで問題となるのは，法律の留保がどの範囲で適用されるか，いいかえれば，根拠規範を必要とする行政作用とは何かである。この点については，①侵害留保説，②権力留保説，③全部留保説，④重要事項留保説などが主張されている。

　**侵害留保説**とは，**国民の権利自由を侵害する行為についてのみ，法律の根拠を要する**とする説である。たとえば，上記の排除措置命令は，それによって事業者が特定の行為をできなくなることから，侵害的行為にあたり，法律の根拠が必要である。

　**権力留保説**とは，**国民の権利義務を一方的に変動させる行為（権力行為）についても，法律の根拠を要する**とする説である。侵害留保説との違いは，国民に利益を与える行為（授益的行為）であっても，それが一方的に行われる場合は，法律の根拠を要するとする点にある。たとえば，補助金の交付は，原則として契約（贈与契約）によって行われる。しかし，国の補助金については，「補助金等に係る予算の執行の適正化に関する法律」が適用される。同法によれば，補助金の交付決定は行政行為（権力行為）によると解されている。そこで，こうした場合も法律の根拠が必要となる。

　**全部留保説**とは，**私経済作用**（物品を購入するなど，国等が私人と同様の立場で活動する場合）**を除き，公の行政作用にはすべて法律の根拠を要する**とする説である。国民に利益を与える場合（授益的行為）や，国民に一定の行為を求めるが，法的に義務づけるわけではない行政指導にも，一般に法律の根拠が必要となる。

　**重要事項留保説**（本質性理論）とは，**国民の権利自由を侵害する場合に加え，社会にとって重要な決定を行う場合にも，法律の根拠を要する**とする説である。たとえば，行政計画のなかには，国土形成計画法にもとづく国土形成計画（同法２条）のように，日本社会の今後の方向性を決定するような重要なものがある。重要事項留保説は，このような決定を行う場合，それによって個々の国民に権利自由の侵害が生じないとしても，法律にもとづくことが必要と解する。

● 図1-5　法律の留保に関する学説（イメージ）

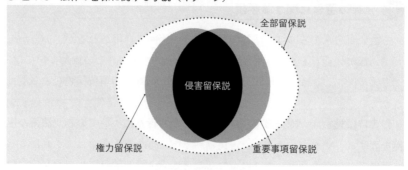

　以上をまとめると、侵害留保説が留保の範囲をもっとも狭く解しており、権力留保説は権力的な授益的行為を、重要事項留保説は社会にとって重要な決定をそれぞれ加え、全部留保説がもっとも広いことになる（⇨ 図1-5）。

　侵害留保説は、立憲君主制時代のドイツで成立し、日本に導入された。かつての通説であるが、実務は現在もこの説によっている。この説に対しては、留保の範囲が狭すぎるとの批判が強く、とくに全部留保説からは、憲法構造の転換を理由とする批判がある。すなわち、立憲君主制の時代には、主権者である君主のもとにある行政が自由に活動できることを前提として、国民の権利自由を侵害する場合にのみ、国民代表である議会が制定する法律が必要と考えることにも、それなりの合理性があった。しかし、憲法構造が国民主権に転換した以上、行政は国民から授権されなければ活動できないはずだから、全部留保説をとるべきである、というのである（憲法構造論）。これに対しては、内閣にも一定の民主的正統性が認められるので（憲法67条等）、国民主権のもとでは全部留保説をとらなければならないとするのは、論理の飛躍であるとの反論がある。

　権力留保説は最近有力となっている。しかし、この説に対しては、授益的行為が権力的に行われるのは、法律の定めがあるからであって、その場合に法律の根拠が必要であるといっても意味がないのではないか、したがって、侵害留保説と実質的に変わらないのではないか、という批判がある。

　全部留保説に対しては、上記のとおり、根拠とされる憲法構造論に疑問があるほか、法律の根拠がなければ補助金の交付や行政指導ができないとする

のは現実的ではない，という批判がある。

　重要事項留保説は現在のドイツの判例通説であり，日本でも支持者が増えている。社会にとって重要な決定を行う場合，法律によるべきとする点で，民主主義の観点からは説得力ある考え方である。しかし，この説に対しては，何が社会にとって重要な決定にあたるかが不明確ではないか，という批判がある。

　現在のところ，学説上は，権力留保説や重要事項留保説が比較的有力と思われるが，通説といえるものは見あたらない。私見としては，権力留保説，全部留保説，重要事項留保説に上記のような問題点があることから，さしあたり侵害留保説によるのが妥当ではないかと考えている。

---

**COLUMN 1-3　　　　　　特別権力関係論**

　特別権力関係論は，立憲君主制時代のドイツで成立した理論であり，君主と公務員の間には，一般の国民との関係（一般権力関係）とは異なり，包括的な支配権が認められる関係（特別権力関係）があるとする。のちに，公務員関係のほか，公の営造物の利用関係（国公立の学校や病院の利用関係，刑務所の収容関係など），公法上の特別監督関係（鉄道事業等の特許事業の監督関係），公法上の社団関係（健康保険組合と組合員の関係など）にも適用範囲が拡大された。特別権力関係においては，「法律による行政」の原理が適用されず，権利利益が侵害された場合でも訴訟による救済はできないと解されていた。大日本帝国憲法（明治憲法）下の日本に導入され，戦後も田中二郎によって維持された。しかし，現在の学説はこの理論を否定しており，判例も認めていない。

# 第4節　行政裁量

**SECTION 4**

## I. 行政裁量とは何か

### 1 行政裁量の意義

**行政裁量**とは，**行政機関にゆだねられた判断の余地**を意味する。

「法律による行政」の原理（⇒ 本章第3節）からすれば，行政活動については法律によってできる限り詳細かつ明確に定めることが望ましい。

しかし，行政活動が複雑化，専門化するにつれて，国会が法律によって行政活動を詳細に規律することが困難な場合が増えている。たとえば，原子力発電所の安全性は極めて専門的な問題であり，国会議員が細かな基準を定めることは難しい。そこで，「核原料物質，核燃料物質及び原子炉の規制に関する法律」（以下，本節では「原子炉規制法」という）は，原子炉等の安全性について，「災害の防止上支障がない」といった抽象的な基準を定めるにとどめている（同法24条1項・43条の3の6第1項）。

また，法律で詳細な点まで定めた場合，状況の変化に迅速に対応できないことにもなりうる。上記の例でいえば，原子力発電所の安全性に関する科学的知見に変化があった場合，法律で細かな基準を定めていると，改正に時間を要し，科学技術の発展から取り残されるおそれがある。

以上のような理由から，行政にはある程度の裁量を認めざるをえない場合もある。しかし，行政裁量を広く認めすぎると，「法律による行政」の原理が空洞化し，行政に対する民主的な統制が及ばなくなる。さらに，司法審査の基準が不明確となるため，裁判所による統制も困難となる。裁量の必要と統制の確保をどう両立させるかが，行政裁量論の大きな課題である。

## ❷ 行政の判断過程

　行政裁量の問題を考えるにあたっては，**行政の判断過程**を分析しておく必要がある。行政機関がある行為を行うかどうかを判断する場合には，①**事実認定**，②**要件該当性の判断**，③**手続の選択**，④**効果の選択**（行為をするか，どのような内容の行為をするか），⑤**時期の選択**という過程を経ると考えられる（⇨図1-6）。

　たとえば，飲酒運転をしたことを理由に，国家公務員に対して懲戒処分（国家公務員法82条）をする場合を考えてみよう。

　まず，当該公務員が飲酒運転を行ったか，それがいかなる態様だったか（血中アルコール濃度，事故の有無，被害の程度等）について，事実を認定する必要がある（事実認定）。

　次に，その事実が法令の定める要件にあたるかを判断する（要件該当性の判断）。国家公務員法は，懲戒事由として，ⓐ同法等への違反，ⓑ職務上の義務違反，ⓒ全体の奉仕者にふさわしくない非行を列挙しているので（同法82条1項1号〜3号），これらのいずれかにあたるかを検討する。勤務時間外の飲酒運転であれば，ⓒに該当すると考えられるであろう。

　懲戒事由にあたるとした場合，いかなる手続をとるかを判断する（手続の選択）。国家公務員法は，懲戒処分の手続として，処分を行う際に，処分事由を記載した説明書の交付を求めているにすぎないが（同法89条1項），本人の意見をあらかじめ聴取するかどうかが問題となりうる。

　そのうえで，認定事実をふまえて，懲戒処分を行うかどうか，行うとして，法律が列挙している免職，停職，減給，戒告（同法82条1項柱書）のうち，いずれを選択するかを判断する（効果の選択）。停職や減給については，どのような量定とするかも問題となる。

　懲戒処分をするとした場合，最

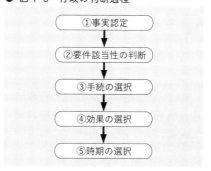

◉ 図1-6　行政の判断過程

後に，その処分をいつ行うかを判断する（時期の選択）。検挙された時点で直ちに処分するか，起訴された時点とするか，第1審判決が出た時点とするか，刑事判決が確定するまで待つかなどが問題となる。

懲戒処分についての重要判例として，神戸全税関事件（最判昭和52・12・20民集31巻7号1101頁，百選Ⅰ80事件）を紹介しよう。税関職員で組合役員でもある原告が，組合活動を理由に税関長から懲戒免職処分を受けたため，当該処分の取消訴訟を提起した。

最高裁は，国家公務員法が，同法所定の懲戒事由がある場合に，懲戒処分をすべきか，いかなる処分を選択すべきかについて，具体的な基準を設けていないことを指摘する（同法82条1項参照）。懲戒権者は諸般の事情を考慮しなければならないが，その判断は平素から庁内の事情に通じ，職員の指揮監督にあたる者の裁量にまかせるのでなければ適切な結果を期待できないとする。そこで，懲戒処分を行うかどうか，いかなる処分を行うかは，懲戒権者の裁量にまかされていると解している。そして，裁判所としては，懲戒権者の裁量権の行使にもとづく処分が，社会観念上著しく妥当性を欠き，裁量権を濫用した場合に限り，違法と判断すべきとする。本件では懲戒処分は違法ではないとされた。

この判決は，法令による要件の定め方と判断の性質を理由に，懲戒権者に効果の選択（⇨ 図1-6の④）についての裁量（**効果裁量**）を認めている。また，社会観念上著しく妥当性を欠く場合に限り違法となるとしているので，のちに述べる広い裁量を認めていると考えられる。

## ❸ 明治憲法下の考え方

明治憲法（大日本帝国憲法）のもとでも行政裁量が論じられていたが，当時は次のように考えられていた。

まず，行政行為は，**法律が行政庁に裁量を認めていない羈束行為**と，**裁量を認めている裁量行為**に大別される。裁量行為はさらに，**「何が法であるか」の裁量である法規裁量（羈束裁量）**と，**「何が公益に合致するか」の裁量である自由裁量（便宜裁量）**に分けられる。「何が法であるか」の裁量を誤っ

● 図1-7　裁量に関する明治憲法下の考え方

行政行為 ｛ 羈束行為
　　　　　 裁量行為 ｛ 法規裁量 ｝ 裁判所の審査が及ぶ
　　　　　　　　　　　　自由裁量—裁判所の審査が及ばない

た場合，行政行為は違法となるから，裁判所（当時は行政裁判所）はこれを取り消すことができる。これに対し，「何が公益に合致するか」の裁量を誤ったとしても，その行為は違法とはいえないから，裁判所はこれを取り消すことができないと考えられていた。結局，羈束行為と法規裁量については裁判所が審査できるが，自由裁量には裁判所の審査が及ばないことになる（⇨ 図1-7）。

そこで，行政裁判所による審査との関係では，法規裁量と自由裁量の区別が重要となる。この点については，大きく2つの考え方が対立していた。

まず，**要件裁量説**（佐々木惣一）は，裁量は行政行為の要件の認定（⇨ 図1-6の②）に認められ，また，裁量の有無については法律の要件の定め方に着目すべきとする。すなわち，法律に要件が定められていれば法規裁量，定められていなければ自由裁量とされる。

他方，**効果裁量説**（美濃部達吉）は，裁量は行政行為の効果の選択（⇨ 図1-6の④）に認められ，また，裁量の有無については行政行為の効果に着目して判断すべきとする。すなわち，①人民の権利自由を侵害する行為は法規裁量，②人民に権利・利益をあたえる行為は原則として自由裁量，③人民の権利義務を左右する効果をもたない行為も原則として自由裁量とされる（**美濃部三原則**）。

### ❹　現在の考え方

これに対し，現在ではおおむね次のように考えられている。

第1に，かつては，裁量はもっぱら行政行為について論じられていた。現在では，その他の行為形式等（行政立法，行政契約，行政指導，行政計画，行政強制）にも裁量は存在しうると解されている。

第2に，かつては，裁量が要件と効果のいずれに認められるかが論じられていた。現在では，上記の判断過程（①事実認定，②要件該当性の判断，③手続の選択，④効果の選択，⑤時期の選択）のいずれの段階にも，裁量は存在しうると解されている。もっとも，事実認定については，裁判所が最終的に判断すべきであって，原則として裁量は認められないと考えられている。

第3に，かつては，自由裁量には裁判所の審理がまったく及ばないとされていた。現在では，ある行為に裁量が認められる場合であっても，裁量権の行使に**逸脱**または**濫用**があれば違法となり，裁判所はこれを取り消すことができると考えられている（⇨ 本節III❶）。

第4に，かつては，裁量が認められるか否かだけが論じられていた。現在では，裁量は広い場合もあれば，狭い場合もあると考えられている（⇨ 本節II❹）。

第5に，かつては，上記のように，法規裁量と自由裁量の区別には明確な基準があると考えられていた。現在では，裁量の有無や広狭は，諸般の事情を考慮して総合的に判断すべきと解されている（⇨ 本節II❹）。

# II. 行政裁量の種類

行政裁量はさまざまな観点から分類することができる。

## ❶ 行為形式等による分類

裁量が認められる行為形式等により，①行政立法の裁量，②行政行為の裁量，③行政契約の裁量，④行政指導の裁量，⑤行政計画の裁量，⑥行政強制の裁量を分けることができる。

## ❷ 裁量の所在による分類

裁量が行政の判断過程（⇨ 本節I❷）のどの段階に認められるかにより，①事実認定の裁量（原則として存在しない），②要件裁量，③手続裁量，④効

果裁量，⑤時期の裁量（時の裁量）を分けることができる。

　上記の神戸全税関事件では効果裁量が認められているのに対し，次に紹介するマクリーン事件と伊方原発訴訟では要件裁量が認められている。

### ❸　裁量の根拠による分類

　裁量が認められる根拠（理由）により，①行政機関の政治的・政策的な判断を尊重するために認められる政治的・政策的裁量と，②判断の専門技術的な性質のため，裁判所が行政機関の判断を尊重する専門技術的裁量を分けることができる。

　**政治的・政策的裁量**の例として，マクリーン事件があげられる（最大判昭和53・10・4民集32巻7号1223頁，百選Ⅰ76事件）。在留許可を得ていた外国人が在留期間の更新許可を求めたところ，政治活動をしたことなどを理由に，法務大臣がこれを拒否したので，拒否処分の取消訴訟が提起された。

　在留期間の更新については，「在留期間の更新を適当と認めるに足りる相当の理由があるときに限り」（当時の出入国管理令21条3項，現在の出入国管理及び難民認定法21条3項），これを許可すると定められている。最高裁は，要件が概括的に規定されているのは，更新事由の有無の判断を法務大臣の裁量にまかせ，その裁量権の範囲を広範なものとする趣旨であるとする（要件裁量）。その実質的な理由として，在留期間の更新を判断する際には，当該外国人の在留中のいっさいの行状等，諸般の事情を考慮しなければならず，事柄の性質上，法務大臣の裁量にまかせなければとうてい適切な結果を期待できないことを指摘する。そして，裁判所は，法務大臣の判断がまったく事実の基礎を欠くか，社会通念上著しく妥当性を欠くことが明らかな場合に限り，裁量権の逸脱濫用があるとして，処分を取り消すことができると判示した。本件では裁量権の逸脱濫用はないとされた。

　**専門技術的裁量**の例としては，伊方原発訴訟があげられる（最判平成4・10・29民集46巻7号1174頁，百選Ⅰ77事件）。内閣総理大臣が，四国電力株式会社に対して，伊方原子力発電所にかかる原子炉設置許可処分を行ったので，その周辺住民が当該処分の取消訴訟を提起した。

最高裁は，原子炉施設の安全性に関する審査には，多方面にわたる極めて高度な最新の科学的，専門技術的知見にもとづく総合的判断が必要とされるとする。原子炉規制法は，原子炉の設置許可をする場合，あらかじめ原子力委員会の意見を聴くことを求めているが，これは，上記のような審査の特質を考慮し，安全性に関する要件の適合性について，学識経験者等が加わっている原子力委員会の科学的，専門技術的知見にもとづく意見を尊重して行う内閣総理大臣の合理的な判断にゆだねる趣旨と解されるという（要件裁量）。そして，裁判所の審理・判断は，原子力委員会の専門技術的な調査審議及び判断をもとにしてされた処分行政庁の判断に不合理な点があるか否かという観点から行われるべきであるとする。具体的には，現在の科学技術水準に照らし，①上記の調査審議で用いられた具体的審査基準に不合理な点があるか，または，②当該原子炉施設が具体的審査基準に適合するとした原子力委員会等の調査審議及び判断の過程に看過しがたい過誤，欠落があり，処分行政庁の判断がこれに依拠してされた場合には，不合理な点があるとして処分は違法となると判示した。本件では不合理な点はないとされた。

---

**COLUMN 1-4　原子力発電所に対する規制の変遷**

　伊方原発訴訟で争われた処分の当時は，内閣総理大臣が原子力委員会の意見を聴いて原子炉の設置許可をすることとされていた。原子力委員会は原子力発電の推進も任務としており，中立的な立場で安全性を審査できるか疑問があった。東日本大震災を契機として，2012 年，環境省の外局として原子力規制委員会が設置され，同委員会が原子炉の設置許可等の権限を行使することになっている（原子炉規制法 24 条 1 項・43 条の 3 の 6 第 1 項）。同委員会は国家行政組織法 3 条に定める行政委員会（3 条機関）であり，独立性が保障されている（⇨第 2 章第 3 節Ⅴ）。

---

### ❹ 裁量権の広狭による分類

　行政庁の裁量には，広い場合もあれば，狭い場合もあると考えられている。判例は，裁量の有無・広狭を判断する際に，おおむね，**①根拠法規の定め方**（要件が明確に定められているか，一般的抽象的なものにとどまるか），**②判断**

の**性質**（政治的・政策的または専門技術的な判断か，それとも裁判官が経験則によって判断できるか），③**行為の内容**（侵害的行為か授益的行為か，憲法上の権利に関わるか）などを総合考慮しているようである（川神裕「裁量処分と司法審査（判例を中心として）」判時 1932 号〔2006 年〕11 頁以下など参照）。

　上記のマクリーン事件では，要件の定め方や判断の性質を理由として裁量権が広いことが明示され，処分が違法となるのは，行政庁の判断がまったく事実の基礎を欠くか，社会通念上著しく妥当性を欠くことが明らかな場合に限るとされている。

　他方で，上記の伊方原発訴訟では，判断の性質と，法の定める手続（専門家の意見聴取が求められていること）を理由として，「内閣総理大臣の合理的な判断にゆだねる趣旨」とされている。「裁量」を認めるとは明言されていないが，調査官解説によれば，これは広い政治的・政策的裁量を認めたものと誤解されることを避けるためであり，実質的には専門技術的裁量を認める趣旨とのことである（高橋利文「判解」最判解民事篇平成 4 年度 420 頁）。そして，行政庁の判断に不合理な点があれば違法とされていることから，比較的狭い裁量が認められているものと考えられる。

# Ⅲ． 行政裁量と司法審査

## ❶ 裁量権の逸脱濫用

　上記のように，かつては，自由裁量については裁判所の審査が及ばないと考えられていた。しかし，現在では，ある行為に裁量が認められている場合であっても，**裁量権の行使に逸脱または濫用があれば，その行為は違法となり，裁判所はこれを取り消すことができる**と解されている（行政事件訴訟法30 条参照）。

　**裁量権の逸脱**とは，**裁量権の行使が法の定める枠を超えている場合**をさす。具体的には，事実誤認がある場合や，比例原則等の法の一般原則に違反する場合である。

　たとえば，いじめを行ったとして，県立高校の生徒に対して退学処分がさ

れ，その取消訴訟が提起された事例がある（仙台地判平成5・11・24判時1510号76頁）。仙台地裁は，当該生徒がいじめに参加したという証拠がないこと（事実誤認），いじめを見ていただけで退学処分とするのは社会観念上著しく妥当性を欠くこと（比例原則違反）を理由に，退学処分は違法と判断した。

**裁量権の濫用**とは，**裁量権が正当な行政目的以外の目的で行使された場合**をさす。自らの利益を図る目的で行為を行った場合や，本来の行政目的とは異なる行政目的で行為を行った場合がある。

たとえば，有名なココム訴訟（東京地判昭和44・7・8行集20巻7号842頁）では，共産圏封じ込めのために設置されていた国際機関であるココムの取決めを実施するため，中国に対する輸出承認が拒否されたので，拒否処分の取消訴訟が提起された。東京地裁は，根拠とされた輸出貿易管理令（当時）は経済的理由（国際収支の均衡の維持等）による輸出制限を許容しているにすぎないから，国際政治的理由による輸出承認の拒否は違法であるとして，拒否処分を取り消した。

このように，裁量権の逸脱と濫用は一応区別できる。しかし，いずれかによって効果が異なるわけではないから，両者を厳密に区別する実益はない。より重要なのは，次に述べる司法審査の密度と手法の問題である。

---

**COLUMN 1-5** 　　　　司法審査の密度と手法

　行政裁量に対する司法審査については，判例の動きが激しく，学説による整理が追いついていない。司法審査の密度と手法を区別するのは著者の私見であり，必ずしも一般的ではない。詳しくは，村上裕章『行政訴訟の解釈理論』（弘文堂，2019年）235頁以下参照。

---

**❷ 司法審査の密度**

　行政裁量と司法審査の関係を検討する際には，**裁判所がどの程度踏み込んだ審査を行うかという司法審査の密度**と，**裁判所がどのような方法で審査を**

行うかという**司法審査の手法**を区別するべきではないかと考える（⇨ 図1-8）。

● 図1-8　司法審査の密度と手法

| 司法審査の密度（処分ごとに判断） | 司法審査の手法（事案ごとに判断） |
|---|---|
| ①最大限の審査<br>②中程度の審査<br>③最小限の審査 | ①実体的審査<br>②手続的審査<br>③判断過程審査 |

　**司法審査の密度**は，裁量の有無・広狭（⇨ 本節Ⅱ❹）により，処分ごとに決められる。すなわち，**裁量がなければ密度が高く，裁量が広ければ密度が低い**。大きく，①最大限の審査，②中程度の審査，③最小限の審査に分けることができる（小早川光郎『行政法講義（下Ⅱ）』〔弘文堂，2005 年〕194 頁以下）。

　**最大限の審査**は，**行政庁に裁量が認められない場合の審査**である。裁判所が独自に判断をやり直し，行政庁の判断と異なっているときは，当該行為を違法として取り消す（判断代置型審査）。たとえば，土地収用を行う際には「相当な価格」に一定の修正率を乗じて得た額を補償すべきものとされているが（土地収用法 71 条。⇨ 第 7 章第 2 節Ⅲ❶），補償金の額は通常人の経験則及び社会通念にしたがって客観的に認定すべきであり，収用委員会に裁量権は認められないとされ，裁判所の審査が全面的に及ぶ（下松市土地収用事件に関する最判平成 9・1・28 民集 51 巻 1 号 147 頁，百選Ⅱ 209 事件）。

　**中程度の審査**は，**行政庁に狭い裁量が認められる場合の審査**である。行政庁の判断に**合理性**があるかを審査し，不合理と認められる場合は当該行為は違法として取り消される。伊方原発訴訟における原子炉の設置許可がその例である。

　**最小限の審査**は，**行政庁に広い裁量が認められる場合の審査**である。社会観念上，行政庁の判断が著しく妥当性を欠く（ことが明らかな）場合にのみ，当該行為は違法として取り消される。**社会観念審査**ともよばれる。神戸全税関事件における公務員に対する懲戒処分，マクリーン事件における在留期間

更新許可がその例である。

## ❸ 司法審査の手法

　**司法審査の手法**とは，**裁判所がどのような方法で審査を行うか**という問題であり，①実体的審査，②手続的審査，③判断過程審査に分けられる。いずれの手法をとるかは，事案ごとに判断される。

　**実体的審査**とは，**行政庁の判断の結果（内容）に着目した審査**である。たとえば，飲酒運転をしただけで公務員に対して懲戒免職処分がなされ，あまりに重すぎる（比例原則違反）として取り消す場合である。

　**手続的審査**とは，**当該行為を行う際にとられた手続に着目する審査**である。たとえば，懲戒処分を行う際に，説明書の交付（国家公務員法89条1項）がされなかったとして，これを取り消す場合である。行政手続については第5節で検討する。

　**判断過程審査**とは，**行政庁の判断過程に着目する審査**で，近年注目されている。具体的には，考慮すべき事項を考慮しているか（要考慮事項の考慮），考慮すべきでない事項を考慮していないか（他事考慮），考慮すべき事項の重みづけに誤りはないか（重視すべき事項を軽視したり，重視すべきでない事項を重視していないか）を審査する。

　判断過程審査を行った裁判例として有名なのは，日光太郎杉事件の控訴審判決（東京高判昭和48・7・13行集24巻6＝7号533頁）である。日光東照宮の境内にある道路を拡幅する必要があるとして，土地収用のための事業認定（土地収用法16条）等が行われたのに対し，この事業によって樹齢500年を超える太郎杉等が伐採されるから，「事業計画が土地の適正且つ合理的な利用に寄与するものであること」という要件（同法20条3号）を満たしていないとして，日光東照宮が取消訴訟を提起した。

　東京高裁は，上記の要件の認定について裁量（要件裁量）を認めたうえで，①本来もっとも重視すべき事項（本件土地の文化財的価値ないし環境の保全）を不当安易に軽視し，②当然尽くすべき考慮（上記保全の要請と道路整備の必要性の調和）を尽くさず，③本来考慮に入れるべきでない事項（オリンピ

ックに伴う一時的な交通量の増加）を考慮に入れ，④本来過大に評価すべきでない事項（暴風による倒木の可能性や樹勢の衰え）を過重に評価した点で，裁量判断の方法ないし過程に過誤があるとして，請求を認容した。

その後，最高裁も同様の判断方法を採用するに至っている。ここでは代表例として，呉市公立学校施設使用不許可事件を紹介しよう（最判平成18・2・7民集60巻2号401頁，百選Ⅰ73事件）。公立小中学校等の教職員によって組織された職員団体が，昭和26年以来毎年開催している教育研究集会の会場として，市立中学校の施設の使用を申し出た。これに対し市の教育委員会は，右翼団体による妨害活動のおそれがあること等を理由として，使用不許可処分を行ったので，当該処分は違法であるとして，職員団体が国家賠償訴訟を提起した。

最高裁は，本件のような学校施設の目的外使用許可（地方自治法238条の4第4項〔現・同7項〕）は管理者（教育委員会）の裁量にゆだねられており，重要な事実の基礎を欠くか，社会通念に照らし著しく妥当性を欠く場合に限り，違法となるとした。本件においては，重視すべきでない事項（右翼団体による妨害活動のおそれ，教育研究集会の政治的性格など）を重視したり，当然考慮すべき事項（教育研究集会の自主的研修としての側面，学校施設を使用する必要性など）を十分に考慮しておらず，その結果，社会通念に照らし著しく妥当性を欠くと判示して，不許可処分は違法であるとした。

## COLUMN 1-6　実体的審査と判断過程審査の関係

　実体的審査と判断過程審査が異なる審査手法なのか，どこが異なるのかについては，現在のところ定説がない。私見によれば，両者の違いは，行為が取り消された場合に，同じ内容の行為を再び行うことができるか否かにあると考えられる。すなわち，実体的審査によってある行為が違法とされた場合（たとえば，免職処分が重すぎるとして取り消された場合），その行為を再び行うことは許されない。これに対し，判断過程審査によってある行為が違法とされた場合（たとえば，文化財的価値を十分考慮しなかったとして事業認定が取り消された場合），適切な判断過程を経て同じ内容の行為を行う余地は残されていると解される（村上・前掲行政訴訟の解釈理論241頁以下参照）。

# 第5節　行政手続

**SECTION 5**

　本節では，行政手続の意義（I）を説明したうえで，主要な行政手続
（II），手続瑕疵とその効果（III）について検討する。

## I. 行政手続とは何か

### ❶ 行政手続の意義

　**行政手続**とは，**行政活動が行われる過程**，または，**その過程でなされる個
別の措置**を意味する。

　公務員に対する懲戒処分（国家公務員法82条。⇨ 第4節 I ❷）を例にとる
と，公務員の非行（飲酒運転など）を察知し，事実関係を調査し，要件該当
性，とるべき手続，処分の効果及び時期を検討し，処分を行うまでの一連の
過程を，一つの「行政手続」と見ることができる。

　他方で，この過程で行われる個別の措置，たとえば説明書の交付（国家公
務員法89条1項）を，一つの「行政手続」と見ることもできる。

### ❷ 行政手続の種類

　行政手続については，さまざまな観点からの分類が可能である。

### （1）事前手続と事後手続

　ある行為が行われるまでの手続を**事前手続**，行われた後の手続（不服申立
手続・訴訟手続など）を**事後手続**という。一般に「行政手続」という場合は，
事前手続をさす。本節でも事前手続のみを扱い，事後手続は行政争訟の部分
（⇨ 第6章）で検討する。

## (2) 行為形式による分類

行為形式により，①行政立法手続，②行政行為手続（処分手続），③行政契約手続，④行政指導手続，⑤行政計画手続に分けることができる。のちに見るように，行政手続法は①・②・④について規定をおいている。

## (3) 目的による分類

行政手続は，**①個々の国民の権利利益の保護を目的とする権利保護手続**と，**②国民・住民の行政への参加を目的とする参加手続**に分けられる。行政行為，行政契約，行政指導など，個別具体的な行為の手続は権利保護手続と見ることができる。他方，行政立法など，一般的抽象的な行為の手続は参加手続といえる。行政計画の手続にはいずれの側面もある。

### ❸ 行政手続の重要性

行政手続に対する考え方は，歴史的に見ると，大陸法諸国（フランス，ドイツ等）と，英米法諸国（イギリス，アメリカ合衆国等）で，大きく異なっている（大陸法諸国と英米法諸国の違いについては，⇨ **本章第1節Ⅱ❶**）。

大陸法諸国では，行政手続があまり重視されてこなかった。すなわち，行政活動の内容を実体法によって定め（「法律による行政」の原理），行政活動がそれに従っているかを裁判所が統制すれば十分と考えられていた（**実体法重視の思考**）。日本でも，明治憲法の下では，このような考え方が強かった。

これに対し，英米法諸国では，伝統的に手続が重視されている。イギリスでは，中世以来，**自然的正義**（natural justice）の原則により，不公正な手続からは決して正しい結果は得られないと考えられてきた。アメリカ合衆国にもこれが継受され，憲法の**適正手続条項**（due process clause，連邦憲法修正5条，14条第1節）となった（**手続法重視の思考**）。

しかし，第二次世界大戦後は，大陸法諸国においても，手続法重視の思考が強くなっている。その背景には，行政の複雑化，専門化により，行政裁量が増大していることがある（⇨ **本章第4節Ⅰ❶**）。実体法による規律と裁判所による統制が困難になり，立法者は行政がとるべき手続を定め，裁判所も手

**043**

続が適正に行われたかを審査することに重心を移さざるをえないのである。日本においても事態は同じである。

## ❹ 行政手続の法源

### (1) 憲法上の根拠

　行政手続が憲法上求められていることについては、異論は見られない。しかし、具体的な憲法上の根拠については見解が対立しており、いずれが通説ともいえない状況である。現在有力なのは、次の4つの説である。

　**憲法31条説**は、**憲法31条による適正手続の保障は、刑事手続だけでなく、行政手続にも及ぶ**とする。これに対しては、規定の文言や制定過程から見て、刑事手続のみが対象と解すべきではないか、保障の対象が刑罰類似の行為に限定されるのではないか、といった批判がある。

　**憲法13条説**は、**国政における国民の権利の尊重（憲法13条）は、実体法だけではなく、手続法によっても実現されなければならない**とする。これに対しては、根拠としてあまりに一般的・抽象的ではないか、といった批判がある。

　**併用説**は、**行政手続は憲法31条及び13条によって保障されている**とする。これに対しては、いずれも根拠として不十分であるから、併用しても根拠とはならないのではないか、といった批判がある。

　**手続的法治国説**は、**日本国憲法は法治国原理を前提とすると解した上で、それによって手続保障も要請される**とする。これに対しては、憲法上明文の根拠がないのではないか、法治国概念は多義的であるから、それによって手続保障を根拠づけるのは難しいのではないか、といった批判がある。

　最高裁は、成田新法事件（最大判平成4・7・1民集46巻5号437頁、百選Ⅰ116事件）において、行政手続については、それが刑事手続ではないとの理由のみで、そのすべてが憲法31条による保障の枠外にあるとはいえない、と判示している。行政手続の一部に憲法31条の保障が及ぶことは明らかになったが、いかなる行政手続に保障が及ぶかはなお不明確である。

## (2) 行政手続法

### a） 沿革

　第二次世界大戦後，日本においても，行政手続を定める法令が増加したが，必ずしも統一がとれていなかった。学説においては，行政手続の研究が進展し，具体的な行政手続法の提案も行われたが，立法には結びつかなかった。1993（平成5）年，規制改革の一環として，行政手続法がようやく成立した。

　その後，2005（平成17）年に，意見公募手続に関する第6章を挿入する改正が，2014（平成26）年には，行政指導の中止等の求め（36条の2）及び処分等の求め（36条の3）に関する規定を新設するなどの改正がなされた。

　以下，本節では，行政手続法（以下「本法」または「法」という）の総則を概観することとし，詳細はそれぞれの行為形式の部分で検討する。

### b） 目的

　本法は，①行政運営における公正の確保と透明性の向上を図り，②もって国民の権利利益の保護に資することを目的としている（法1条1項）。

　上記のとおり，行政手続には国民の権利利益の保護を目的とする権利保護手続と，国民・住民の行政への参加を目的とする参加手続があるが（⇨ 本節 I ❷(3)），本法は前者を目的としている。もっとも，参加手続にあたる意見公募手続（第6章）も設けられたことから，目的との間にずれが生じている。

### c） 行政手続法の構成

　本法は，第1章「総則」，第2章「申請に対する処分」，第3章「不利益処分」，第4章「行政指導」，第4章の2「処分等の求め」，第5章「届出」，第6章「意見公募手続等」，第7章「補則」の8章からなる。

　このうち，第2章と第3章は処分（行政行為）に関する規定である。「申請に対する処分」と「不利益処分」を分けている点に特色がある。

　第4章は行政指導に関する規定である。手続に関する規定だけでなく，実体法上の規定（行政指導の限界など）も含まれている。

　第4章の2は処分と行政指導の両者に関する規定である。

　第5章は届出に関する規定である。

　第6章は「命令等」に関する規定である。法規命令のほか，行政規則の一部（審査基準，処分基準，行政指導指針）も対象となる（法2条8号）。

行政契約と行政計画については規定がない。行政計画については立法化の動きもあったが，今後の課題となっている。

### d） 適用領域

本法は一般法であり，原則として，すべての処分，行政指導，届出及び命令等に適用される。

もっとも，国会が行う処分など，一定の特殊な行為については適用が除外されている（法3条1項・2項等）。

また，地方公共団体の行為については，条例及び規則に根拠のある処分及び届出，並びに，すべての行政指導及び命令等には適用がない（法3条3項。⇨図1-9）。地方自治を尊重する趣旨であるが，地方公共団体には必要な措置を講じる努力義務が課されている（法46条）。現在，ほぼすべての地方公共団体で，行政手続条例が制定されている。

さらに，国または地方公共団体の機関に対する処分等についても，本法の適用が除外されている（法4条1項）。

そのほか，個別法で適用除外を定めている場合もある（法1条2項参照）。

**❶ 図1-9　地方公共団体の行為と行政手続法の適用**

| 根拠 | 処分・届出 | 行政指導・命令等 |
|---|---|---|
| 法律 | ○ | × |
| 条例・規則 | × | × |

## II。 主要な行政手続

行政手続のうち，告知・聴聞，文書閲覧，理由の提示（理由付記），基準の設定・公表は，「適正手続4原則」と呼ばれる（塩野・行政法I 295頁）。以下では，これらの手続について，重要判例を交えて検討する。

### 1 告知・聴聞

**告知・聴聞**とは，ある行為を行う前に，その内容と理由を相手方に告知し，意見を述べる機会をあたえることをいう。事前に相手方の言い分を聴くことで，誤った行為を未然に防ぐことが期待される。

行政手続法制定前の告知・聴聞に関する重要判例を 2 つ紹介しておこう。個人タクシー事件（最判昭和 46・10・28 民集 25 巻 7 号 1037 頁，百選 I 117 事件）では，東京陸運局長が新たに多数の個人タクシー事業免許を行うこととした。原告もこれを申請したが，拒否されたので，拒否処分の取消訴訟を提起した。陸運局長は道路運送法所定の免許要件を具体化した審査基準を作成していたが，原告は「運転歴 7 年以上のもの」と，「転業が困難なものでないこと」という基準を満たしていないと判断された。しかし，軍隊での経歴を加えると，7 年以上の運転歴があり，自営業を営んでいるが収入が少なく，転業は困難ではなかった。原告は，聴聞では十分な審査が行われなかったため，被告はこの点の判断を誤ったと主張した。

　最高裁は，個人タクシー事業免許が職業選択の自由に関わること等からすると，本件のように，多数の者から少数特定の者を，具体的個別的事実関係にもとづいて選択する場合，事実認定につき行政庁の独断を疑うことが客観的にもっともと認められるような，不公正な手続をとってはならないとする。そして，道路運送法は抽象的な免許基準を定めるにすぎないから，内部的にせよ，その趣旨を具体化した審査基準を設定し，これを公正かつ合理的に適用しなければならないとした。とくに，基準の内容が微妙，高度の認定を要する場合などは，基準を適用するために必要な事項について，申請者に主張立証の機会をあたえなければならないとする。本件では，原告に主張立証の機会をあたえておらず，それを行っていれば陸運局長が異なった判断（免許の付与）をした可能性があったとして，本件処分は違法と判断した。

　本判決でとくに注目されるのは，明文規定がなくとも，一定の場合には，不公正な手続をとってはならないこと，審査基準を設定しなければならないこと，申請者に主張立証の機会をあたえるべきことを明らかにした点である。

　群馬中央バス事件（最判昭和 50・5・29 民集 29 巻 5 号 662 頁，百選 I 118 事件）では，バス事業免許の拒否処分が争われ，諮問機関である運輸審議会が行った公聴会の審理手続の瑕疵が争点となった。とくに，既存路線と比べて原告の路線が時間及び運賃の点で劣ることが拒否理由とされたが，この点について原告に十分な主張立証の機会をあたえたかが問題となった。

　最高裁は，道路運送法が諮問手続を定めているのは，処分の公正を担保す

る趣旨なので，諮問を経ない場合はもちろん，これを経た場合でも，諮問機関の審理手続に瑕疵がある場合には，処分は違法として取り消されるとした。そして，同法が公聴会の開催を命じているのは，公正な答申を保障するためだから，その審理手続も関係者に十分な主張立証の機会をあたえなければならないとする。本件では，公聴会において原告の事業計画の問題点を具体的に明らかにし，十分な主張立証の機会をあたえたとはいえず，この点で手続に瑕疵があったとした。しかし，仮にそのような機会をあたえたとしても，免許を拒否するという答申の結論に影響があったとは考えられないので，この瑕疵は処分取消しの理由とはならないとした。

本判決でとくに注目されるのは，諮問手続の重要性を認めたこと，明文規定がなくとも，公聴会で十分な主張立証の機会をあたえるべきとしたこと，手続に瑕疵があっても結論に影響しなければ処分は取り消さないとしたことである。最後の点は，個人タクシー事件でも前提とされていた（⇨ 本節Ⅲ）。

行政手続法は，告知・聴聞については，不利益処分に関して弁明の機会の付与と聴聞手続の規定をおいている（⇨ 第3章第2節Ⅶ❸）。

---

**COLUMN 1-7**　　　　明文に定めのない手続の根拠

　個人タクシー事件及び群馬中央バス事件の上告審判決は，審査基準の設定など，法律に明文規定のない手続上の義務を行政庁に課している。下級審は憲法の条文をあげていたが，最高裁はこの点何も述べていない。おそらく道路運送法の趣旨解釈を根拠とするものと思われる。

---

## ❷　文書閲覧

**文書閲覧**とは，処分の前に処分の基礎となる文書等の資料を閲覧させることをいう。行政庁の手の内を見せて適切な攻撃防御を可能とする趣旨である。

行政手続法制定以前は，文書閲覧を定めた法令はほとんどなかった。行政手続法は，不利益処分に関する聴聞手続においてのみ，文書閲覧を認めている（法18条。⇨ 第3章第2節Ⅶ❸ (3)d)）。

## ❸ 理由の提示（理由付記）

　**理由の提示**とは，ある行為を行う場合に，同時に，その理由を相手方に知らせることをいう。書面で行う場合を**理由付記**という。

　理由の提示（付記）の趣旨目的として，判例は，①**処分庁の慎重，合理性を担保してその恣意を抑制すること（恣意抑制）**と，②**処分の理由を相手方に知らせて不服申立ての便宜をあたえること（不服申立便宜）**をあげている（小石川税務署所得税増額更正事件に関する最判昭和 38・5・31 民集 17 巻 4 号 617 頁，百選Ⅰ 119 事件等）。

　従来，理由付記は個別法によって定められていたが，行政手続法は，申請に対する拒否処分（法 8 条）と不利益処分（法 14 条）について，一般的に理由提示を求めている（⇨ 第 3 章第 2 節Ⅶ❷(4)，❸(2)）。

　理由の提示（付記）にはさまざまな論点があるが，以下では，①理由提示の程度，②理由の追完，③理由の差替えについて検討しよう。

### (1) 理由の提示の程度

　行政手続法の制定以前，税法の分野で理由付記の程度に関する判例が蓄積されていた（前掲最判昭和 38・5・31 等）。これを踏まえて一般的な行政処分について判示したのが，旅券発給拒否事件（最判昭和 60・1・22 民集 39 巻 1 号 1 頁，百選Ⅰ 121 事件）である。原告がサウジアラビアに渡航する目的で旅券（パスポート）を申請したところ，外務大臣から「旅券法 13 条 1 項 5 号に該当する」という理由を付して拒否されたので，拒否処分取消訴訟を提起した。旅券法 13 条 1 項 5 号（現 7 号）は，「外務大臣において，著しく，かつ，直接に日本国の利益又は公安を害する行為を行うおそれがあると認めるに足りる相当の理由がある者」には，旅券の発給を拒否できると定める。

　最高裁は，理由付記の程度は，処分の性質と理由付記を命じた法律の規定の趣旨・目的に照らして決定すべきであるとする。旅券法が旅券発給拒否に理由付記を求めた趣旨は，海外旅行の自由（憲法 22 条 2 項）を制限することになるため，恣意を抑制し，不服申立ての便宜をあたえることにある。このような趣旨からすれば，付記すべき理由は，**いかなる事実関係にもとづき，**

**いかなる法規を適用して旅券発給が拒否されたかを，申請者がその記載自体から了知しうるものでなければならない。**また，単に根拠規定を示すだけでは，それによって当該規定の適用の基礎となった事実関係をも当然知りうる場合は別として，理由付記として十分ではない。本件で問題となった旅券法13条1項5号は概括的・抽象的な規定であり，これに該当する旨を付記しただけでは，発給拒否の根拠となった事実関係を知ることはできないから，本件処分は理由付記の要件を欠き違法であると結論した。

行政手続法は，申請に対する拒否処分と不利益処分に理由の提示を求めているが，その程度については明文規定をおいていない。

行政手続法14条にもとづく理由付記の程度について判示したのが，一級建築士免許取消事件（最判平成23・6・7民集65巻4号2081頁，百選Ⅰ 120事件）である。建築士法10条1項による建築士に対する処分については，旧建設省が意見公募手続を経て処分基準（本件処分基準）を設定・公表していた。一級建築士である原告は，部下による耐震強度の偽装に気づかず，多数のマンションを危険にさらしたとして，同項2号（現1号）及び3号（現2号）にもとづいて免許取消処分（本件処分）を受けたので，本件処分の取消訴訟を提起した。処分理由には根拠となる事実と条文は記載されていたが，処分基準の適用関係については記載がなかった。

最高裁は，行政手続法14条は，行政庁の恣意を抑制し，処分の名宛人に不服申立ての便宜を与える趣旨で理由付記を求めているとする。そのうえで，理由付記の程度については，**①当該処分の根拠法令の規定内容，②当該処分にかかる処分基準の存否及び内容並びに公表の有無，③当該処分の性質及び内容，④当該処分の原因となる事実関係の内容等を総合考慮して決すべき**であるとする。そして，建築士法10条1項の定める処分要件はいずれも抽象的であるうえ，これらに該当する場合に同項所定の処分のいずれを選択するかも処分庁の裁量にゆだねられていること（上記①），本件処分基準は意見公募手続を経るなど手厚い手続を経て定められ公にされており，しかもその内容はかなり複雑なものであること（上記②），本件処分は原告の一級建築士としての資格を直接に奪う重大な不利益処分であること（上記③）を指摘する。そこで，本件処分については，処分の原因となる事実及び処分の根拠

法条に加えて，本件処分基準の適用関係が示されなければ，いかなる理由に
もとづいてどのような処分基準の適用によって当該処分が選択されたかを，
処分の名宛人が知ることは困難であるから，本件処分には瑕疵があるとして，
本件処分を取り消した。

　申請に対する拒否処分に関する理由の提示（行政手続法8条）にも，この
判例はあてはまるものと思われる。

## (2) 理由の追完

　**理由の追完**とは，**理由提示に瑕疵があった場合**（理由を提示しなかった場
合や，不十分だった場合）**に，処分後に理由を知らせることで，その瑕疵が
治癒されるか**，という問題である。

　判例は理由の追完を認めていない。リーディング・ケースは，大分県税務
署法人税増額更正事件（最判昭和47・12・5民集26巻10号1795頁，百選Ⅰ
86事件）である。原告が法人税にかかる所得を申告したところ，申告額が
過少であるとして，税務署長が増額更正処分（本件処分）を行ったが，処分
理由には申告漏れの金額が記載されているだけだった。審査請求にもとづき，
国税局長は本件処分の一部を裁決で取り消したが，裁決の理由欄に増額更正
の理由が詳しく記載されていた。原告は本件処分（裁決で取り消されなかっ
た部分）の取消訴訟を提起したが，被告税務署長は裁決における理由付記に
よって瑕疵は治癒されたと主張した。

　最高裁は，本件処分の理由付記に瑕疵があったと認めたうえで，処分庁と
異なる機関の行為により理由付記の瑕疵が治癒されるとするのは，処分その
ものの慎重合理性を確保する目的にそわないこと，処分の相手方としても，
裁決によって初めて具体的な処分の根拠を知らされたのでは，それ以前の審
査手続で十分な不服理由を主張できないという不利益を免れないことなどか
らすると，裁決において処分の具体的根拠が明らかになったとしても瑕疵は
治癒されないとし，処分の違法性を認めた。

## (3) 理由の差替え

　**理由の差替え**とは，**理由提示が適法になされた場合に，処分の後になって**

別の理由を追加し（追加的差替え），または交換する（交換的差替え）ことが
できるか，という問題である。理由の追完との違いは，処分の理由提示が適
法になされている点にある。

　行政手続法制定前の判例には，理由の差替えを認めるものがあった。リー
ディング・ケースは，逗子市住民監査請求記録公開請求事件（最判平成 11・
11・19 民集 53 巻 8 号 1862 頁，百選 II 189 事件）である。原告が，逗子市情
報公開条例（本件条例）にもとづいて，特定の住民監査請求に関する行政文
書の公開を請求したところ，本件条例 5 条 2 号ウ（事務事業情報）にあたる
として拒否されたので，拒否処分の取消訴訟を提起した。逗子市は訴訟にお
いて上記文書が本件条例 5 条 2 号ア（審議検討情報）にもあたると主張した
ことから，このような理由の追加的差替えが許されるかが争点となった（情
報公開制度における不開示情報については，⇨ 第 5 章第 3 節 III ❶）。

　最高裁は，本件条例が理由付記を命じているのは，実施機関の恣意を抑制
し，公開請求者の不服申立てに便宜を与えることを目的としているが，その
ような目的は非公開の理由を具体的に記載して通知させること自体をもって
ひとまず実現されるとする。そして，本件条例の規定を見ても，非公開決定
処分の取消訴訟において，付記された以外の理由の主張を許さないとする趣
旨をも含むと解すべき根拠はないとして，追加主張を許容した。

　本判決は，本件条例の解釈として，理由の差替えを認めたにすぎない。し
かし，理由の差替えを許さない趣旨がうかがわれる場合を除き，差替えは許
されるとしているので，その射程は実際には広いとも解される。他方で，こ
の判例は行政手続法制定前の事件に関するものであり，同法の制定によって
理由提示が一般的に義務づけられたことから（⇨ 第 3 章第 2 節 VII），現在では
直ちにあてはまるわけではないという見方もある。

---

**COLUMN 1-8**　　　理由の差替えを認めるべきか

　逗子市住民監査請求記録公開請求事件上告審判決は，処分に具体的な理由を記載し
て通知することにより，理由付記の目的はひとまず実現されるとする。

しかし，差替えが許されるとすれば，処分の時点では慎重な判断がされない可能性
がある。また，適当な理由しか提示されないと，不服申立ての便宜ともならない。
　もっとも，この事件についていえば，理由の差替えを認めないと，処分が取り消さ
れたのちに，別の理由（審議検討情報該当性など）で，再び非公開決定がされる可能
性もある。そうすると原告の救済がかえって遅れるので，紛争を一回的に解決するに
は，むしろ理由の差替えを認めるべきとも考えられる。

## ❹ 基準の設定・公表

　**基準の設定・公表**とは，ある行為を行う前に，その基準を設定・公表す
ることをいう。国民にとっての予測可能性を担保するとともに，行為の適正を
確保することを目的とする。

　個人タクシー事件の上告審判決（⇨ 前記❶）は，明文規定がなくとも，一
定の場合には基準の設定が求められると判示していた。もっとも，基準の公
表や，相手方への告知までは要求していなかった。

　行政手続法は，申請に対する処分及び不利益処分について，一般的に，審
査基準・処分基準を設定し，これを公にすることを求めている（法5条・12
条。⇨ 第3章第2節Ⅶ）。

# Ⅲ。 手続瑕疵の効果

## ❶ 学説

　**行政手続に瑕疵がある場合，それにもとづく処分は直ちに違法として取り
消されるべきか**。この問題については見解が対立している。

　第1に，**行政手続に瑕疵がある場合，つねに処分の取消事由となる**とす
る説がある（**取消原因説**）。手続を重視する見解であり，正しい手続によっ
てのみ，正しい処分をなしうると考える。また，結果さえ正しければよいと
すると，手続を遵守するインセンティブが失われるし，実体的な適法性を審
査する必要があれば，裁判所の負担軽減にもならないとする。

第2に，**行政手続の瑕疵は，それが処分の結果に影響する場合にのみ，取消原因となる**とする説がある（**結果考慮説**）。手続の目的は処分の内容の正しさを確保することにあるから，処分が実質的に正しければ取り消す必要はないという。さらに，手続瑕疵がなくとも同じ内容の処分がされたはずだから，相手方にとって不利益となるわけではないとする。また，手続瑕疵を理由に行為を取り消しても，再び同じ内容の行為がなされるから，行政効率に反するばかりでなく，相手方にとっても二度手間になるとする。

　第3に，**行政手続の重要性に応じて区別する**説がある（**折衷説**）。すなわち，㋐訓示規定（違反しても行為の効力に影響しないとされる規定）にとどまる手続については，これに違反しても処分は違法とならず，㋑制度の根幹に関わる重要な手続については，これに違反すれば処分も違法として取り消され，㋒両者の中間に位置づけられる手続については，行為の結果に影響がある場合にのみ行為の取消原因となるとする（群馬中央バス事件の調査官解説である越山安久・最判解民事篇昭和50年度255頁以下）。

## ❷ 判例

　判例には，行政手続に瑕疵がある場合に，処分の結果に影響があるときにかぎって処分を取り消すものと，結果への影響を問題とせず，ただちに処分を取り消すものがある。

　すなわち，個人タクシー事件や群馬中央バス事件では，申請者に十分な主張立証の機会を与えなかった手続瑕疵について，それが処分の結果に影響するかどうかを検討し，影響する場合にのみ処分を取り消している（⇨ Ⅱ❶）。

　これに対し，理由付記に関する判例は，理由付記に瑕疵があれば，結果への影響を考慮することなく，ただちに処分を取り消している（⇨ Ⅱ❸）。

　こうした判例の状況は，上記の折衷説によって説明できるかもしれない。もしそうであれば，個々の手続ごとに，その重要性を判断すべきことになる。学説では，行政手続法制定後においては，少なくとも明文で定められた手続規定に違反する場合，結果への影響を問わず，処分を取り消すべきであるという見解も有力である。

# 第1章

# 演習問題

**Q1.** 諸外国における行政法については，「行政国家」と「司法国家」の違いがあるとされる。現在の日本はいずれにあたると考えられるか。

**Q2.** 青色申告承認申請懈怠事件（最判昭和62・10・30）と，宜野座村工場誘致事件（最判昭和56・1・27）では，いずれも信頼保護が問題となっているが，事案には相違点も多い。特に重要な違いをあげなさい。

**Q3.** 警察法2条1項は，「警察は，個人の生命，身体及び財産の保護に任じ，犯罪の予防，鎮圧及び捜査，被疑者の逮捕，交通の取締その他公共の安全と秩序の維持に当ることをもってその責務とする」と定めている。コンビニが強盗に襲われた場合，警察官はこの規定にもとづいて犯人を制止することができるか。

**Q4.** 裁量権の有無広狭については，さまざまな事情を考慮して判断すべきと考えられている。神戸全税関事件（最判昭和52・12・20）では，どのような事情を考慮して，どのような裁量が認められているか。

**Q5.** 個人タクシー事件（最判昭和46・10・28）と群馬中央バス事件（最判昭和50・5・29）では，いずれも手続的瑕疵があるとされた。しかし，前者では処分が違法とされたのに対し，後者ではそうでないとされている。このような違いが生じたのはなぜか。

# 解答例

**CHAPTER 1 – ANSWER**

**1.** 大陸法諸国のように，行政裁判所が存在し，公法私法二元論がある国を「行政国家」，英米法諸国のように，行政裁判所がなく，公法私法二元論も見られない国のことを「司法国家」という（⇨ 本章第1節Ⅱ❶）。

　大日本帝国憲法の下では，日本は明確に「行政国家」の制度を採用していた。しかし，日本国憲法の下では，行政裁判所が廃止されたことから，日本は「司法国家」になったといえる（⇨ 本章第1節Ⅱ❷）。

　もっとも，公法上の法律関係については，民事訴訟法ではなく，行政事件訴訟法が適用され（行政事件訴訟法4条参照），この点に公法私法二元論が残っていることからすると，「行政国家」の要素も見られる（⇨ 本章第1節Ⅲ）。

**2.** 青色申告承認申請懈怠事件と宜野座村工場誘致事件を比較すると，次のような点に重要な違いがあると思われる。　　　　⇨ 本章第2節Ⅲ❸ (1)

　①前者では信頼保護と法律による行政の原理（租税法律主義）が対立しているのに対し，後者では信頼保護と民主主義（民意）が対立している。

　②前者では処分の取消しが求められているのに対し，後者では損害賠償が求められている。

　③前者では，法解釈が問題となっており，専門知識が必要であることから，相手方の信頼保護の必要が高いのに対し，後者では，地方公共団体と相手方とは基本的に対等の関係であり，相手方の自己責任がより強く求められる。

**3.** 警察法2条1項は，行政機関が取り扱う事務の範囲を定めた「組織規範」にあたると考えられる（⇨ 本章第3節Ⅳ❶）。法律の留保にいう法律の根拠（根拠規範）にはあたらないから，法律の留保に関するどの説に

よっても，この規定にもとづいて犯罪の制止などの強制的な行為を行うことはできない（⇨ 同節Ⅳ❷）。

　もっとも，警察官職務執行法5条は，「警察官は，犯罪がまさに行われようとするのを認めたときは，その予防のため関係者に必要な警告を発し，又，もしその行為により人の生命若しくは身体に危険が及び，又は財産に重大な損害を受ける虞があって，急を要する場合においては，その行為を制止することができる」と定めている。この規定は根拠規範と思われるので，この規定にもとづいて，警察官は強盗を制止できる。

**4.** 神戸全税関事件（⇨ 本章第4節Ⅰ❷）では，公務員に対する懲戒処分（国家公務員法82条1項）は，社会観念上著しく妥当を欠く場合に限って，裁量権を濫用したとして違法になるとされており，広い裁量が認められている。

　この判決は，その理由として，①懲戒事由にあたる場合に，懲戒処分をすべきか，いかなる処分を選択すべきかについて，国家公務員法が具体的な基準を設けていないこと（根拠法規の定め方），②懲戒権者の裁量にまかせるのでなければ適切な結果を期待できないこと（判断の性質）をあげている。

**5.** 個人タクシー事件と群馬中央バス事件は，手続的瑕疵があっても，それが処分の結果に影響する場合に限り，処分は違法になると解している（⇨ 本章第5節Ⅲ）。

　前者では，申請者に主張立証の機会を与えていれば，免許が付与された可能性がなかったとはいえないとして，拒否処分は違法とされた。これに対し，後者では，申請者に十分な主張立証の機会を与えたとしても，免許を拒否するという結論に影響があったとは考えられないとして，拒否処分は違法ではないとされた（⇨ 本章第5節Ⅱ❶）。

第
**2**
章

行政組織

## → はじめに

　すでに述べたように，行政法の3つの柱は，①行政作用に適用される法の一般的な枠組みを論じる行政作用法，②行政作用によって権利利益が損なわれた場合の救済手段を論じる行政救済法，③行政を行う主体がいかに組織されているかを論じる行政組織法である（⇒ 序章❸）。

　このうちの行政組織法については，入門書である本書では詳しく説明することができない。本章では，行政法の基礎を理解するために必要な限りで，行政組織法の要点を説明したい。詳細は基本書の該当部分を参照していただきたい（⇒ 序章❹）。

　第1節では，私人に対して行政を行う法主体である行政主体について，その意義と種類を説明する。

　第2節では，行政組織の基本原理として，行政機関の意義を明らかにし，その種類，権限の代行方式，上級行政機関の指揮監督権，行政機関相互間の協議について検討する。

　第3節では，国の行政組織を概観したうえで，内閣，内閣府及び省，庁，委員会，附属機関，内部部局等を見ていく。

　第4節では，普通地方公共団体の組織を概観したうえで，議会，長，委員会（委員）を検討する。

# 第1節　行政主体とは何か

SECTION 1

## I. 行政主体の意義

**行政主体**とは，**行政を行う法主体**をいう。これと対になるのが**私人**である。すなわち，行政法学では，行政作用を，**行政主体と私人の間の法関係**としてとらえている（⇨図2-1）。たとえば，A県が，建築主Bの申請にもとづいて，建築確認を行う，という具合である（建築基準法6条1項）。

もっとも，行政主体は法人であるため，自ら行政作用を行うことはできない。そこで，自然人である**公務員**が**行政機関**の地位につき，行政機関として行政作用を行い，その作用を行政主体が行ったものとみなす，という考え方がとられている。上記の例でいえば，公務員であるCが建築主事という行政機関の地位につき，Bに対して建築確認を行う（具体的には確認済証を交付する）と，それによってA県がBに対して建築確認を行ったものとみなされる。

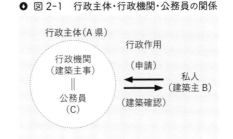

図2-1　行政主体・行政機関・公務員の関係

## II. 行政主体の種類

行政主体には，①国，②地方公共団体，③（広義の）独立行政法人，④（一部の）特殊法人，⑤公共組合，⑥地方公社，⑦地方独立行政法人がある。

ここで**国**とは，**行政作用を行う法人としての国**を意味する。地方分権が進んだ現在においても，国は行政作用の多くの重要な部分を担当している。

**地方公共団体**とは，**国の一定の区域において，そこに居住滞在するすべての人に対して行政作用を行う団体**をいう。憲法第8章によって自治権を保

障された**普通地方公共団体**（都道府県，市町村）と，それ以外の**特別地方公共団体**（特別区，地方公共団体の組合，財産区，地方開発事業団）がある。もっとも，憲法で学ぶように，特別区が憲法上の保障を受けるかについては争いがある。

**独立行政法人**とは，**独立行政法人通則法の定めにしたがい，個別の法律によって設立される法人**をいう（独立行政法人通則法 2 条 1 項）。国の行政組織の減量化を目的として 1999（平成 11）年に創設された，比較的新しい制度である。2021（令和 3）年 4 月 1 日現在，87 法人が存在する。日本学術振興会（独立行政法人日本学術振興会法）がその例である。独立行政法人に類似する制度として，国立大学法人（国立大学法人法），日本司法支援センター（「法テラス」とも呼ぶ，総合法律支援法）などがあり，これらを含めて**広義の独立行政法人**と呼ばれることもある。

**特殊法人**とは，**法律により直接に設立される法人，または，特別の法律により特別の設立行為をもって設立すべきものとされる法人であって，広義の独立行政法人を除いたもの**をいう（総務省設置法 4 条 9 号参照）。戦後，行政組織の硬直化を回避し，業務の弾力的な遂行を可能とするため，多数設立された。しかし，行政の下請機関であって，自主性に乏しく，天下りの受け皿となっているなどの批判があり，整理統合が進められている。2021（令和 3）年 4 月 1 日現在，33 の特殊法人が存在する。日本中央競馬会（競馬法）がその例である。有力説によれば，特殊法人のすべてが行政主体にあたるわけではなく，国の出資のあり方，組織構成に対する関与のあり方に照らし，その一部（政府関係特殊法人）のみが行政主体にあたるとされている（塩野・行政法Ⅲ 114 頁以下）。

**公共組合**とは，**行政上の特定の事業を行うために，利害関係のある組合員によって構成された公の社団法人**をいう。一定の資格を有する者が強制的に加入し（強制加入制），公権力の行使が認められるなどの特色がある。土地改良区（土地改良法），土地区画整理組合（土地区画整理法），健康保険組合（健康保険法）などがある。

**地方公社**とは，**地方公共団体が，特定の事業を行わせる目的で，法律にもとづいて設立した法人で，公社という名称をもつもの**をいう。地方住宅供給

公社（地方住宅供給公社法），地方道路公社（地方道路公社法），土地開発公社（公有地の拡大の推進に関する法律）などがある。

**地方独立行政法人**とは，**地方独立行政法人法にもとづいて，地方公共団体によって設立される法人**をいう。独立行政法人と類似した制度である。

---

COLUMN **2-1**　　　　　　　　　　指定法人

　指定法人とは，特別の法律にもとづき，特定の業務を行うものとして，行政庁によって指定された民法上の法人をいう。公権力の行使（処分権限等）を委ねられる場合もある。たとえば，建築確認をするのは原則として都道府県等の行政機関である建築主事であるが（建築基準法6条1項），民法上の法人（株式会社等の営利法人を含む）も，国土交通大臣等の指定（建築基準法77条の18）を受ければ，建築確認をすることができる（指定確認検査機関，同法6条の2）。公権力の行使を行う限りで行政機関（行政庁）とみなされるが，指定法人それ自体は行政主体にはあたらない。

Ⅱ.

行政主体の種類

# 第2節　　行政組織の基本原理

SECTION 2

## Ⅰ. 行政機関の意義

行政組織の構成要素が**行政機関**である。もっとも，「行政機関」という用語は，2つの異なった意味で用いられている。

第1は，行政作用法上の権限行使に着目した概念（**作用法的機関概念**）で，たとえば国土交通大臣がこれにあたる。Ⅱで述べる行政庁などの行政機関は，この意味である。

第2は，行政事務の配分単位に着目した概念（**事務配分的機関概念**）で，たとえば国土交通省がこれにあたる。内閣府設置法や国家行政組織法にいう「行政機関」は，この意味である（⇒ 本章第3節）。

両者はまったく異なった概念であり，どちらの意味で用いられているかを明確にしなければ，無用の混乱を招くことになる。

## Ⅱ. 行政機関の種類

作用法的機関概念にいう行政機関には，①行政庁（行政官庁），②補助機関，③諮問機関，④参与機関，⑤執行機関がある。

**行政庁**とは，**行政主体のために意思を決定し，外部に表示する権限**（処分権限等）**をもつ機関**をいう。府省の大臣（国土交通大臣など），外局である庁の長（国税庁長官など）や委員会（公正取引委員会など）等がこれにあたる。国の行政庁を**行政官庁**ということがある。

**補助機関**とは，**行政庁を補助する機関**をいう。各省の副大臣，政務官，事務次官以下の大半の機関がこれにあたる。

**諮問機関**とは，**行政庁の諮問に応じて答申**（法的拘束力がないもの）**を述べる機関**をいう。法制審議会，税制調査会，原子力委員会などがこれにあたる。

**参与機関**とは，行政庁の意思決定を拘束する議決を行う**機関**をいう。電波監理審議会，検察官適格審査会などがこれにあたる。

**執行機関**とは，行政庁の命令を実力で執行することが認められた**機関**をいう。警察官，国税徴収職員などがこれにあたる。のちに述べる地方公共団体の「執行機関」（⇨ 本章第 4 節）とはまったく別の概念である。

## III. 権限の代行方式

処分等の行政権限は，法律で定められた行政庁が，みずから行使するのが原則である。しかし，大臣などの行政庁が，膨大な権限をすべて実際に行うことは，必ずしも容易ではない。そこで，権限の代行方式として，①権限の委任，②代理，③専決・代決が認められている（⇨ 図 2-2）。

**権限の委任**とは，**行政庁が，その権限の一部を，他の行政機関に委譲する**ことをいう。たとえば，法務大臣が，情報公開請求に対する開示・不開示の決定権限（行政機関の保有する情報の公開に関する法律 9 条）を，地方支分部局（⇨ 本章第 3 節Ⅶ）である法務局の局長に委任する場合である（同法 17 条）。その権限は法務局長が自分の名前で行使し，同局長が行った処分としての法的効果を生じる。権限の移転をもたらすため，一般に法律の根拠を要すると解されている。

**代理**とは，**行政庁以外の行政機関が権限を行使し，行政庁が行ったのと同**

○ 図 2-2 権限の代行方式

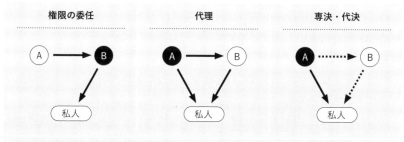

※ A は上級機関，B は下級機関を示す。
●は法的効果が帰属する行政機関を，実線は外部（私人）から見える関係を，点線は外部から見えない関係を示す。

一の効果が認められることをいう。たとえば，県知事が海外出張している間，開発許可（都市計画法29条1項）の権限を，副知事が代理として行使する場合である。副知事は，自らが知事の代理として権限を行使していることを示し（顕名主義），知事が行った処分としての法的効果が生じる。法律にもとづく**法定代理**と，個別の授権にもとづく**授権代理**がある。

　**専決・代決**とは，**行政庁の権限に属する事項を，補助機関が代わって決裁し，行政庁が決定したものとして扱うことをいう**。恒常的になされるものを専決，本来の権限者が不在の場合等になされるものを代決という。たとえば，審査請求に対する裁決（行政不服審査法45条）を，市長に代わって副市長が専決する場合である。内部的な決裁権の移転にすぎないので，裁決は市長の名で行われ，市長が行った裁決としての法的効果が生じる。

# Ⅳ. 上級行政機関の指揮監督権

　行政組織は，基本的に，ピラミッド型の構造（階層構造）となっている。そこで，行政組織の統一性を確保するため，上級機関は下級機関に対し，一定の指揮監督権を行使することができる。①監視権，②許認可権，③訓令権，④権限争議の決定権，⑤取消・停止権，⑥代執行権がそれである。

　**監視権**とは，**下級機関に対して報告を求め，必要に応じて調査する権限**である。

　**許認可権**とは，**下級機関の権限行使について，あらかじめ承認を与える権限**である。

　**訓令権**とは，**下級機関の権限行使について，指示命令を与える権限**である。

　**権限争議の決定権**とは，**下級機関の間での権限に関する争いを決定する権限**である。

　**取消・停止権**とは，**下級機関の違法不当な行為を取り消し，あるいは執行を停止する権限**である。

　**代執行権**とは，**下級機関の行為を，上級機関が自ら代わって行う権限**である。

　これらの権限のうち，監視権，許認可権，訓令権，権限争議の決定権につ

いては，上級機関が一般的に行使できると考えられている。取消・停止権に
ついては争いがあるが，通説は法令の根拠がなくとも認められると解してい
る。これに対し，代執行権については，権限の移動をもたらす結果となるこ
とから，法令の根拠を要するとされている。

# V． 行政機関相互間の協議

　上下関係にない行政機関であっても，行政の統一性を確保するため，相互
に協議を行うべき場合がある。たとえば，家電リサイクル法（特定家庭用機
器再商品化法）については，経済産業大臣と環境大臣が主務大臣とされてい
る（同法 55 条 1 項）。これを**共管事務**という。この場合，関係大臣の間で協
議が必要となる。

　申請が共管事務に関わる場合や，複数の申請が相互に関連する場合，複数
の行政庁が関与することになりうる。このような場合，当該行政庁は，必要
に応じて相互に連絡を取り，審査の促進に努めなければならない（行政手続
法 11 条 2 項）。

# 第3節　国の行政組織

### SECTION 3

## Ⅰ. 概説

　行政権は内閣に属するとされ（憲法65条），内閣が国の最高行政機関である。内閣の統轄のもとにある行政機関として，内閣府，省，委員会及び庁がある。これらの行政機関には，附属機関や内部部局等をおくことができる。ここにいう「行政機関」は，事務配分的機関概念（⇨ 本章第2節Ⅰ）である。

## Ⅱ. 内閣

　**内閣**は，内閣総理大臣及び国務大臣によって組織される合議体である（憲法66条1項，内閣法2条1項）。国会に対して連帯して責任を負い（憲法65条・66条3項・73条，内閣法1条），閣議によって職権を行使する（内閣法4条）。

　**内閣総理大臣**は内閣の首長であり（憲法66条1項），国務大臣の任免権（同法68条），内閣を代表して行政各部を指揮監督する権限（同法72条，内閣法6条），主任の大臣間の権限争議を閣議にかけて裁定する権限（同法7条），行政各部の処分等を中止させる権限（同法8条）などをもっている。

　内閣には，これを補助する機関として，内閣官房，内閣法制局，安全保障会議，内閣府，人事院，復興庁がおかれている。

## Ⅲ. 内閣府及び省

　**内閣府**は，内閣に設置され（内閣府設置法2条），その長は内閣総理大臣である（同法6条1項）。内閣府は，内閣を補助する機関としての性格（⇨ 本節Ⅱ）と，行政事務を担当する行政機関としての性格をあわせもっている。

省は，内閣の統轄のもとに，行政事務を担当する行政機関である（国家行政組織法3条3項）。各省の長は各省大臣であり，主任の大臣（内閣法3条1項）として，それぞれ行政事務を分担管理する（国家行政組織法5条1項）。現在11の省がある（同法別表第1）。

# Ⅳ。庁

庁及び**委員会**は，内閣府及び省におかれる**外局**である（内閣府設置法49条1項，国家行政組織法3条3項）。庁は，行政事務の規模が内閣府及び省では大きすぎる場合に設置されるが，内閣府及び省と同様，ピラミッド型の組織構造（階層構造）となっている。現在17の庁がある（内閣府設置法64条，国家行政組織法別表第1）。

# Ⅴ。委員会

**委員会**も内閣府及び省の外局であるが，合議制をとり，委員に一定の独立性が保障されている点に特色がある。戦後，アメリカ法の影響により，多くの委員会が設置されたが，多くは廃止されたり，審議会等に組織替えした。もっとも，原子力規制委員会，個人情報保護委員会，カジノ管理委員会は，比較的最近設置されたものである。現在9つの委員会がある（内閣府設置法64条，国家行政組織法別表第1）。

# Ⅵ。附属機関

内閣府・省・庁・委員会には，審議会等（内閣府設置法54条，国家行政組織法8条），施設等機関（内閣府設置法55条，国家行政組織法8条の2），特別の機関（内閣府設置法56条，国家行政組織法8条の3）などの**附属機関**をおくことができる。

**審議会等**は，その名の通り，付属機関としておかれた合議制の機関である。その多くは，作用法的機関概念でいう諮問機関や参与機関（⇨ 本章第2節Ⅱ）

にあたるが，処分権限を与えられたものもあり（社会保険審査会など），その場合は行政庁となる。その名称は，審議会（国民生活審議会など），調査会（地方制度調査会など），審査会（情報公開・個人情報保護審査会など），委員会（司法試験委員会など）等さまざまである。外局である委員会と区別するため，国家行政組織法の根拠条文により，外局である委員会を**3条機関**，附属機関としての審議会等を**8条機関**ということがある。

**施設等機関**としては，法務省におかれた刑務所，総務省におかれた自治大学校などがある。国立大学は，かつては文部科学省の施設等機関だったが，上記のように，現在は国立大学法人となっている（⇨ **本章第1節Ⅱ**）。

**特別の機関**としては，法務省におかれた検察庁，国家公安委員会におかれた警察庁などがある。

# Ⅶ. 内部部局等

内閣府及び省には**官房及び局**を（内閣府設置法17条1項，国家行政組織法7条1項），庁には**官房及び部**を（内閣府設置法53条1項，国家行政組織法7条2項），それぞれおくことができる。その設置及び所掌事務の範囲は，政令で定める（内閣府設置法17条3項・53条4項，国家行政組織法7条4項）。かつては官房及び局の設置及び所掌事務は法律で定めることとされていたが，1983（昭和58）年の法改正により政令事項となった。委員会には，法律の定めるところにより，**事務局**を置くことができる（内閣府設置法52条1項，国家行政組織法7条7項）。

内閣府・省・庁・委員会には，法律の定めるところにより，**地方支分部局**をおくことができる（内閣府設置法57条，国家行政組織法9条）。その例として，法務省の法務局，国税庁の税務署，農林水産省の営林署がある。

# 第4節　普通地方公共団体の組織

**SECTION 4**

## I. 概説

　普通地方公共団体の組織は，国と比較すると，**二元代表制（首長制）**がとられている点，**執行機関の多元主義**がとられている点などが特色である。

　国においては，内閣の首長である内閣総理大臣は国会によって指名され（憲法67条），いわゆる**議院内閣制**がとられている。これに対し，地方公共団体においては，議会と長のいずれも住民によって直接選挙される（同法93条2項）。

　国においては，行政権は内閣に属し（憲法65条），その他の行政機関は内閣の統轄のもとにおかれている（国家行政組織法1条・3条2項）。これに対し，地方公共団体においては，執行機関として，長と並んで複数の委員会（委員）がおかれている。

## II. 議会

　**議会**は，地方公共団体の**議事機関**として設置される（憲法93条1項）。議会の議員は住民が直接選挙し（同条2項），任期は4年である（地方自治法93条1項）。議会は，条例の制定改廃等，法律で列挙された事項について議決を行う（同法96条等）。

## III. 長

　地方公共団体の長として，都道府県には**知事**，市町村には**市町村長**がおかれる（地方自治法139条）。長は住民が直接選挙し（憲法93条2項），任期は4年である（地方自治法140条）。長は地方公共団体を統轄代表し（同法147

条），その事務を管理執行する（同法148条）。地方自治法149条に長の担任事務が掲げられているが，これは例示であり，包括的な権限をもっている。補助機関として，副知事または副市町村長（同法161条），会計管理者（同法168条）その他の機関がおかれている。

# Ⅳ. 委員会（委員）

　地方公共団体には，法律の定めるところにより，執行機関として**委員会**または**委員**が置かれている（地方自治法138条の4第1項）。教育委員会，選挙管理委員会，人事委員会（または公平委員会），監査委員などがある（同法180条の5参照）。

---

**COLUMN 2-2**　　　　　　　　**機関委任事務**

　第二次世界大戦後，1999（平成11）年の地方自治法改正まで，機関委任事務という制度が存在した。これは，地方公共団体の長などの執行機関を，国の下級機関として位置づける制度である。機関委任事務は国の事務であり，執行機関は国の下級機関としてその指揮監督を受けた。また，大臣等の指揮監督に従わない場合，職務執行命令手続により，裁判を経て代執行も可能だった。

　機関委任事務の制度は，地方分権の理念にそぐわないことから，地方分権改革の一環として，上記の地方自治法改正により廃止された。現在の地方公共団体は自治事務と法定受託事務を処理するが（地方自治法2条8項・9項），いずれも地方公共団体自身の事務である。もっとも，法定受託事務は，「国が本来果たすべき役割に係るもの」とされ，代執行が可能であるなど（同法245条の8），国等の関与がより強く認められている。

# 演習問題

**Q1.** 行政機関の保有する情報の公開に関する法律3条にもとづいて，Aが，外務大臣Bに対して，北方領土問題に関する行政文書の開示を求めたのに対し，Bが開示拒否処分をした。この事例に即して，行政主体・行政機関・公務員・私人の関係を説明しなさい。

**Q2.** 作用法的機関概念と事務配分的機関概念の違いについて，公正取引委員会（私的独占の禁止及び公正取引の確保に関する法律27条以下）を例にとって説明しなさい。

**Q3.** 国の行政組織と比較して，地方公共団体の行政組織にはどのような特色があるか。

# 解答例

**CHAPTER 2 – ANSWER**

**1.** 設例では，外務大臣の地位にある B（公務員）が，外務大臣（行政機関）として，開示を請求した A（私人）に対し，拒否処分を行うことにより，国（行政主体）が当該処分をしたものとされる。　　　⇨ **本章第 1 節 I**

**2.** 作用法的機関概念とは，行政作用法上の権限行使に着目した概念であるのに対し，事務配分的機関概念は，行政事務の配分単位に着目した概念である（⇨ **本章第 2 節 I**）。

　公正取引委員会についていえば，排除措置命令（私的独占の禁止及び公正取引の確保に関する法律 7 条）などの権限を行使する，合議体としての公正取引委員会（同法 29 条 1 項）が，作用法的意味での行政機関である。

　これに対し，事務局（同法 35 条）を含む，組織としての公正取引委員会が，事務配分的意味における行政機関である。

**3.** 国の行政組織と地方公共団体の行政組織を比較すると，次の点に大きな違いがある。　　　⇨ **本章第 3 節・第 4 節**

　①国においては議院内閣制がとられ，国会が国権の最高機関（憲法 41 条）とされるのに対し，地方公共団体では，議会だけでなく，長も選挙で選ばれ（同法 93 条 2 項），いわゆる首長制（大統領制）がとられており，議会の権限は限定されている（地方自治法 96 条）。

　②国においては，行政権は内閣に属するとされ（憲法 65 条），すべての行政機関は内閣の統括の下にあるのに対し，地方公共団体では，執行機関の多元主義がとられ，長と委員会（委員）が併存している。

CHAPTER 3

第
3
章

行政の行為形式

075

## → はじめに

　本章では，**行政の行為形式**を検討する。行政の行為形式とは，**行政主体が行政作用を行う際に用いる行為の法形式**をいう。実定法上，さまざまな行政の行為が規定されているが，行政法学はこれらの行為をその法的性質によって類型化し，行政の行為形式として論じている。行政法には基本法典がないが，こうした類型化によって，多数の行政法規を容易に読み解くことが可能となる（⇨序章❷）。

　たとえば，違法建築物に対しては是正「命令」を発することができ（建築基準法9条1項），風俗営業を行うためには風俗営業の「許可」が必要とされ（風俗営業等の規制及び業務の適正化等に関する法律3条1項），土地の収用は収用委員会の「裁決」によって行われる（土地収用法47条の2）。これらはそれぞれ異なった目的と効果をもった行為であるが，国民に対して具体的な法的効果をもたらす一方的な行為である点が共通している。そこで行政法学は，これらを「行政行為」として類型化し，その効果や手続を論じている。

　行政の行為形式としては，①**行政機関が発する一般的抽象的な定めである行政立法**，②**国民に対して具体的な法的効果をもたらす権力的な行為である行政行為**，③**行政主体が当事者となる契約である行政契約**，④**行政機関が特定の者に一定の作為・不作為を求めるが，法的な義務を課すわけではない行政指導**，⑤**行政主体が一定の目的を提示し，そのための手段を総合的に定める行政計画**がある。詳しくはそれぞれの部分で説明するが，大まかな特色は以下のとおりである（⇨図3-1）。

　行政立法，行政行為，行政契約は法的効果をもつ**法的行為**であるのに対し，

**● 図 3-1　各行為形式の特色**

| 行為形式 | 行政立法 | 行政行為 | 行政契約 | 行政指導 | 行政計画 |
|---|---|---|---|---|---|
| 法的効果の有無 | 法的行為 | 法的行為 | 法的行為 | 事実行為 | いずれもある |
| 行為の内容 | 一般的抽象的 | 具体的 | 具体的 | 具体的 | いずれもある |
| 行為の成立 | 一方的 | 一方的 | 当事者の合意 | 一方的 | 一方的 |

行政指導は法的効果をもたない**事実行為**である。行政計画にはいずれの性質のものも含まれている。

行政行為，行政契約，行政指導は**具体的な内容**であるのに対し，行政立法は**一般的抽象的**な内容である。行政計画にはいずれの内容のものも含まれている。

行政立法，行政行為，行政指導，行政計画は**一方的**（権力的に）に行われるのに対し，行政契約は**当事者の合意**によって効果を生じる。

---

**COLUMN 3-1**　　　「しくみ解釈」の重要性

　行政の行為形式という類型化が有益であることは，本文で述べたとおりである。しかし他方で，個別の法令が定める行為は，当該法令や関係法令が形づくる法的しくみの一部であることにも，注意が必要である。そこで，具体的な行為の趣旨目的を解釈する場合には，その行為を取りまく法的しくみ（全体像）がどうなっているかを考慮しなければならない。これを「しくみ解釈」という（塩野・行政法Ⅰ66頁及び96頁以下参照）。

　たとえば，先にあげた違法建築物に対する是正命令（建築基準法9条1項）を検討する場合，それに先立つ建築確認（同法6条1項）や，その前提となる用途地域（都市計画法8条1項1号）等の都市計画，さらには，命令にしたがわなかった場合に利用できる行政代執行（行政代執行法2条以下）などを念頭におかなければならない。

# 第1節　　行政立法

### SECTION 1

　本節では，行政立法について，その意義（I）を説明したうえで，法規命令（II）と行政規則（III）に分けて検討する。

## I. 行政立法とは何か

　**行政立法**とは，**行政機関が発する一般的抽象的な定め（規範）**をいう。最近では**行政基準**と呼ぶこともある。

　行政立法には，行政の外部にいる国民に対して法的効果（外部効果）を及ぼす法規命令と，行政内部でのみ法的効果を及ぼす行政規則がある。

---

**COLUMN 3-2**　　「行政立法」か「行政基準」か

　法規命令にいう「法規」は，ドイツ語の Rechtssatz の訳であり，「国民の権利義務に関する定め」をいうとされる。憲法は，国会が国の唯一の「立法」機関であると定めるが（憲法 41 条），ここにいう「立法」が法規を意味するならば，法規命令のみが「立法」であり，行政規則を「立法」と呼ぶのは不適切となる。そこで，最近では，「行政立法」の代わりに，「行政基準」という言葉が用いられることもある。もっとも，憲法学では，「立法」という用語を，法規より広い意味で用いるのがむしろ一般のようであり（芦部信喜〔高橋和之補訂〕『憲法〔第 7 版〕』〔岩波書店，2019 年〕306 頁など），この点はなお検討を要するかもしれない。

---

## II. 法規命令

### ❶ 法規命令の意義

　**法規命令**とは，**行政機関が発する一般的抽象的な定め（規範）**のうち，国

民に対して法的効果を及ぼす（外部効果をもつ）ものをいう。

憲法では，国会が国の唯一の立法機関とされている（憲法41条）。しかし，すでに述べたように，行政活動が複雑化，専門化するにつれて，国会が法律によって行政活動を詳細に規律することが困難な場合が増えている（⇨第1章第4節Ⅰ❶）。その結果，法律では基本的な事項を定め，詳細は政省令などの法規命令（委任命令）にゆだねる場合が非常に多い。

## ❷ 法規命令の種類

法規命令はさまざまな観点から分類することができる。

### (1) 法律との関係による分類

法律との関係により，①法律の委任にもとづいて制定される委任命令と，②法律を執行するための細則を定める執行命令が区別される。

明治憲法（大日本帝国憲法）のもとでは，法律の委任にもとづかない**独立命令**（大日本帝国憲法10条）や**緊急命令**（同法9条）が存在していたが，現行憲法上は認められていない。

#### a) 委任命令

**委任命令**とは，**法律の委任にもとづいて制定される法規命令**をいう。

たとえば，風俗営業等の規制及び業務の適正化等に関する法律（以下，本節では「風営法」という）は，風俗営業の許可について，良好な風俗環境を保全するために，地域制限の基準を定めることを政令に委任している（同法4条2項2号）。これを受けて，同法施行令が具体的な基準を定めている（同法施行令6条）。

日本国憲法には，委任命令を認める明文規定はない。しかし，内閣の職務として，法律の規定を実施するために政令を制定することをあげており（憲法73条6号），これは法規命令への委任が許されることを前提としていると解されている。

#### b) 執行命令

**執行命令**とは，**法律を執行するための細則を定める法規命令**をいう。

たとえば，風営法によれば，風俗営業の許可を受けようとする者は，都道府県公安委員会に許可申請書を提出しなければならない（同法5条1項）。これを受けて，同法施行規則が申請書の様式を定めている（同法施行規則9条1項，別紙様式第1号）。

執行命令は国民に新たな義務を課すわけではないことから，個別の根拠規定は必要ないと解されている。

## (2) 制定機関による分類

制定機関により，**①内閣が定める政令，②内閣総理大臣または各省大臣が定める内閣府令・省令，③外局またはその長が定める外局規則**（公正取引委員会規則，国税庁規則など），**④独立機関が定める規則**（会計検査院規則，人事院規則），**⑤地方公共団体の執行機関が定める規則**（教育委員会規則など）に分けられる。

地方公共団体が定める**条例**は，行政立法の一種とされる場合もあるが，憲法上の**自主立法権**にもとづいており（憲法94条），法律による委任を必要とするわけではないから，行政立法と見るのは適切ではない（条例制定権については，⇨ 第1章第2節II❺）。もっとも，法律が条例に委任を行うこともある。たとえば，風営法は，風俗営業許可に関する地域制限について，政令の定める基準にもとづいて，条例で定めるものとしている（風営法4条2項2号）。こうした場合は，次に述べる委任命令と同様の問題が生じうる（⇨ 後記❸）。

## ❸ 委任の限界

上記のとおり，法律による法規命令への委任は許されるが，それには限界がある。一方で，法律は包括的な委任を行ってはならず（包括的委任の禁止），他方で，委任を受けた法規命令は法律による委任の範囲を逸脱してはならない（委任範囲逸脱の禁止）。

## (1) 包括的委任の禁止

法律による法規命令への委任は許されるが，**包括的な委任を行ってはなら**

ない。明文規定はないが，これを認めると，国会の立法権限（憲法 41 条）が実質的に骨抜きになってしまうからである。

この点が争われた例として，有名な猿払事件がある（最大判昭和 49・11・6 刑集 28 巻 9 号 393 頁，憲法判例百選 I〔第 7 版〕12 事件）。当時は国家公務員であった郵便局職員が，選挙ポスターを貼ったこと等を理由に，政治的行為を行ったとして刑事訴追を受けた。国家公務員法 102 条 1 項が，禁止される公務員の政治的行為の内容を，とくに限定することなく，人事院規則（14─7 第 6 項）に委任しているため，包括的委任の禁止により違憲無効となるかが，争点のひとつとなった。

最高裁は，国家公務員法 102 条 1 項は，それが懲戒処分（同法 82 条）や刑罰（同法 110 条 1 項 19 号）の対象となる「政治的行為の定めを一様に委任するものであるからといって，そのことの故に，憲法の許容する委任の限度を超えることになるものではない」と判示した。

この判決が違憲性を否定する理由は明らかではなく，国家公務員法 102 条 1 項の委任は包括的なものといわざるをえないように思われる。合憲と解するとしても，規律の対象が特別権力関係（⇨ COLUMN 1-3）にあるとされていた公務員であること，委任を受けたのが人事院という独立の機関であることによるとの指摘がある。いずれにしても，これまでのところ，包括的委任の禁止に違反したことを理由として違憲無効とされた法律はない。

## (2) 委任範囲逸脱の禁止

委任を受けて制定された法規命令は，**法律によって委任された範囲を逸脱してはならない**（行政手続法 38 条 1 項参照）。

委任範囲を逸脱しないとされた例として，サーベル登録拒否事件がある（最判平成 2・2・1 民集 44 巻 2 号 369 頁）。銃砲刀剣類所持等取締法（以下，本節では「銃刀法」という）は，刀剣類（同法 2 条 2 項）の所持を禁止するが，「美術品として価値のある刀剣類の登録」（同法 14 条）を受けた場合は例外としている（同法 3 条 1 項 6 号）。原告は外国製のサーベルについて登録を申請したが，東京都教育委員会から拒否されたので，拒否処分の取消訴訟を提起した。銃刀法は登録対象となる刀剣類を日本刀に限定していないが，同

法の委任を受けた銃砲刀剣類登録規則4条2項が、これを日本刀に限定していたことから、委任の範囲を逸脱するかが争点となった。

最高裁は、銃刀法は鑑定基準の設定を専門技術的領域に属するものとして規則に委任しており、行政庁には一定の裁量が認められるとする。そして、規則が文化財的価値のある刀剣類の鑑定基準として日本刀に限定する旨を定めたことは、文化財を保護するという銃刀法の趣旨にそう合理性があるから、委任の趣旨を逸脱するものとはいえないと判示した。

この判決には反対意見がある。銃刀法は外国刀剣も刀剣類に含めているから、規則によって登録対象を日本刀に限定することは、委任の趣旨に反すると述べており、むしろこちらの方が説得的とも思われる。多数意見の根底には、銃刀法が刀剣類の所持を原則として禁止し、例外的にこれを認めるシステムをとっているとの判断があるとの指摘もある。

委任範囲を逸脱したとされた例として、幼児接見不許可事件がある（最判平成3・7・9民集45巻6号1049頁、百選Ⅰ48事件）。拘置所に未決勾留されていた原告が、10歳の義理の姪との面会許可を求めたが、拘置所長から不許可とされたので、国を被告として損害賠償訴訟を提起した。旧監獄法50条の委任にもとづき、旧監獄法施行規則120条が14歳未満の者との接見を原則禁止していたことから、この規定が監獄法の委任の範囲を超えるかが争点となった。

最高裁は、未決勾留者は必要かつ合理的な範囲（逃亡または罪証隠滅のおそれがある場合、拘置所内の秩序維持の必要がある場合）でのみ自由を制限されるとする。そうすると、規則の上記規定は、法律によらないで被勾留者の接見の自由を著しく制限するものであり、監獄法の委任の範囲を超え、違法無効であると判断した。

この事件では、未決勾留者が無罪の推定を受け、例外的にのみ自由の制限が認められることが、委任範囲を逸脱したと判断するうえで、決定的だったと考えられる。なお、監獄法はその後廃止され、「刑事収容施設及び被収容者等の処遇に関する法律」が制定されている。

委任範囲の逸脱を認めた最近の判例として、医薬品ネット販売権確認等請求事件がある（最判平成25・1・11民集67巻1号1頁、百選Ⅰ50事件）。

2006（平成18）年に改正された薬事法（以下，「新薬事法」という）の施行に伴って，2009（平成21）年に薬事法施行規則が改正され，第一類・第二類医薬品の郵便等販売（店舗以外の場所にいる者に対する郵便その他の方法による販売で，インターネットによる販売を含む）を禁止する規定（本件各規定）が設けられた。そこで，従前からインターネットで医薬品販売を行っていた事業者が，本件各規定は新薬事法の委任の範囲を逸脱しており，違法無効であるなどと主張して，第一類・第二類医薬品の郵便等販売をすることができる権利（地位）の確認等を求めて出訴した。

最高裁は，本件各規定が郵便等販売を事業の柱としてきた者の職業活動を相当程度制約すること等を指摘する。こうした事情のもとでは，本件各規定が新薬事法の委任の範囲を逸脱したものではないというためには，立法過程における議論をも考慮したうえで，新薬事法の規定から郵便等販売を規制することを授権する趣旨が，規制の範囲や程度等に応じて明確に読み取れることを要するとする。ところが，新薬事法からはこうした趣旨が明確に読み取れないとして，本件各規定を違法無効と判断した。

本判決については，職業活動を相当程度制約すること等を理由に，委任の趣旨が明確であることを要求している点が，とくに注目される。

## ❹ 法規命令の制定手続

すでに説明したように，2005（平成17）年の行政手続法改正により，「命令等」に関する意見公募手続（第6章）が新設された（⇨ 第1章第5節Ⅰ❹(2)）。「命令等」には，法規命令（法律にもとづく命令または規則）のほか，行政規則にあたる審査基準・処分基準・行政指導指針（⇨ 本節Ⅲ❷(2)）も含まれている（行政手続法2条8号）。

意見公募手続の概要は次の通りである（⇨ 図3-2）。命令等を制定する機関（命令等制定機関）は，当該命令等の案及びこれに関連する資料をあらかじめ公示し，意見の提出先及び意見の提出期限を定めて，広く一般の意見を求めなければならない（同法39条1項）。

命令等制定機関は，命令等を定める場合には，意見提出期間内に提出され

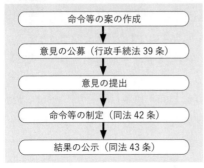

● 図 3-2　意見公募手続の流れ

た当該命令等の案についての意見を，十分に考慮しなければならない（同法42条）。

命令等制定機関は，意見公募手続を実施して命令等を定めた場合には，当該命令等の公布と同時期に，①命令等の題名，②命令等の案の公示の日，③提出意見（提出意見がなかった場合はその旨），④提出意見を考慮した結果（命令等の案と定めた命令等との差異を含む）及びその理由を公示しなければならない（同法43条1項）。

意見公募手続は，公衆から広く意見を求めるパブリック・コメントの制度であり，民主主義的な参加手続を一般的に認めたものとして注目される（⇨ 第1章第5節Ⅰ❷(3)）。

## Ⅲ. 行政規則

### ❶ 行政規則の意義

**行政規則**とは，行政機関が発する一般的抽象的な定め（規範）のうち，国民に対して法的効果を及ぼさない（外部効果をもたない）ものをいう。

たとえば，すでに述べたように，行政庁は決裁権を下級機関に行使させること（専決）ができるが（⇨ 第2章第2節Ⅲ），これを定める専決規程が行政規則にあたる。

### ❷ 行政規則の種類

#### (1) 行政規則の名称

行政規則の名称としては，**訓令・通達**（国家行政組織法14条2項），**通知**，

要綱などがある。

---

**COLUMN 3-3** 告示の対象となる行為の法的性質

　行政立法については，一般に，名称からその法的性質がわかる。たとえば，「省令」は法規命令，「通達」は行政規則である。「規則」は，行政規則と間違えやすいが，一般に法規命令である（⇨本節 II **②** (2)）。これらの場合，制定者が当該行為形式を選択したことが，その名称から明らかといえる。

　これに対し，「告示」については事情が異なる。告示とは，行政上の公示の形式である（内閣府設置法 7 条 5 項，国家行政組織法 14 条 1 項）。その対象となる行為は，単なる事実の通知，行政規則，法規命令，処分（行政行為）など，さまざまでありうる。そこで，告示の対象となる行為の性質を判断するためには，根拠となる法令の規定，その趣旨目的，関係法令等を総合的に考慮する必要がある。

　たとえば，建築基準法 42 条 2 項による 2 項道路の指定（⇨第 6 章第 2 節 I **❶** (2)）は処分（行政行為）と解され（最判平成 14・1・17 民集 56 巻 1 号 1 頁，百選 II 154 事件），旧学校教育法 43 条（現 52 条）等にもとづく学習指導要領は法規命令と解されている（福岡伝習館高校事件に関する最判平成 2・1・18 民集 44 巻 1 号 1 頁，百選 I 52 事件）。

## (2) 内容による分類

　行政規則には，①行政内部の組織や事務処理方法などを定めるもの（たとえば上記の専決規程），②かつて特別権力関係にあるとされていた者との関係を定めるもの（たとえば国公立学校の学則），③法令の解釈（解釈基準）や裁量権行使の基準（裁量基準）を定めるもの（たとえば行政手続法 5 条に定める審査基準，同法 12 条に定める処分基準），④行政指導の基準を定めるもの（同法 36 条に定める行政指導指針），⑤補助金等を交付するための基準を定めるもの（たとえば補助金交付要綱）などがある。

## ❸ 行政規則の特色

　上記のとおり，行政規則は，行政内部でのみ効果をもち，国民との関係では法的効果を及ぼさない（外部効果をもたない）とされる。そこで，伝統的

な考え方によれば，①行政規則を定めるためには法律の根拠は必要なく，②行政規則に違反しても処分は違法とはならず，③国民は行政規則の取消しを求めて訴訟を提起することができないとされていた。

このことを確認した判例として，墓地埋葬通達事件がある（最判昭和43・12・24民集22巻13号3147頁，百選Ⅰ55事件）。「墓地，埋葬等に関する法律」は，公衆衛生等の観点から，墓地の管理者が埋葬の求めを受けたときは，「正当の理由」がなければこれを拒んではならないと定め（13条），その違反には罰則が設けられている（21条1号）。厚生省環境衛生部長（当時）が，従来の解釈を変更して，異教徒であることのみを理由に埋葬を拒否することは「正当の理由」にあたらないとする通達を発したので，この解釈は誤っていると主張して，墓地を管理する寺院が当該通達の取消訴訟を提起した。

最高裁は，通達は行政内部における命令にすぎないから，一般国民はこれに拘束されないし，行政機関が通達に反する処分をした場合でも，その処分の効果が左右されるわけではなく，裁判所も通達の解釈に拘束されないとする。そして，本件通達は従来とられていた法律の解釈を変更するものではあるが，国民は直接これに拘束されることはなく，原告の権利を侵害したり義務を課したりするものではないから，取消訴訟の対象となる処分にあたらないと判示した。

## ❹ 行政規則の外部化

しかし，近年では，**行政規則が国民に対しても何らかの意味をもつと思われる現象**が見られ，**行政規則の外部化**と呼ばれている。

### (1) 行政規則の制定義務

上記のとおり，行政規則については法律の根拠は必要ないと解されているが，法律によってその制定が義務づけられる場合がある。たとえば，行政手続法は，審査基準（5条），処分基準（12条），行政指導指針（36条）の設定を義務づけている。法令に明文がない場合であっても，すでに紹介した個人タクシー事件（最判昭和46・10・28民集25巻7号1037頁，百選Ⅰ117事件）

のように，審査基準の設定が義務づけられることもある（⇨ 第1章第5節II ❶）。

## (2) 行政規則を手がかりとした裁量統制

さらに，行政規則を手がかりとして，裁量統制を行うことを認める判例もある。すでに紹介した伊方原発訴訟（最判平成4・10・29民集46巻7号1174頁，百選I 77事件）では，原子炉設置許可処分について，原子力委員会の調査審議で用いられた具体的審査基準に不合理な点があるかを審理すべきであるとされている（⇨ 第1章第4節II ❸）。

## (3) 裁量基準の拘束力

**裁量基準**とは，**裁量権を行使するための基準を定めた行政規則**をいう。行政手続法の定める審査基準（5条）や処分基準（12条）のうち，行政庁に裁量が認められている場合に設定されるものは，裁量基準にあたると考えられる。

学説では，かねてから，裁量基準に一定の拘束力を認めることが提唱されていた。すなわち，①裁量基準を設定した以上，行政庁は原則としてこれを適用すべきであり，適用しないときはその合理的な根拠を示さなければならない（**裁量基準の拘束力**）。他方で，②行政庁に裁量が認められている場合，裁量権を適切に行使することが義務づけられているから，裁量基準を機械的に適用することは許されず，具体的事案に裁量基準を適用すべきかどうかについて，個別に審査しなければならない（**個別審査義務**）。

もっとも，すでに紹介したマクリーン事件（最大判昭和53・10・4民集32巻7号1223頁，百選I 76事件。⇨ 第1章第4節II ❸）は，外国人の在留期間更新許可について，行政庁が裁量権行使の準則を定めても，それは処分の妥当性を確保するためのものであるとする。そこで，処分が当該準則に違背して行われたとしても，「原則として当不当の問題を生ずるにとどまり，当然に違法となるものではない」と判示している。これは裁量基準に拘束力を認めない立場をとるものとも解される。

しかし，最近になって，裁量基準に一定の拘束力を認めることを明示する判例が現れた。北海道パチンコ店営業停止命令事件である（最判平成27・3・3民集69巻2号143頁，百選II 175事件）。パチンコ店を経営していた原

告は，法令に違反したとして，風営法 26 条 1 項により，北海道函館方面公安委員会から 40 日間の営業停止命令を受け，当該命令の取消訴訟を提起した。訴訟係属中に営業停止期間が経過したことから，被告北海道は，命令を取り消す意味がなくなったので，訴えの利益（⇒ 第 6 章第 2 節 III）は認められないと主張した。

　もっとも，同公安委員会は，同項による処分について，行政手続法 12 条 1 項にもとづく処分基準を設定しており，当該基準には，過去 3 年以内に処分を受けた事業者については，その後の処分を加重する旨が定められていた。そこで，命令から 3 年以内は，これを取り消す実益があるとも考えられる。しかし原審は，処分基準は行政規則であり，国民との関係では法的効果をもたないから，これを根拠に訴えの利益を認めることはできないと判断した。

　最高裁は，行政手続法の規定の文言や趣旨等に照らすと，同法 12 条 1 項にもとづく処分基準は，不利益処分にかかる判断過程の公正と透明性を確保し，その相手方の権利利益の保護に資するために定められ，公にされていると指摘する。そうすると，行政庁が処分基準の定めと異なる取扱いをするならば，「裁量権の行使における公正かつ平等な取扱いの要請や基準の内容に係る相手方の信頼の保護等の観点から，当該処分基準の定めと異なる取扱いをすることを相当と認めるべき特段の事情がない限り，そのような取扱いは裁量権の範囲の逸脱又はその濫用に当た」り，この意味において当該行政庁の「裁量権は当該処分基準に従って行使されるべきことがき束されて」いると述べる。そこで，処分基準に先行処分を受けたことが後行処分の量定を加重する旨の定めがある場合は，処分の効果が期間の経過によってなくなったのちにおいても，上記の不利益な取扱いを受ける期間内は，当該処分の取消しを求める利益が認められるとした。

　この判決は，行政手続法 12 条の趣旨等を根拠として，同条にもとづいて設定された処分基準にしたがわないことが，裁量権の逸脱濫用にあたるとしている。もっとも，「特段の事情」がある場合は例外を肯定しており，その限りでの拘束力を認めているものと解される。実質的に学説の上記①の主張と重なるものと思われる。行政手続法 5 条にもとづく審査基準についても，同様に考えることができるであろう。

# 第2節　行政行為

**SECTION 2**

　本節では，行政の行為形式のうち，行政行為について学ぶ。以下，行政行為の意義（Ⅰ），種類（Ⅱ），効力（Ⅲ），瑕疵（Ⅳ），職権取消しと撤回（Ⅴ），附款（Ⅵ），手続（Ⅶ）を順次検討する。

## Ⅰ. 行政行為とは何か

### ❶ 行政行為の意義

　**行政行為**とは，**行政の行為のうち，国民に対して具体的な法的効果をもたらす権力的な行為**をいう。その構成要素は，①権力性，②法的効果，③外部性，④具体性である。

　まず，行政行為は，**権力的な行為**である。「権力的」の意味については議論があるが，さしあたり，**法的効果を一方的に（相手方の同意なく）発生させる**ことをいう，と理解しておこう。たとえば，違法建築物の建築主に対する除却命令（建築基準法9条1項）は，建築主の意思にかかわらず，一方的に行われる。この点で，当事者間の合意によって成立する行政契約（⇨ 本章第3節）と区別される。

　次に，行政行為は，**法的効果をもつ法的行為**である。除却命令がなされることにより，相手方である建築主は，対象となる建築物を除却する（取り壊す）義務を負う。この点で，行政指導（⇨ 本章第4節），行政強制（⇨ 第4章第1節）のような事実行為と区別される。

　さらに，行政行為は，**行政の外部にいる国民に対して法的効果を及ぼす（外部効果）**をもつ行為である。除却命令は，上記のとおり，建築主に対して一定の義務を課すという法的効果を及ぼす。この点で，行政内部でのみ効果を及ぼす行政規則（⇨ 本章第1節Ⅲ）と区別される。

最後に，行政行為は，**具体的な効果**をもつ行為である。除却命令は，特定の建築物を除却する義務を特定の建築主に負わせる。この点で，一般的抽象的な法的効果をもつ法規命令（⇨ 本章第 1 節 II）と区別される。

### ❷ 行政行為の重要性

　伝統的行政法学は，行政過程を**三段階構造モデル**（藤田宙靖『新版行政法総論(上)』〔青林書院，2020 年〕21 頁以下）でとらえていた。すなわち，法律にもとづいて，行政庁が行政行為によって法関係を具体化し，行政上の強制執行によって実現する，という図式である（⇨ 図 3-3）。民事法関係については，法律にもとづいて，裁判所が判決によって法関係を具体化し，強制執行によって実現する，と考えられているが，これを応用したものである。このように，伝統的行政法学は，行政行為を民事法関係における判決に対応するものとして重視し，それを中心に行政法理論を体系化していた（**行政行為中心主義**）。

　こうした伝統的行政法学の考え方に対しては，多くの批判がなされてきた。第 1 は，実定法上の根拠なしに，行政行為に過剰な権力性を認めているとの批判である。この点についてはのちに公定力に即して説明する（⇨ 本節 III ❶）。

　第 2 は，行政行為を中心とする三段階構造モデルはあまりに単純であって，現実の行政過程はより複雑であるとの批判である。現在では，行政行為以外の行為形式も重要な役割を果たすことが明らかとなっている。とはいえ，行政行為が広く用いられており，主要な行為形式である点は変わっていない。

◉ 図 3-3　三段階構造モデル

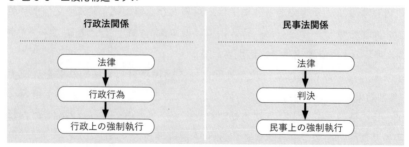

## ❸ 講学上の概念としての行政行為

　行政行為は講学上の概念（学説によって構成された概念）であって，実定法上の用語ではない。実定法上は，命令，許可，特許，確認，裁決など，さまざまな用語が使われている。実定法上の用語で，行政行為にもっとも近いのが，**処分**である（行政手続法 2 条 2 号，行政不服審査法 1 条 2 項，行政事件訴訟法 3 条 2 項）。

### COLUMN **3-4**　　　行政行為と処分の関係

　　行政行為は，行為の法的性質に着目して構成された概念である。これに対し，処分は，もともと権利救済の観点（審査請求や抗告訴訟の対象になるかという観点）から使われてきた用語である（⇨第 6 章第 2 節 I）。両者は中核部分で重なり合うが，周辺部分では，ずれる部分もある。
　　行政行為ではあるが処分にあたらないものとして，審査請求に対してされる裁決（行政事件訴訟法 3 条 3 項）や，成熟性がないとして処分性が否定される行為などがある。逆に，行政行為ではないが処分にあたるものとして，公権力の行使にあたる事実行為（権力的事実行為。⇨第 6 章第 2 節 I ❸ (3)）などがある。

# Ⅱ。　行政行為の種類

　行政行為はさまざまな観点から分類できる。すでに検討した**裁量の有無広狭**による区別（⇨第 1 章第 4 節 Ⅱ ❹）のほか，**私人の申請にもとづく行為と行政庁が職権で行う行為**の区別，一定の形式を要する**要式行為**とそうではない**不要式行為**の区別などがある。以下では，授益的行為と侵害的行為の区別と，行為の内容による伝統的な分類を取り上げる。

## ❶ 授益的行為と侵害的行為

　**授益的行為**とは，**相手方に利益を与える行為**をいう。建築確認（建築基準

法 6 条 1 項）がその例である。

**侵害的行為**とは，**相手方に不利益を与える行為**をいう。違法建築物に対する除却命令がその例である。

行政行為の中には，ある者に利益を与えるが，他の者には不利益を与えるものもあり，二重効果的（複効的）行政行為と呼ばれる。たとえば，建築確認は，建築によって日照被害を受ける隣人にとっては，侵害的行為といえる。除却命令は，違法建築によって危険にさらされている隣人にとっては，授益的行為といえる。

授益的行為と侵害的行為の区別は，すでに検討した法律の留保（⇒ 第 1 章第 3 節Ⅳ），裁量（⇒ 第 1 章第 4 節）のほか，のちに検討する行政行為の職権取消しと撤回（⇒ 本節Ⅴ）などについても重要な意味をもつ。

## ❷ 内容による伝統的な分類

伝統的行政法学は，**行政行為の内容による分類**（⇒ 図3-4）を行っていた（田中・行政法上 120 頁以下）。この分類は，のちに厳しく批判され，そのまま採用する論者はもはや見られない。しかし，現在でも議論の前提となっており，知っておくことが有益と思われる。なお，以下の用語は講学上のもので，実定法上の用語とは必ずしも一致しない。

### (1) 法律行為的行政行為と準法律行為的行政行為の区別

伝統的行政法学によれば，行政行為は，まず，**行為者の意思表示にもとづいて効果を生じる法律行為的行政行為**と，**法規の定めにもとづいて効果を生じる準法律行為的行政行為**に大別される。民法上の「法律行為」と「準法律行為」の分類にならったものである。

たとえば，飲食店の営業許可（食品衛生法 52 条 1 項）は，行政庁が飲食店の営業を適法に行わせる意思で行い，そのとおりの効果を生じるから，法律行為的行政行為（そのうちの許可）とされる。これに対し，営業許可の通知は，それによって許可が効力を発生し，取消訴訟の出訴期間（行政事件訴訟法 14 条 1 項）が進行するが，これらは，行政庁の意思に関わりなく，法規

● 図 3-4 伝統的な行政行為の分類

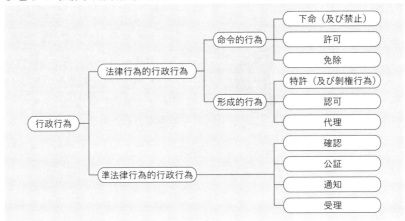

が付与した効果なので、準法律行為的行政行為（そのうちの通知）とされる。

　この分類は、裁量（⇨ 第 1 章第 4 節）と附款（⇨ 本節Ⅵ）の問題について実益があるとされる。すなわち、法律行為的行政行為は、行政庁の意思によってその内容が形成されるので、裁量の余地がある。準法律行為的行政行為は、その内容が法規によって定められるので、裁量の余地はない。また、同様の理由から、法律行為的行政行為には附款を付すことができるのに対し、準法律行為的行政行為には付すことができないとされる。

　この分類に対しては、①私的自治の原理が適用される民事法関係と異なり、法律による行政の原理が適用される行政法関係では、行政庁の意思はさほど重要ではない、②行政庁の意思が行為にどれだけ反映されるかは程度問題でしかない、③いずれかによって裁量の有無広狭や附款の可否が直ちに決まるわけではない、といった批判がある。

## (2) 命令的行為と形成的行為の区別

　法律行為的行政行為は、さらに、**私人に特定の義務を課しまたは免除する命令的行為**と、**私人に一定の法律上の力を付与しまたは剥奪する形成的行為**に分類される。前者は人の**自然の自由**の範囲内であるのに対し、後者はその範囲外である点が異なるとされる。

● 図3-5 営業の許可と公企業の特許の違い

※禁止・許可は自然の自由の範囲内，特許は範囲外にある。

たとえば，飲食店の営業許可は，命令的行為（そのうちの許可）とされる。飲食店の営業は，本来，人が自由に行いうるが（自然の自由の範囲内），公益上の理由からこれを一般的に禁止し，一定の要件を満たした者にその禁止を解除するからである。これに対し，電気事業の許可（電気事業法3条）は，形成的行為（そのうちの公企業の特許）とされる。国家が独占している経営権（自然の自由の範囲外の地位）を特別に付与すると考えられたからである（⇨ 図3-5）。

この分類は，裁量と原告適格（⇨ 第6章第2節Ⅱ）の問題について実益があるとされる。すなわち，命令的行為は，人の自然の自由に関わるので，一般に裁量はないか，あるいは狭い。形成的行為は，人が本来もたない特別の地位を与えるので，一般に裁量が広い。また，許可については，それによって自然の自由が回復されるのみで，許可によって与えられた地位を法律が保護するわけではない。そこで，近隣の事業者に飲食店の営業許可がされても，既存業者は取消訴訟で争う資格（原告適格）をもたない。特許によって与えられた地位は，法律によって保護されている。そこで，同じ地域で別の事業者に特許がされた場合，既存業者はその取消しを求める原告適格をもつとされる。

この分類に対しては，①行為者の意思にもとづく法律行為的行政行為と準法律行為的行政行為の分類とは，そもそも観点が全く別である，②「自然の自由」という観念には実定法上の根拠がない，③営業の許可と公企業の特許の相違は相対的でしかない，④裁量や原告適格についても一概に判断できない，といった批判がある。

### (3) 命令的行為の分類

命令的行為は，下命，許可，免除に分けられる。

**下命**とは，**作為・不作為・受忍を命じる行為**である。**不作為を命じる場合を禁止**という。違法建築物に対する除却命令，飲食店の営業禁止（食品衛生法55条），健康診断の受診命令（人事院規則11-4第14条）がその例である。

　**許可**とは，**一般的な禁止を特定の場合に解除する行為**である。飲食店の営業許可がその例である。

　**免除**とは，**作為・受忍の義務を特定の場合に解除する行為**である。租税の免除（地方税法323条等）がその例である。

## (4) 形成的行為の分類

　形成的行為は，特許，認可，代理に分けられる。

　**特許（設権行為）**とは，**特定の権利その他の法律上の地位を与える行為**である。公企業の特許のほか，公務員の任命（国家公務員法35条）がその例である（契約説もある）。これに対し，特定の権利その他の法律上の地位を奪う行為を**剥権行為**という。公務員の免職がその例である。なお，特許法にもとづく発明の特許は，講学上の特許ではなく，のちに述べる確認の一種とされる。

　**認可（補充行為）**とは，**第三者の行為を補充して法律上の効力を完成させる行為**である。たとえば，農地を売買する場合，農業委員会の許可が必要とされる（農地法3条1項）。この許可がなければ売買契約は効力を生じない。つまり，この許可は売買契約を補充してその法律上の効力を完成させるから，講学上の認可にあたる。

　**代理**とは，**他人がなすべき行為を行政庁が代わって行い，本人がしたのと同じ効果を生じる行為**である。普通地方公共団体の長の職務代理者がいない場合，総務大臣等が行う臨時代理者の選任（地方自治法252条の17の8）がその例である。

## (5) 準法律行為的行政行為の分類

　準法律行為的行政行為は，確認，公証，通知，受理に分けられる。

　**確認**とは，**特定の事実または法律関係の存否または真否を公の権威をもって確定する行為**である。建築確認がその例である（許可説，確認と許可の混

合行為説もある）。

**公証**とは，**特定の事実または法律関係の存否を公に証明する行為**である。各種証明書の交付がその例である。

**通知**とは，**一定の事実を知らせる行為**である。飲食店の営業許可の通知がその例である。

**受理**とは，**私人の行為を有効なものとして受領する行為**である。許可等にかかる申請書の受理がその例とされていた。もっとも，のちに検討するように，行政手続法によれば，申請書の到達によって審査義務が発生するので（行政手続法7条），同法のもとで受理は法的に意味をもたない（⇨ 本節Ⅶ❷(3)）。

# Ⅲ. 行政行為の効力

行政行為には，私法上の法律行為にはない特殊な効力があるとされる。行政行為一般に認められるものとして，①公定力と②不可争力がある。一定の行政行為にのみ認められる効力として，③執行力と④不可変更力がある。

## ❶ 公定力

### (1) 公定力の意味

**公定力**とは，**行政行為が違法であっても，権限ある機関（行政機関または裁判所）によって取り消されるまでは，有効なものとして取り扱われること**をいう。ただし，行政行為が**無効**な場合（一般的には**重大かつ明白な瑕疵**がある場合）は，公定力は認められない（⇨ 本節Ⅳ❷）。

たとえば，違法な建築物であるとして建築主が除却命令を受け，当該命令が違法であると考える場合，審査請求や取消訴訟によってこれを争わなければならない。行政機関や裁判所によって取り消されて，はじめてその効力を否定できる。

### (2) 公定力の根拠

公定力の実定法上の根拠は，**取消訴訟の排他的管轄**にあるとされる。**行政**

行為の効力は，取消訴訟によってのみ否定することができる，という意味である。

　行政事件訴訟法は，処分（行政行為とほぼ同じ意味である。⇨ 本節Ⅰ❸）に対して，取消訴訟を提起することを認めている（行政事件訴訟法3条2項）。同法は，処分の効力は取消訴訟によってのみ否定できる，と明記しているわけではない。しかし，同法は取消訴訟についてさまざまな規定をおき，とくに出訴期間を制限している（同法14条）。もし，処分の効力を取消訴訟以外の方法で否定できるとすると，これらの規定は意味を失ってしまう。そこで，同法の趣旨解釈により，処分の効力は取消訴訟によってのみ否定することができる，と考えられている。

　その結果として，行政行為は，たとえ違法であったとしても，取消訴訟を提起して，裁判所によって取り消されるまでは（あるいは，審査請求を行い，裁決庁によって取り消されるまでは），有効なものとして取り扱われなければならない，ということになる。

---

**COLUMN 3-5　　公定力に関する考え方の変遷**

　かつては，権限ある行政庁が行う以上，行政行為は適法性の推定を受け，公定力が当然に認められると考えられていた。また，公定力の内容としても，行政上の強制執行が可能であること（執行力。⇨ 後記❸），取消訴訟が提起されても執行が停止されないこと（執行不停止の原則。⇨ 第6章第6節Ⅱ❶），取消訴訟においては原告側が行政行為の違法の立証責任を負うこと（⇨ 第6章第3節Ⅱ❺）などが含められていた。

　第二次世界大戦後，こうした見解が否定され，公定力の内容が前記(1)で述べた効力に限定されるとともに，その根拠は取消訴訟の排他的管轄にあるとされるに至った。

---

## （3）国家賠償訴訟と公定力

　公定力については，それが国家賠償訴訟にも及ぶかという問題がある。たとえば，食中毒を起こしたとして食堂経営者が県知事から営業停止命令（食品衛生法60条1項）を受け，当該命令は違法であるとして，国家賠償法1

条 1 項（⇨ 第 7 章第 1 節 II）にもとづき県に損害賠償を求める場合に，あらかじめ当該命令の取消しを得ておかなければならないか，という問題である。

通説は，国家賠償請求が認容されても，賠償金の支払が命じられるだけで，行政行為の効力が否定されるわけではないから，あらかじめ行政行為の取消しを得る必要はないと解している。判例（矢掛川農地買収事件に関する最判昭和 36・4・21 民集 15 巻 4 号 850 頁）もこれを認めている。

もっとも，課税処分のように金銭給付義務を課す行政行為については，国家賠償請求が認容され，金銭支払が命じられると，実質的にその効果が否定されてしまう。そこで，このような行為については，例外的に，国家賠償訴訟にも公定力が及ぶと解すべきである，という有力説があった。

この点を明確化したのが，冷凍倉庫固定資産税重課事件である（最判平成 22・6・3 民集 64 巻 4 号 1010 頁，百選 II 233 事件）。原告が所有していた倉庫（本件倉庫）は，一般用倉庫として固定資産税等を賦課されていたが，名古屋市港区長は，本件倉庫が冷凍倉庫にあたるとして，過去 5 年分の固定資産税の減額更正をした（冷凍倉庫は傷みやすいので一般用倉庫より税金が安い）。そこで原告は，それ以前の賦課決定につき，本件倉庫の評価を誤った違法があるとして，損害賠償等を求めた。

なお，地方税法によれば，固定資産税の納税者は，固定資産課税台帳の登録価格に不服があるときは，一定期間内に固定資産評価審査委員会に審査申出ができる（432 条 1 項本文）。同委員会の決定に不服があるときは，取消訴訟を提起できる（434 条 1 項）。同委員会に審査申出できる事項に不服があるときは，同委員会への審査申出とその決定の取消訴訟によってのみ争うことができる（同条 2 項）。

最高裁は，まず，地方税法の上記規定は，固定資産課税台帳に登録された価格自体の修正を求める手続を定めるものであって，国家賠償請求を否定する根拠とはならないとする。そして，行政処分の違法を理由として国家賠償請求をするには，当該処分の取消しをあらかじめ得る必要はないが（前掲最判昭和 36・4・21），このことは，当該処分が金銭給付義務を課す場合も異ならないと判示した。

この判例により，国家賠償訴訟には，例外なく公定力が及ばないことが明

確となった。上記有力説が指摘する問題は，国家賠償請求には故意過失など
の要件があるため（⇨第7章第1節Ⅱ❷(5)），あまり重大ではないと考えら
れたのかもしれない。

### (4) 刑事訴訟と公定力

　さらに，公定力が刑事訴訟にも及ぶかという問題がある。たとえば，違法
建築物に対する是正命令（建築基準法9条1項）にしたがわない場合，3年
以下の懲役または300万円以下の罰金が科される（同法98条1項1号）。そ
こで，是正命令違反を理由に刑事訴追を受けた場合に，是正命令の取消しを
得ることなく，当該命令は違法であり，無罪であると主張できるか，という
問題である。

　この問題については，①公定力が及ぶ（違法を主張できない）とする考え
方（**肯定説**），②公定力は及ばない（違法を主張できる）とする考え方（**否定
説**），③刑罰法規の構成要件による（行為の適法性が要件であれば主張できる
が，その有効性が要件であれば主張できない）とする考え方（**構成要件解釈説**）
がある。学説では，否定説と構成要件解釈説が有力と思われる。

　判例は明確ではない。否定説に立つように見えるものとして，余目町個
室付浴場事件（刑事）がある（最判昭和53・6・16刑集32巻4号605頁，百
選Ⅰ68事件）。会社XがA町で個室付き浴場（ソープランド）を開業しよう
としたところ，同町がこれを妨害するため，開業予定地付近の公園について，
県知事から児童福祉施設の設置認可（当時の児童福祉法35条3項）を受けた。
当時の風俗営業等取締法によれば，児童福祉施設の周辺では個室付き浴場の
営業が禁止され（4条の4第1項），罰則も科されていたからである（7条2
項・8条）。にもかかわらずXが営業を行ったことから，同法違反として刑
事訴追された。

　最高裁は，本件認可はXの営業の規制を主たる動機としていたと認め，
「行政権の濫用に相当する違法性があり，被告会社の……営業に対しこれを
規制しうる効力を有しないといわざるをえない」として，Xを無罪とした。

　他方で，肯定説に立つように見えるものとして，スピード違反公訴提起事
件がある（最決昭和63・10・28刑集42巻8号1239頁）。当時の道路交通法

◉ 図3-6 スピード違反公訴提起事件の経過

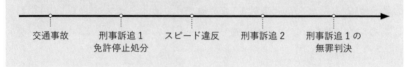

によれば，スピード違反については反則金を納付すれば刑事訴追を免れるが（⇨第4章第3節II❷），1年以内に反則行為を理由とする免許停止処分を受けていた場合は別とされていた。Xは，交通事故を理由として刑事訴追（刑事訴追1）されるとともに，免許停止処分を受けたが，当該処分については取消訴訟を提起せず確定した。それから1年以内にXはスピード違反で検挙され，再び刑事訴追（刑事訴追2）されたが，その後刑事訴追1について無罪が確定した。Xは，免許停止処分は違法であり，したがって刑事訴追2は不適法であると主張した（⇨図3-6）。

　最高裁は，「処分行政庁は，相当な根拠のある関係資料に基づき，被害者らが傷害を負ったと認めたのであるから，その後……刑事裁判において傷害の事実の証明がないとして，被告人が無罪とされたからといって，右処分が無効となるものではない。そうすると，本件免許停止処分は，無効ではなく，かつ，権限のある行政庁又は裁判所により取り消されてもいないから，被告人を反則者に当たらないと認めてなされた本件公訴の提起は，適法である」と判断した。

　いずれもかなり特殊な事案で，一般化は難しいと思われるが，構成要件解釈説に立つとすれば，一応整合的に理解できるかもしれない。

## ❷ 不可争力

　**不可争力**とは，**取消訴訟の出訴期間がすぎると，行政行為をもはや争えなくなること**をいう。出訴期間は，処分があったことを知った日から6か月（行政事件訴訟法14条1項本文），または，処分があった日から1年（同条2項本文）である（⇨第6章第2節VII）。

　行政行為には公定力があるので，その効力を否定するには取消訴訟を提起

しなければならない。しかし、出訴期間がすぎると、取消訴訟も提起できなくなるため、もはや争う手段がなくなる。このように、公定力と不可争力が結びつくことで、行政行為は非常に強く保護される。

ただし、公定力と同様、行政行為が無効である場合は、不可争力は認められない。

## ❸ 執行力

**執行力**とは、**行政庁が行政行為の内容を自力で実現できること**をいう。

民事法関係では、**自力救済禁止の原則**が適用される。すなわち、権利を実現するためには、訴訟を提起して勝訴判決を手に入れ、裁判所に強制執行してもらう必要がある。

これに対し、行政主体の場合、私人が行政行為にしたがわない場合に、裁判所に訴えることなく、みずから強制執行できる場合がある。たとえば、違法建築物に対して除却命令（建築基準法9条1項）を発した場合、建築主がしたがわなければ、行政代執行法にもとづいて、強制的に建築物を除却することができる。

かつては、行政行為については、当然に行政上の強制執行が可能と解されていた。しかし、現在では、行政上の強制執行は、これを認める法律がある場合にのみ可能と考えられている（⇨ 第4章第1節）。

## ❹ 不可変更力

**不可変更力**とは、**行政行為を行った行政庁が、みずから職権でこれを取り消し、変更できないこと**をいう。すべての行政行為に認められる効力ではなく、審査請求に対する裁決のような裁判に類似した行為（**争訟裁断行為**）などにかぎって認められる。なお、行政庁の職権による取消し（職権取消し）が禁じられるだけであって、不服申立て（再審査請求等）にもとづく取消し（争訟取消し）は許される。

古いものではあるが、これを認めた判例もある（中川原村農地買収事件に

関する最判昭和29・1・21民集8巻1号102頁，百選Ⅰ69事件）。Xの農地を村農地委員会が不耕作地と認定して買収計画を立てたので，Xが異議申立てを経て県農地委員会に訴願したところ，県農地委員会はXの主張を認めて，当該買収計画を変更する裁決を行った。ところが，その後，村農地委員会の陳情にもとづき，県農地委員会は再調査のうえ，先の裁決を取り消す裁決（再裁決）を行ったので，Xが再裁決の取消訴訟を提起した。

最高裁は，「裁決が行政処分であることは言うまでもないが，実質的に見ればその本質は法律上の争訟を裁判するものである。……かかる性質を有する裁決は，他の一般行政処分とは異り，特別の規定がない限り，原判決のいうように裁決庁自らにおいて取消すことはできないと解するを相当とする」と判示して，Xの請求を認容した。

# Ⅳ. 行政行為の瑕疵

以下では，行政行為の瑕疵の意味を明らかにしたうえで，行政行為の無効と取消しの区別，瑕疵に関する特例について検討する。

## 1 行政行為の瑕疵とは何か

行政行為の瑕疵には狭義と広義がある。**狭義の瑕疵**とは，**行政行為が法の定める要件を満たしていないこと**をいい，**違法**と同じ意味である。**広義の瑕疵**とは，違法に加えて，行政行為が**不当**な場合も含む。不当とは，**法に反するわけではないが，行政目的に適合しない場合**をいう（⇨図3-7）。

裁判所は法にもとづいて裁判をしなければならない。そこで，行政行為が訴訟で争われた場合，当該行為が違法な場合にかぎって取り消すことができる。これに対し，行政行為が不服申立てによって争われた場合，違法ではな

● 図3-7 行政行為の違法と不当

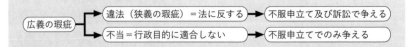

いが，不当（行政目的に適合しない）と考えれば，行政機関は当該行為を取り消すことができる（⇨第6章第7節III❶(1)）。

すでに検討したように，行政行為に裁量が認められるときは，裁量権の行使に逸脱または濫用がある場合にのみ，裁判所は違法として当該行為を取り消すことができる（行政事件訴訟法30条。⇨第1章第4節III❶）。これに対し，不服申立てによって争われた場合，逸脱または濫用があるとはいえないが，当該行為を維持することが行政目的に適合しないと判断すれば，行政機関はこれを不当として取り消すことができる。

## ❷ 行政行為の無効と取消し

### (1) 無効と取消しを区別する意味

行政行為には公定力と不可争力がある（⇨本節III）。すなわち，行政行為の効力は取消訴訟によってのみ否定できるから（取消訴訟の排他的管轄），行政行為が違法であっても，権限ある機関によって取り消されるまでは，有効なものとして取り扱われる（公定力）。また，出訴期間がすぎると，取消訴訟を提起できなくなるから，行政行為を争う方法がなくなってしまう（不可争力）。

もっとも，つねにこうした効力を認めると，私人にとってあまりに酷な場合もありうる。そこで，**行政行為が無効な場合には，公定力も不可争力も認められない**とされている。そこで，これらの効力が認められる**取り消しうる行政行為**と，認められない**無効な行政行為**が区別される。無効な行政行為は，出訴期間がすぎたあとでも，取消訴訟以外の訴訟（第6章第5節I❷(4)で検討するように，無効確認訴訟，公法上の当事者訴訟または民事訴訟）で争うことができる。したがって，両者の区別が問題となるのは，出訴期間がすぎた場合である。

### (2) 学説

無効と取消しを区別する基準については，①重大明白説（さらに，外観上一見明白説と客観的明白説に分かれる），②重大説，③明白性補充要件説，④

具体的価値衡量説がある。

**重大明白説**は，行政行為が無効とされるためには，重大かつ明白な瑕疵がなければならないとする。瑕疵が**重大**であるとは，行政行為が重要な法の要件に違反することを意味する。瑕疵の**明白性**の意味については争いがある。**外観上一見明白説**は，瑕疵があることが外形上一見して明らかなことをいうと解する。これに対し，**客観的明白説（調査義務違反説）**は，行政庁が調査義務を果たせば瑕疵が明らかになった場合も含むと解する。したがって，後説の方が，無効が認められる場合が広い。

**重大説**は，重大な瑕疵があれば，明白性はなくとも，行政行為は無効になるとする。

**明白性補充要件説**は，原則として重大かつ明白な瑕疵が必要であるが，例外的に，明白性が不要な場合もあるとする。

**具体的価値衡量説**は，個別事案の利益衡量によって無効と認めるかどうかを判断すべきとする。

## (3) 判例

判例は，原則として外観上一見明白説によりつつ，明白性補充要件説にも立っている。

外観上一見明白説のリーディング・ケースは，山林所得課税事件である（最判昭和36・3・7民集15巻3号381頁）。訴外A及びその実子Xと，Aの養子B及びその実子Cとの間に，山林等の所有権をめぐって争いがあった。A及びXが当該山林等をCに贈与し，Bがその代償として800万円を支払うことで示談が成立し，Bは当該山林等の立木を訴外Dに売却して得た800万円を示談金にあてた。ところが，山林所得税の支払を免れるため，示談契約書等には示談金の件は記載されず，立木の売買契約書においても登記名義人のAが売渡人と表示された。税務署長は，登記等にもとづいてAに山林所得税等を課したが，Aがその直後に死亡したので，相続人であるXが課税処分等の無効確認訴訟を提起した（⇨ 図3-8a）。

最高裁は，「瑕疵が明白であるというのは，処分成立の当初から，誤認であることが外形上，客観的に明白である場合を指すものと解すべきである。

● 図 3-8　山林所得課税事件と譲渡所得課税無効事件

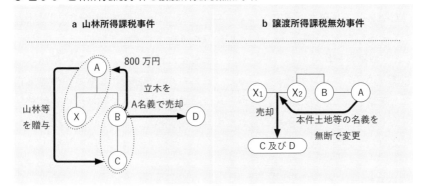

……瑕疵が明白であるかどうかは，処分の外形上，客観的に，誤認が一見看取し得るものであるかどうかにより決すべきものであって，行政庁が怠慢により調査すべき資料を見落したかどうかは，処分に外形上客観的に明白な瑕疵があるかどうかの判定に直接関係を有するものでは」ないと判示した。本件では，登記簿の記載等から，瑕疵は明白ではないとして，無効を認めなかった。

他方で，明白性補充要件説をとることを明らかにしたのが，譲渡所得課税無効事件である（最判昭和48・4・26民集27巻3号629頁，百選 I 83事件）。訴外Aは，義理の妹$X_2$及びその夫$X_1$からの借金の担保とし，みずから経営する会社の債権者からの差押えを回避するため，Xらに無断で，自己所有土地等の所有権をXらに移転する登記を行い，のちに当該土地等を訴外C及びDに売却した。税務署長は，登記簿の記載とC及びDへの反面調査にもとづき，Xらに所得税の賦課処分（本件処分）を行った。不服申立期間がすぎたのちに，Xらは本件処分の無効確認訴訟等を提起した（⇨図3-8b）。

最高裁は，①課税処分については「処分の存在を信頼する第三者の保護を考慮する必要がない」ことから，②当該処分の内容上の過誤が「課税要件の根幹」にかかわるもので，③「徴税行政の安定とその円滑な運営の要請」を考慮しても，不可争力の発生を理由に被課税者に不利益を甘受させることが著しく不当と認められる「例外的な事情」がある場合には，当該処分は無効

になると判示した。そして，例外的な事情の有無を審理させるため，原審に差し戻した。明白性は認定されていないので，①〜③の場合には，明白性がなくとも無効が認められるとの見解に立つと解される。

2つの事案を比べると，登記簿の記載によれば，原告（ら）に所得があったように見える点は共通している。これに対し，登記簿の記載が虚偽であることを原告（ら）が知っていたかどうかが異なっている。譲渡所得課税無効事件で無効となる余地が認められたのは，後者の点に着目したからであると考えられる。

---

**COLUMN 3-6**　　　　　　　　重大明白説の根拠

　行政行為が無効とされると，出訴期間がすぎても，行政行為の効力を否定することが可能となる。瑕疵の重大性が要件とされるのは，軽微な瑕疵にとどまる場合は，こうした例外を認める必要はない，という考慮によるものと考えられる。

　他方で，瑕疵の明白性が要件とされる根拠として，有力説は第三者の信頼保護をあげる。もっとも，仮にそうであれば，第三者の信頼保護の必要がない場合は，一般的に明白性は不要となるはずである。しかし，前掲譲渡所得課税無効事件では，第三者の信頼を保護する必要がないことに加えて，行政の安定円滑と相手方の利益との比較衡量が求められている。そうすると，少なくとも判例は，明白性を要件とする根拠として，第三者の信頼保護とともに，行政の安定円滑も考慮していると考えられる。

---

**③　瑕疵に関する特例**

　行政行為の瑕疵については，行政側に有利な特例として，瑕疵の治癒と違法行為の転換が，私人側に有利な特例として，違法性の承継が認められている。

### (1) 瑕疵の治癒

　**瑕疵の治癒**とは，**行政行為の瑕疵が軽微であって，のちに追完された場合は，当該行為を当初から適法なものとして取り扱う**ことをいう。

　瑕疵の治癒が認められた例として，尼崎市農地買収事件がある（最判昭和

36・7・14 民集 15 巻 7 号 1814 頁，百選 I 85 事件）。自作農創設特別措置法（当時）によれば，農地買収計画に対して訴願（不服申立て）があった場合，まず裁決を行い，そのあとで買収処分を行うものとされていた。X の土地について農地買収計画が定められ，X が訴願を行ったが，裁決に先立って農地買収処分（本件処分）がされたため，X が本件処分の無効確認訴訟を提起した。

　最高裁は，「農地買収計画につき異議・訴願の提起があるにもかかわらず，これに対する決定・裁決を経ないで爾後の手続を進行させたという違法は，買収処分の無効原因となるものではなく，事後において決定・裁決があったときは，これにより買収処分の瑕疵は治癒されるものと解するのを相当とする」と判示して，X の請求を棄却した。

## (2) 違法行為の転換

　**違法行為の転換**とは，ある行政行為が違法ではあるが，別の行政行為としては法の定める要件を満たしている場合，後者の行為とみなしてその効力を維持することをいう。

　違法行為の転換が認められた例として，広島県農地買収計画事件がある（最大判昭和 29・7・19 民集 8 巻 7 号 1387 頁，百選 I 87 事件）。自作農創設特別措置法施行令（当時）43 条にもとづき，村農地委員会は，小作人から請求があったとして，X 所有の農地について買収計画（本件買収計画）を定めた。X が本件買収計画に対して訴願を行ったところ，県農地委員会は，小作人の請求がなかったことを認めたものの，請求を前提としない同令 45 条にもとづく買収計画としてこれを維持する裁決（本件裁決）を行ったので，X が本件裁決の取消訴訟を提起した。

　最高裁は，同令 43 条と 45 条で小作人による請求以外の要件が異なるわけではないから，本件買収計画を同令 45 条を適用して維持した本件裁決は違法とはいえないと判示した（最判令和 3・3・2 民集 75 巻 3 号 317 頁も参照）。

## (3) 違法性の承継

　**違法性の承継**とは，複数の行政行為が前後して行われる場合に，先行行為

の違法を理由として後行行為を取り消すことをいう（⇨図3-9）。

　先行行為も行政行為であるから，公定力と不可争力があり，その違法を主張するのであれば，本来先行行為の取消訴訟を提起すべきである。したがって，違法性の承継は原則として認められない。

　しかし，先行行為を争うことが困難であったり，これを争う必要があるか不明確な場合もある。そこで，違法性の承継を例外的に認めるべきか，どのような要件とするかが問題となる。

　この問題についてのリーディング・ケースは，東京都建築安全条例事件である（最判平成21・12・17民集63巻10号2631頁，百選Ⅰ84事件）。建築基準法43条1項は，防災等の観点から，建築物の敷地は道路に2m以上接していなければならない（接道義務）と定めるが，同条2項（現3項）は，条例によって接道義務を強化することを認めている。この規定にもとづいて，東京都建築安全条例（本件条例）4条1項が接道義務を強化しているが，同条3項は，知事が安全上支障がないとの認定（安全認定）を行った場合は，同条1項の規定は適用しないと規定する。訴外Aらがマンション（本件建築物）の建築を計画したが，その敷地が本件条例4条1項の要件を満たさなかったので，知事の委任を受けた新宿区長から安全認定（本件安全認定）を受け，さらに本件建築物の建築確認（本件建築確認）を得た。そこで，付近住民Xらが本件建築確認の取消訴訟を提起し，本件安全認定は違法であるから，これを前提とする本件建築確認も違法であると主張した。

　最高裁は，①建築確認における接道義務充足の有無の判断と，安全認定における安全上の支障の有無の判断は，避難または通行の安全の確保という同一目的を達成するために行われ，安全認定は建築主に建築確認申請手続における一定の地位を与えるもので，建築確認と結合してはじめてその効果を発揮するとする（**目的の同一性**）。また，②安全認定を申請者（建築主）以外の者に通知することは予定されておらず，周辺住民等がその存在を速やかに知りう

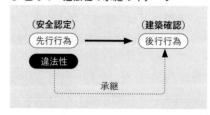

● 図3-9　違法性の承継のイメージ

るとはかぎらないから，これを争うための手続的保障が十分に与えられているというのは困難であるし，仮に安全認定の存在を知ったとしても，建築確認の段階ではじめて不利益が現実化すると考え，それまで争訟を提起しないことがあながち不合理ともいえないとする（**手続的保障の実効性**）。以上を理由として，安全認定の違法を建築確認の取消訴訟で争うことができるとした。

この判決は違法性の承継を明確に認めており，その際に2つの点（目的の同一性，手続的保障の実効性）を検討している。これらの2点を総合考慮して，違法性の承継について判断する趣旨と思われる。

なお，法的義務を課す行為（たとえば課税処分）とその執行行為（たとえば滞納処分）の間については，一般に違法性の承継が否定されている。これに対し，土地収用の事業認定と収用裁決の間などについては，争いがある。

### COLUMN 3-7　違法性の承継と区別すべき問題

違法性の承継が問題となるのは，先行行為を取消訴訟で争える（処分性がある）場合である。先行行為の取消訴訟を提起できない場合，後行行為の取消訴訟で先行行為の違法を争えるのは当然である（⇒第6章第3節Ⅰ❷(3)）。たとえば，都市計画決定には一般に処分性が認められないので，後行行為である事業認可処分の取消訴訟で都市計画決定の違法を主張できる（小田急訴訟〔本案〕に関する最判平成18・11・2民集60巻9号3249頁，百選Ⅰ75事件）。

また，先行行為が無効である場合は，これを前提とする後行行為も違法となると解されている。たとえば，課税処分と滞納処分の間には違法性の承継は認められていないが，課税処分が無効である場合は，これを前提とする滞納処分も違法となる。

##  職権取消しと撤回

### ❶　行政行為の効力の発生と消滅

行政行為が効力を発するのは，原則として，それが相手方に到達したときである（ノバルティス・アーゲー事件に関する最判平成11・10・22民集53巻7号1270頁，百選Ⅰ59事件）。

行政行為が効力を失う場合としては，①期限の到来や事実状態の変化，②不服申立てや訴訟にもとづく取消し，③行政庁の職権による取消しや撤回などがある。以下では③について検討する。

　職権取消しとは，行政行為に当初からある瑕疵を理由に，その効果を失わせることをいう。これに対し，撤回とは，事後的な事情の変化を理由に，行政行為の効果を失わせることをいう。実定法上はいずれも「取消し」と呼ばれることが多い。

### ❷ 職権取消し

#### (1) 法律上の根拠

　**職権取消しとは，行政行為に当初からある瑕疵を理由に，その効果を失わせることをいう。**瑕疵には不当（⇨ 本節Ⅳ❶）も含まれる（辺野古訴訟に関する最判平成28・12・20民集70巻9号2281頁）。

　違法または不当な行政行為を取り消すことは，「法律による行政」の原理などから当然であって，法律上の根拠は不要と解されている。

#### (2) 制限

　すでに検討したように，行政行為には侵害的なものと授益的なものがある（⇨ 本節Ⅱ❶）。侵害的行為は，これを取り消しても，相手方にとって利益となるから，とくに問題はない。これに対し，授益的行為については，職権取消しによって相手方が不利益を受けるから，一定の制限があると解されている。二重効果的（複効的）行為も同様である。

　授益的行為については，**取消しによって得られる利益と，それによって相手方に生じる不利益を比較衡量して，職権取消しの当否を判断すべき**とされる。取消しによって得られる利益としては，①瑕疵ある行政行為を取り消す公益上の必要性，②（二重効果的行政行為については）取消しによって第三者が受ける利益が考慮される。取消しによって相手方に生じる不利益については，③相手方が受ける不利益の性質や程度，④相手方の信頼保護の必要性（相手方に責任があるかなど），⑤代替措置（補償がされるか，処分の当初にさ

かのぼるか）などが考慮される。

この点で参考になるのが，玉川地区農地買収計画職権取消事件である（最判昭和43・11・7民集22巻12号2421頁，百選I 88事件）。農業委員会が訴外Aの土地の買収計画等を作成して買収処分を行い，これをXらに売り渡した。その後，Xらへの引渡し前に，本件土地が訴外Bの所有する自作地であることが判明したため，農業委員会は買収計画等の職権取消し（本件取消処分）を行った。そこで，Xらが本件取消処分は無効と主張して，所有権の移転登記等を求めて出訴した。

最高裁は，行政処分が違法または不当な場合，「処分の取消によって生ずる不利益と，取消をしないことによってかかる処分に基づきすでに生じた効果をそのまま維持することの不利益とを比較考量し，しかも該処分を放置することが公共の福祉の要請に照らし著しく不当であると認められるときに限り，これを取り消すことができる」と述べる。そして，農地買収は所有権の重大な制約であり，それが違法な場合は取り消すことが公共の福祉にかなうこと，Xらはいまだ土地の引渡しを受けておらず，彼らが受ける不利益に比べてBのそれが著しく大きいことを指摘して，本件取消処分は適法とした。

なお，以上の制限法理は職権取消しに適用されるものであり，不服申立てにもとづく取消し（争訟取消し）には適用されない。

## （3）効果

職権取消しは，行政行為に当初から瑕疵があることを理由とする。そこで，原則として，**職権取消しの効果も行為の当初にさかのぼる**。すなわち，当該行為は初めからなかったことになる。

もっとも，授益的行為については，相手方の信頼を保護するため，将来に向かってのみ効果を生じさせるべきこともある。たとえば，生活保護の支給額を過大に認定した場合，それがもっぱら行政側のミスによるときは，将来に向かってのみ給付を減額する（すでに支払った分の返還は求めない）ことも考えられる。

## ❸ 撤回

### (1) 法律上の根拠

行政行為の**撤回**とは，**当該行為に当初からある瑕疵ではなく，その後の事情の変化を理由に，その効果を失わせること**をいう。

撤回に法律上の根拠を必要とするかについては，①必要とする説（必要説），②不必要とする説（不要説），③原則として必要だが，例外も認められるとする説（折衷説）がある。不要説が通説である。

必要説は，授益的行為の撤回は侵害的行為となるから，侵害留保説によっても，法律の根拠は必要とする。これに対し，不要説からは，授益的行為を撤回する場合は，いきなり侵害的行為をする場合とは事情が異なるから，侵害留保説が直ちにあてはまるわけではない，との反論もある。

判例は，優生保護医指定撤回事件で不要説を採用した（最判昭和63・6・17判時1289号39頁，百選I 89事件）。旧優生保護法（現母体保護法）14条1項によれば，都道府県の医師会によって指定を受けた医師は，一定の者に対して，本人及びその配偶者の同意を得て，人工妊娠中絶を行うことができる。医師Xが，新生児を第三者の実子としてあっせんする「実子あっせん行為」をしたとして，上記の指定を撤回されたので，取消訴訟を提起した。当時の優生保護法には撤回を認める明文規定がなかった。

最高裁は，実子あっせん行為が近親婚のおそれ等の弊害をもたらすことを指摘し，指定医師としての適格性を欠くことが明らかになった以上，Xが受ける不利益を考慮しても，指定を撤回すべき公益上の必要性が高いから，明文規定がなくとも撤回することができるとした。

### (2) 制限

職権取消しと同様，相手方の信頼保護の観点から，授益的行為については撤回が制限される。**撤回によって得られる利益と失われる利益を比較衡量して，その当否を判断すべきである**（前掲優生保護医指定撤回事件参照）。もっとも，撤回が行われる状況は多様である。

まず，①撤回事由が生じたことについて相手方に責任がある場合（相手方

に違法行為があった場合など），②許可等の要件が事後的に欠けた場合などは，授益的行為の撤回が許される。

さらに，以上のいずれにもあたらないが，③当該行為の効果を失わせることに重大な公益上の必要が認められる場合も，撤回は許される。ただし，相手方の損失を補償すべきこともある（⇨ 第7章第2節）。

### (3) 効果

行政行為の撤回は，当該行為が行われたあとの事情の変化を理由に，その効果を失わせるものである。したがって，**撤回の効果は将来に向かってのみ生じる**。

## Ⅵ. 行政行為の附款

### 1 附款の意義

**附款**とは，**行政行為の効果を制限するために，意思表示の主たる内容に付加された従たる意思表示**，と定義される（⇨ 図3-10，田中・行政法上127頁）。

たとえば，屋台を設置するために道路の占用を許可する（行政行為，道路法32条）とともに，占用料の支払を命じる（附款，同法39条）場合である。

● 図3-10　附款のイメージ

### 2 附款の種類

附款には，①条件，②期限，③負担，④撤回権の留保がある。実定法上は，これらすべてを「条件」と呼ぶことが多いので，どれにあたるかについては注意が必要である。

## (1) 条件

**条件**とは，**発生が不確実な将来の事実に，行政行為の効果をかからせる意思表示**をいう。条件の実現によって行政行為の効果が生じる停止条件と，効果が失われる解除条件がある。

停止条件の例としては，工場建設を条件として河川の流水の占用（水の使用）を許可する（河川法 23 条）場合がある。解除条件の例としては，3 か月以内に工事に着手することを条件として開発を許可する（都市計画法 29 条）場合がある。

## (2) 期限

**期限**とは，**発生が確実な将来の事実に，行政行為の効果をかからせる意思表示**をいう。期限の到来によって効果が発生する始期と，効果が失われる終期がある。

たとえば，来年 1 月 1 日以降，道路の占用を許可する場合（始期），本年末までの間，道路の占用を許可する場合（終期）である。

## (3) 負担

**負担**とは，**行政行為に付随して，相手方に特別の義務を命じる意思表示**をいう。

冒頭にあげた，道路の占用許可とともに，占用料の支払を命じる場合が，その例である。

---

**COLUMN 3-8**　　　　　　　条件と負担の区別

条件と負担は区別が難しい場合もある。実定法上いずれも「条件」と呼ばれることが多いので，なおさらである。

解除条件の場合，条件の実現によって，行政行為の効果が当然に失われる。負担の場合，それによって課せられた義務が履行されなくとも，行政行為の効果が当然に失われるわけではない。義務不履行を理由に行政行為を撤回することもできるが，行政庁が撤回するまでは効果が失われない。

このように，条件は主たる行政行為の効力を不安定にするため，どちらか不明確な場合は，負担と解すべきとされる。

## (4) 撤回権の留保

　**撤回権の留保**とは，**行政行為に付随して，一定の場合に当該行為を撤回する権利を留保する意思表示**をいう。

　たとえば，自動車教習所のために河川区域内の土地の占用を許可する（河川法24条）際に，治水上の必要が生じたときは撤回する旨を定める場合である。

　撤回権を留保しても，すでに検討した撤回権制限の法理（⇨ 本節V❸(2)）の適用を免れることはできない。

### ❸ 附款の限界

　附款を付すことができるのは，法令に明文の定めがある場合（都市計画法79条など）のほか，行政庁に裁量が認められている場合である（裁量については，⇨ 第1章第4節）。

　附款を付すことができる場合であっても，行政行為を定める法規が許容する範囲を逸脱してはならない。また，比例原則をはじめとする法の一般原則も適用される（⇨ 第1章第2節Ⅲ❸）。

　附款に不服がある場合，原則として附款の取消訴訟で争うことができる。ただし，附款がなければ行政行為を行わなかったと考えられる場合は，附款つきの行政行為を取消訴訟で争う必要がある。たとえば，1か月の期限つきの道路占用許可を受け，この期限に不服がある場合を考えてみよう。期限のみの取消訴訟を提起すると，その取消しによって道路占用許可は無期限となってしまうが，行政庁がそのような行為を許容するとは通常は考えられない。そこでこの場合は，附款つきの行政行為（1か月の期限が付された道路占用許可）の取消訴訟を提起すべきである。

# Ⅶ. 行政行為の手続

## ❶ 概説

行政手続については，すでに一般的な説明をした（⇨第1章第5節）。ここでは，行政手続法（以下，本節Ⅶでは「法」という）が定める行政処分の手続を具体的に検討する。法は，申請に対する処分（❷）と不利益処分（❸）に分けて規定している。処分等の求め（❹）と届出（❺）についても，便宜上ここで取り扱う。

なお，法の規定には，「しなければならない」と定めるものと，「するよう努めなければならない」と定めるものがある。前者は**法的義務**を課す趣旨であり，これに違反すると手続瑕疵となる。後者は**努力義務**を課すにとどまり，これに違反しても手続瑕疵とはならない。もっとも，法的義務を定める規定に違反し，手続瑕疵があっても，それにもとづく処分が直ちに違法として取り消されるわけではない（手続瑕疵の効果については，⇨第1章第5節Ⅲ）。

## ❷ 申請に対する処分

法第2章は，「**申請に対する処分**」の手続を定める。

**処分**とは，**行政庁の処分その他公権力の行使にあたる行為**をいう（法2条2号）。すでに検討したように，行政行為とほぼ同義である（⇨本節Ⅰ❸）。

**申請**とは，**法令にもとづき，行政庁の許可，認可，免許その他の自己に対し何らかの利益を付与する処分（許認可等）を求める行為であって，当該行為に対して行政庁が諾否の応答をすべきこととされているもの**をいう（法2条3号）。

ここで「諾否の応答をすべきこととされている」とは，申請に対して何らかの応答（許認可等の処分または拒否処分）をすることを，法令が行政庁に義務づけている（**応答義務**を課している）ことを意味する。私人からみれば，申請に対して何らかの応答を求める権利（**申請権**）を法令が保障している場合ということができる。

法令が申請権を保障している（応答義務を課している）かは，処分を定める法令の解釈によって判断される（詳しくは，村上裕章『行政訴訟の解釈理論』〔弘文堂，2019 年〕150 頁以下など参照）。たとえば，建築確認の申請（建築基準法 6 条 1 項）については，建築主事は一定期間内に確認結果を通知しなければならないとされているので（同条 4 項・7 項），建築主に申請権が保障されているのは明らかである。他方，同法 9 条 1 項は，特定行政庁（知事等）が違法建築物の建築主等に是正措置を命じることができると定める。この規定は，周辺住民等の第三者による申請についてまったく言及していないので，第三者に申請権を保障する趣旨とは解されない。

　法は，申請に対する処分について，①審査基準の設定・公表，②標準処理期間の設定・公表，③審査開始義務，④理由の提示，⑤情報の提供，⑥公聴会の開催等，⑦共管事務の処理に関する規定をおいている。

---

**COLUMN 3-9**　　申請権（応答義務）と訴訟の関係

　申請権（応答義務）の有無は，法第 2 章の適用のほか，訴訟についても重要な意味をもつ。

　申請に対して何らの応答もない場合や，申請を拒否された場合，申請権が保障されているときは，不作為の違法確認訴訟（行政事件訴訟法 3 条 5 項）や拒否処分の取消訴訟（同条 2 項）で争える。これに対し，申請権が保障されていないときは，これらの訴訟を提起できない（⇒第 6 章第 2 節 I ❸(2)，第 5 節 II ❷(2)）。

　2004（平成 16）年の行政事件訴訟法改正によって義務付け訴訟が明文化された。申請権がある場合は，訴訟要件が緩やかな申請型義務付け訴訟（同条 6 項 2 号）を提起できる。これに対し，申請権がない場合は，訴訟要件が厳しい非申請型義務付け訴訟（同項 1 号）を提起しなければならない（⇒第 6 章第 5 節 III ❶）。

---

## (1) 審査基準の設定・公表

　申請に対する処分について，行政庁は**審査基準**を定める「ものとする」（法的義務，法 5 条 1 項）。

　**審査基準**とは，**申請により求められた許認可等をするかどうかを，法令の定めに従って判断するために必要とされる基準**をいう（法 2 条 8 号ロ）。審

査基準を設定する場合は，意見公募手続によらなければならない（法第6章。
⇨ **本章第1節Ⅱ❹**）。

　個人タクシー事件（最判昭和46・10・28民集25巻7号1037頁，百選Ⅰ
117事件）では，一定の場合に審査基準の設定を命じていたが（⇨ **第1章第5
節Ⅱ❶**），法はこれを申請に対する処分一般について義務づけている。

　審査基準を定める「ものとする」という文言は，審査基準の設定を法的に
義務づけるが，法令の要件が十分明確な場合などは，審査基準を設定しなく
てよいとする趣旨である。

　審査基準を定めるにあたっては，許認可等の性質に照らして，できる限り
具体的なものとしなければならない（法的義務，法5条2項）。

　審査基準を定めた場合，行政上特別の支障がある場合を除き，行政庁は適
当な方法によりこれを公にしなければならない（法的義務，同条3項）。個人
タクシー事件では，審査基準の公表までは求められていなかったが，法はこ
れを一歩進めている。「事務所における備付け」が例示されているように，
求めに応じて提示できるようにすることで足り，誰もが見られる状態におく
という意味での「公表」まで命じているわけではない。

## (2) 標準処理期間の設定・公表

　行政庁は，申請がその事務所に到達してから処分をするまでに通常要すべ
き標準的な期間（**標準処理期間**）を定めるよう努めなければならず（努力義
務），当該期間を定めたときは，これを公にしなければならない（法的義務，
法6条）。

　標準的な期間なので，この期間をすぎてもただちに違法ではない。もっと
も，不作為が違法となる「相当の期間」（行政事件訴訟法3条5項）を判断す
る重要な手がかりとはなりうる（⇨ **第6章第5節Ⅱ**）。

## (3) 審査開始義務

　行政庁は，申請がその事務所に到達したときは，遅滞なく審査を開始しな
ければならず，申請が形式上の要件を満たさない場合は，速やかに，申請者
に補正を求めるか，拒否処分をしなければならない（法的義務，法7条）。

行政手続法制定以前は，申請書が提出されても，その受理を拒否したり，いったん受け取った申請書を返戻したりして，審査を事実上拒否する取扱いが広く行われていた。本条はこのような実務を是正する趣旨で設けられた。

申請が事務所に到達すれば，行政庁は審査を開始しなければならず，受理を拒否すること等は許されない。したがって，本条が適用される場合，準法律行為的行政行為としての「受理」は存在しないことになる（⇨ 本節 II ❷ (5)）。

## (4) 理由の提示

行政庁は，許認可等を拒否する処分をする場合は，原則として，申請者に対し，同時に，当該処分の理由を示さなければならない（法的義務，法 8 条 1 項本文）。処分を書面でするときは，理由も書面で示さなければならない（**理由付記**，同条 2 項）。

従来，理由付記は，個別法が散発的に定めるにとどまっていた。法は，申請に対する拒否処分について，一般的に理由提示を命じている。理由提示の趣旨，理由の程度，理由の追完及び差替えについては，すでに検討した（⇨ 第 1 章第 5 節 II ❸）。

## (5) 情報の提供

行政庁は，申請者の求めに応じ，当該申請にかかる審査の進行状況及び当該申請に対する処分の時期の見通しを示すよう努めなければならない（努力義務，法 9 条 1 項）。

行政庁は，申請をしようとする者または申請者の求めに応じ，申請書の記載や添付書類など，申請に必要な情報の提供に努めなければならない（努力義務，同条 2 項）。

## (6) 公聴会の開催等

行政庁は，申請に対する処分のうち，申請者以外の者の利害を考慮すべきことが要件とされているものを行う場合は，必要に応じ，公聴会の開催等の適当な方法により，当該申請者以外の者の意見を聴く機会を設けるよう努めなければならない（努力義務，法 10 条）。

申請者以外の利害関係者の意見を聴取することを求める規定である。「利害を考慮」することが法令で要件とされている者が対象であり，取消訴訟の原告適格（⇨第6章第2節II❶）が認められる「法律上の利益を有する者」（行政事件訴訟法9条1項）より広い。

次にみる不利益処分と異なり，申請に対する処分について，法は申請者への告知・聴聞（⇨第1章第5節II❶）を義務づけていない。その理由として，①申請制度は多様であり，一般的に告知・聴聞を要求するのは適切でないこと，②審査基準の公表，情報の提供等の制度があること，③申請書によって申請者の情報は提供されていることがあげられている。もっとも，許可の更新拒否など，実質的に不利益処分にあたることもあり，こうした場合には告知・聴聞が必要であるとの指摘もある。

### (7) 共管事務の処理

行政庁は，申請の処理をするにあたり，他の行政庁で同一の申請者からされた関連する申請が審査中であることを理由に，みずからすべき許認可等の審査・判断をことさらに遅延させてはならない（法的義務，法11条1項）。

ひとつの申請または同一の申請者からされた相互に関連する複数の申請に対する処分について複数の行政庁が関与する場合，当該複数の行政庁は，必要に応じ，相互に連絡を取り，当該申請者からの説明の聴取を共同して行う等により，審査の促進に努めるものとする（努力義務，同条2項）。

### ❸ 不利益処分

法第3章は，「不利益処分」の手続を定める。

**不利益処分とは，行政庁が，法令にもとづき，特定の者を名あて人として，直接に，これに義務を課し，またはその権利を制限する処分**をいう（法2条4号）。

特定の者を名あて人とする処分とされているので，名あて人が特定されていない「一般処分」は含まれない。道路の廃止（道路法18条2項）がその例である。事実行為や申請に対する拒否処分等も，不利益処分から除外され

ている（法2条4号ただし書）。

　法は，不利益処分について，①処分基準の設定・公表，②理由の提示を命じるほか，告知・聴聞として，不利益処分の重大性に応じ，手厚い③「聴聞」の手続と，簡略な④「弁明の機会の付与」の手続を使い分けている（⇨ 図3-11）。すなわち，許認可等を取り消す場合，名あて人の資格または地位を直接剥奪する場合，法人の役員を解任し，その会員を除名する場合，その他行政庁が相当と認める場合は，聴聞が行われる（法13条1項1号）。それ以外の場合は弁明の機会の付与で足りる（同項2号）。緊急の必要があるなど一定の事由に該当する場合は，いずれの手続も免除される（同条2項）。

● 図3-11　聴聞と弁明の機会の付与の使い分け

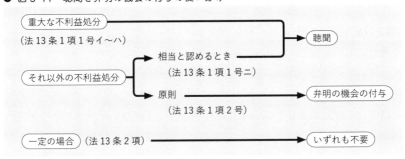

## (1) 処分基準の設定・公表

　行政庁は，処分基準を定め，かつ，これを公にしておくよう努めなければならない（努力義務，法12条1項）。

　**処分基準**とは，**不利益処分をするか，どのような不利益処分をするかについて，法令の定めに従って判断するために必要な基準**をいう（法2条8号ハ）。設定する場合，意見公募手続によるべきことは，審査基準と同様である（⇨ 前記❷(1)）。

　審査基準の設定が法的義務である（⇨ 前記❷(1)）のに対し，処分基準の設定は努力義務とされている。その理由として，①不利益処分については，適用例が少ないなど，具体的基準の設定が難しい場合が多いこと，②公表によって脱法行為を助長するおそれがあることがあげられている。一律に努力

義務とするのは疑問との批判もある。

処分基準を定めるにあたっては，不利益処分の性質に照らして，できるだけ具体的なものとしなければならない（法的義務，法12条2項）。

## (2) 理由の提示

行政庁は，不利益処分をする場合には，その名あて人に，同時に，当該不利益処分の理由を示さなければならない（法的義務，法14条1項本文）。

差し迫った必要がある場合は，処分と同時に理由を示さなくてもよい（同項ただし書）。この場合，処分後に理由を示すことが困難な事情があるときを除き，処分後相当の期間内に理由を示さなければならない（同条2項）。

不利益処分を書面でするときは，理由も書面により示さなければならない（**理由付記**，同条3項）。

理由提示の趣旨等は，申請に対する処分の場合と同様である（⇨ 前記❷(4)）。

## (3) 聴聞

聴聞は，訴訟における口頭弁論に近い，かなり手厚い手続である。聴聞の通知，聴聞の実施，主宰者による調書及び報告書の作成，処分という順序で行われる。

### a) 聴聞の通知

行政庁は，聴聞を行うべき期日までに相当な期間をおいて，不利益処分の名あて人となるべき者に対し，一定の事項を書面により通知しなければならない（法15条1項）。

通知すべき事項は，①予定される不利益処分の内容及び根拠となる法令の条項，②不利益処分の原因となる事実，③聴聞の期日及び場所，④聴聞に関する事務を担当する組織の名称及び所在地である。

### b) 聴聞の主宰者

聴聞は，行政庁が指名する職員等（**主宰者**）が主宰する（法19条1項）。

聴聞の通知を受けた者（**当事者**）等の一定の関係者は，主宰者となることができない（同条2項）。もっとも，処分の担当者等については制限がない。

主宰者は処分について意見を述べる立場にある（⇨ 後記f)）。ある程度独

立して手続を主宰することが想定されているから，処分に直接関与している職員の指名は避けるべきであろう。

c） **参加人**

主宰者は，必要があると認めるときは，当事者以外の者であって，当該不利益処分の根拠となる法令に照らし，当該不利益処分につき利害関係を有すると認められる者（関係人）に対し，当該聴聞に関する手続に参加することを求め，または参加を許可できる（法17条1項）。

d） **文書等の閲覧**

当事者及び（当該不利益処分により自己の利益を害される）参加人は，聴聞の通知があったときから聴聞が終結するときまでの間，行政庁に対し，当該事案についてした調査の結果にかかる調書その他の当該不利益処分の原因となる事実を証する資料の閲覧を求めることができる（法18条1項前段）。行政庁は，第三者の利益を害するおそれがあるとき，その他正当な利益があるときでなければ，その閲覧を拒むことができない（同項後段）。**文書閲覧**（⇒ 第1章第5節 II ❷）の例である。

e） **聴聞の実施**

聴聞は，あらかじめ通知された期日及び場所で，当事者，参加人，行政庁の職員を一堂に集め，主宰者が主宰して行われる。行政庁が公開を相当と認めるときを除き，原則として公開されない（法20条6項）。

主宰者は，最初の聴聞期日の冒頭において，行政庁の職員に，予定される不利益処分の内容及び根拠となる法令の条項並びにその原因となるべき事実を，聴聞の期日に出頭した者に対し説明させなければならない（同条1項）。

当事者または参加人は，聴聞の期日に出頭して，意見を述べ，証拠書類及び証拠物（証拠書類等）を提出し，主宰者の許可を得て行政庁の職員に質問を発することができる（同条2項）。

主宰者は，当事者または参加人に質問を発し，意見の陳述または証拠書類等の提出を促し，行政庁の職員に説明を求めることができる（同条4項）。

f） **聴聞調書及び報告書の作成**

主宰者は，聴聞の審理の経過を記載した**調書**を作成しなければならない（法24条1項）。また，聴聞の終結後速やかに，不利益処分の原因となる事

実に対する当事者等の主張に理由があるかどうかについての意見を記載した**報告書**を作成し，調書とともに行政庁に提出しなければならない（同条3項）。

### g）処分

行政庁は，不利益処分の決定をするときは，上記の調書の内容及び主宰者の意見を十分に参酌しなければならない（法26条）。

行政庁は主宰者の意見に拘束されるわけではない。しかし，意見に反して処分が行われた場合は，訴訟においてその事実が考慮される可能性がある。

## （4）弁明の機会の付与

弁明の機会の付与は，聴聞に比べるとかなり簡略な手続である。通知，弁明書の提出，処分という順序で行われる。

### a）通知

行政庁は，弁明書の提出期限までに相当な期間をおいて，不利益処分の名あて人となるべき者に対し，一定の事項を書面により通知しなければならない（法30条）。

通知すべき事項は，①予定される不利益処分の内容及び根拠となる法令の条項，②不利益処分の原因となる事実，③弁明書の提出先及び期限である。

### b）弁明書の提出

弁明は，行政庁が口頭ですることを認めたときを除き，弁明を記載した書面（弁明書）を提出してする（法29条1項）。

弁明をするときは，証拠書類等を提出することができる（同条2項）。

## ❹ 処分等の求め

2014（平成26）年の行政手続法改正により，処分等の求めに関する規定が新設された。違法行為がある場合に，一般人からの通報を促す制度である。

何人も，法令に違反する事実があるが，その是正のためにされるべき処分または行政指導がされていないと思料するときは，当該処分の権限を有する行政庁等に対し，その旨を申し出て，行政処分または行政指導をするよう求めることができる（法36条の3第1項）。

処分等の求めがあった場合，行政庁等は必要な調査を行わなければならない。申出者に申請権（⇨ 前記❷）を付与する趣旨とは解されないので，行政庁等の対応に不服があっても，訴訟を提起して争うことはできない。

## ❺ 届出

**届出**とは，**行政庁に対し一定の事項を通知する行為（申請に該当するものを除く）であって，法令により直接に当該通知が義務づけられているもの**をいう（法2条7号）。住所を変更した場合の転入届がその例である（住民基本台帳法22条1項）。

届出の場合，私人による通知が形式上の要件を満たせば，行政庁の判断を待つことなく，法令の定める効果が発生する。「届出」と呼ばれても，行政庁に実質的な判断権が認められている場合は，申請に対する処分にあたる。戸籍の「届出」（戸籍法25条以下）がその例である。

届出が，届出書の記載事項に不備がないこと，必要な書類が添付されていること，その他の法令に定められた届出の形式上の要件に適合している場合は，法令により当該届出の提出先とされている機関の事務所に到達したときに，当該届出をすべき手続上の義務が履行されたものとする（法37条）。

この規定の趣旨は，申請に対する処分に関する審査開始義務の規定（法7条）と同じく，行政庁による受理の拒否等を禁じる点にある（⇨ 前記❷(3)）。

### COLUMN 3-10　　　届出の争い方

届出が形式上の要件を満たしているかどうかについて，私人と行政庁で判断が分かれることもありうる。この場合の争い方については，行政庁による不受理を処分と見なし，取消訴訟等で争うべきとする見解と，届出の存否を前提とした訴訟（確認訴訟等）で争うべきとする見解がある。

# 第3節　行政契約

SECTION 3

## I. 行政契約とは何か

### ❶ 行政契約の意義

**行政契約**とは，**行政主体が当事者となる契約**をいう。

公害防止のために，行政主体と事業者が締結する公害防止協定がその例である。

かつては，公法私法二元論（⇨ 第1章第1節Ⅲ❷）により，行政主体が当事者となる契約を公法上の契約と私法上の契約に分け，前者のみが行政法学の対象とされていた。しかし，行政主体が当事者となる契約を広く行政契約と見て，一般的な民事上の契約との共通点や相違点を明らかにすべきである。

### ❷ 行政契約の種類

#### （1）行政契約の主体

行政契約には，行政主体と私人の間で締結されるものと，行政主体間で締結されるものがある。多くは前者であるが，後者の例として教育事務の委託（学校教育法40条）がある。たとえば，ある地方公共団体で，小学校が遠いが，隣接地方公共団体の小学校が近くにある場合に，当該公共団体に教育を委託することができる。

#### （2）行政契約が用いられる分野

すでに検討したように，行政作用は，その目的により，規制行政，給付行政，調達行政に分けることができる（⇨ 第1章第1節Ⅰ❷）。

規制行政の分野では，基本的に行政行為等の権力的手段が使われるが，冒

頭であげた公害防止協定のように，契約が用いられることもある。こうした協定は，法定の基準を上回る義務を事業者に課す場合もあることから，法令に違反しないかが議論され，かつては法的拘束力のない紳士協定と解する見解もあった。現在では，契約にあたる場合もあることが判例でも認められている（⇨ 本節II❷(3)）。

　給付行政の分野では，公共施設や公共企業の利用（公営バスの利用など），補助金の交付など，契約によることが多い。しかし，補助金等に係る予算の執行の適正化に関する法律にもとづく補助金の交付決定が処分とされるように（⇨ 第1章第3節IV❷），権力的手段が用いられることもある。

　調達行政の分野でも，物品の購入，公共工事の発注，公共用地の取得など，契約が広く用いられている。税金の徴収，土地の収用など，権力的手段が用いられることもある。

# II． 行政契約と法

## ❶ 法律の根拠

　行政契約は当事者の合意で成立し，権力性がない。したがって，法律の留保に関する学説（⇨ 第1章第3節IV❷）のうち，全部留保説以外によれば，法律の根拠は不要である。ただし，教育事務の委託のように，行政権限の移動を伴う場合は，法律の根拠が必要である。

## ❷ 実体法上の規律

　行政契約に関する一般法は存在しないが，民事法や行政上の法の一般原則が適用される。また，個別法に定めがあればそれが適用される。

### (1) 民事法

　行政契約の性質に反しない範囲で，民事法の規定が（類推）適用される。**錯誤**（民法95条），**詐欺・強迫**（同法96条）などがその例である。

世界デザイン博事件（最判平成 16・7・13 民集 58 巻 5 号 1368 頁，百選 I 6 事件）では，市と当該市が設立した団体の間で締結された契約について，双方の代表（市長及び当該団体の会長）が同一人物であったことが問題とされた。最高裁は，当該契約は**双方代理**の規定（民法 108 条）の類推適用により無効であるが，議会の議決により，**無権代理行為の追認**の規定（同法 116 条）が類推適用され，有効であると判断した。

## (2) 行政上の法の一般原則

すでに検討した行政上の法の一般原則（⇨ **第 1 章第 2 節 III ❸**）は，行政契約にも適用される。平等原則に関する判例として紹介した高根町簡易水道事業給水条例事件（最判平成 18・7・14 民集 60 巻 6 号 2369 頁，百選 II 155 事件）は，行政契約（給水契約）に関する事件である。

## (3) 個別法による規律

日常生活に不可欠なインフラについて，契約の締結が義務づけられることがある（**契約締結強制**）。たとえば水道法は，「水道事業者は，事業計画に定める給水区域内の需要者から給水契約の申込みを受けたときは，正当の理由がなければ，これを拒んではならない」（15 条 1 項）と定め，その違反に刑事罰を科している（53 条 3 号）。要綱行政（⇨ **COLUMN 3-11**）において，給水拒否が行政指導の担保手段とされたことから，「正当の理由」の意義が問題となった。

武蔵野市水道法違反事件（最決平成元・11・8 判時 1328 号 16 頁，百選 I 92 事件）では，A 市が宅地開発指導要綱（本件要綱）を定め，一定の建築行為について，市長との事前協議，住民の同意取得，負担金の納付等を義務づけ，これに従わない場合は上下水道等の協力を行わないと定めていた。建設会社 B が本件要綱に従うことなくマンション建築に着手し，給水を求めたが，A 市がこれを拒否したので，市長 X が水道法違反で起訴された（刑事訴訟）。

最高裁は，X 及び A 市は，本件要綱を守らせるための圧力手段として契約締結を拒んでおり，給水が公序良俗違反を助長するような事情もなかったことからすると，締結拒否に正当の理由は認められないとして，X を有罪とした。行政指導に従わないことは「正当の理由」にあたらないとされたわけである。

「正当の理由」にあたるとされた例として，志免町給水拒否事件がある（最判平成 11・1・21 民集 53 巻 1 号 13 頁）。慢性的な水不足に悩む Y 町が，水道事業給水規則により，一定戸数以上の住宅を建設する者には給水しない旨を定めていた。X がマンション建設のため給水申込みをしたところ，Y 町が上記規則にもとづいてこれを拒否したので，X が給水申込みに対する承諾等を求める民事訴訟を提起した。

最高裁は，水道法にいう「正当の理由」とは，水道事業者の正常な企業努力にもかかわらず，給水契約の締結を拒まざるを得ない理由を指すとした。そして，近い将来水不足が確実に予見される地域では，新たな給水申込みのうち，需要量が特に大きく，住宅供給業者が住宅分譲目的でしたものについては，給水契約の締結を拒否できるとし，X の請求を認めなかった。

個別法との関係が争われた興味深い例として，福間町公害防止協定事件がある（最判平成 21・7・10 判時 2058 号 53 頁，百選 I 93 事件）。産廃処分業者 Y は，産廃処分場（本件処分場）の設置を県知事に届け出て，その使用を開始した。廃棄物の処理及び清掃に関する法律（以下，本節では「廃掃法」という）の改正により，Y は県知事から本件処分場の設置許可を受けたものとみなされた。その後，本件処分場が所在する A 町と Y が公害防止協定（本件協定）を締結し，本件処分場の使用期限を定めた。当該期限経過後も Y が本件処分場の使用を続けたため，合併により A 町の地位を承継した X 市が，本件協定にもとづき，本件処分場の使用差止めを求める訴訟を提起した。原審は，本件協定は知事による許可に期限を付すに等しいものであり，廃掃法に違反するから法的拘束力がないとして，請求を棄却した。

最高裁は，廃掃法の趣旨からすれば，知事の許可は処分業者に事業等を継続する義務を課すものではないとし，処分業者による事業等の廃止も，知事への届出で足りるとされていることを指摘する。そうすると，事業等を将来廃止する約束は，処分業者の自由な判断で行えることであり，その結果，許可が有効な間に事業等が廃止されたとしても，廃掃法に何ら抵触するものではないから，本件協定の定める使用期限は違法ではないと判示した。

廃掃法の趣旨解釈によって公害防止協定の適法性を認めたもので，妥当な判断と思われる。もっとも，「自由な判断で行える」という判示からすれば，

協定の締結が強制にわたる場合は別であろう。公害防止協定に契約としての法的拘束力を認めた点も重要である（⇨本節 I ❷ (2)）。

## ❸ 手続法上の規律

行政契約の手続についても，一般法は存在しない。契約締結の適正を確保するために，一般競争入札によることが原則とされている（会計法 29 条の3・29 条の 5，地方自治法 234 条）。

地方公共団体が締結する契約については，一定の場合に議会の議決が要求されている（地方自治法 96 条 1 項 5 号以下）。

# III. 救済手段

## ❶ 契約の相手方

行政契約について紛争が生じた場合，民事上の契約と同様の形で訴訟を提起できる。もっとも，契約締結が拒否されたときは，契約締結上の過失が問題となる場合を除き，相手方は訴訟で争うことができない。ただし，契約締結強制があるときは別であり（⇨本節 II ❷ (3)），申込みに対する承諾を求める訴訟を提起することができる（前掲最判平成 11・1・21 参照）。

なお，補助金適正化法のように，給付等が契約ではなく処分による場合は，相手方は拒否処分の取消訴訟で争うことができる。

## ❷ 第三者

行政契約の第三者は，訴訟を提起して争うことが困難である。

地方公共団体については，住民訴訟（地方自治法 242 条の 2）が設けられている（⇨ COLUMN 6-3）。そこで，行政契約によって当該地方公共団体に財産的な損害が生じている場合は，住民であれば誰でも訴訟を提起して争うことができる。

# 第4節　　　　行政指導

SECTION 4

## Ⅰ。行政指導とは何か

### ❶ 行政指導の意義

　**行政指導**とは，行政機関がその任務又は所掌事務の範囲内において一定の行政目的を実現するため特定の者に一定の作為又は不作為を求める指導，勧告，助言その他の行為であって処分に該当しないもの（行政手続法2条6号）をいう。

　この定義で「処分に該当しない」とは，**行政指導の相手方にはこれに従う法的義務がない**との趣旨である。すなわち，すでに検討した行政行為（⇨ 本章第2節Ⅰ❶）と異なり，行政指導は権力性のない事実行為である。

　マンション建設をめぐる紛争に際し，市の職員が階数を減らすよう建築主に指導する場合がその例である。

### ❷ 行政指導のメリット・デメリット

　日本では行政指導が多用されており，比較法的な特色とされる。行政指導が使われる理由として，①法律の根拠が不要とされているため（⇨ 本節Ⅱ❶），行政需要に迅速・柔軟に対応できること，②特に地方公共団体では，法令上の権限が不十分である一方，条例制定権の限界（⇨ 第1章第2節Ⅱ❺）が不明確だったため，行政指導に訴えるほかなかったこと，③権力的な手段の使用をきらう風土があることなどがあげられている。

　他方で，行政指導の問題点としては，①法的には従う義務がなくとも，行政主体がもつ種々の権限を背景に，相手方に事実上強制される場合が少なくないこと（⇨ 本節Ⅱ❷），②非公式に行われる場合が多いので，相手方との

癒着を招きやすいこと，③救済手段が不十分であること（⇨ 本節Ⅲ）があげられる。

---

COLUMN **3-11**　　　　　　　　　　　要綱行政

　高度成長期，乱開発によってスプロール現象（無秩序な市街地の拡大），日照問題などの住環境の悪化，公共施設（学校等）の不足等の問題が生じた。しかし，当時の法制度の下では解決が困難だったため，地方公共団体が行政指導によって対処し，その基準を開発指導要綱等で定めた。これを要綱行政という。

　要綱には，①開発を行う際に地方公共団体と協議すること（協議条項），②住民の同意を得ること（同意条項），③公共施設のための負担金を支払うこと（負担金条項），④指導に従わない場合に制裁（氏名公表，建築確認の留保，給水拒否等）を科すこと（制裁条項）等が定められていた。

　法的には種々の問題があり，行政手続法に行政指導に関する詳細な規律がおかれる要因ともなった。もっとも，当時の状況下で要綱行政が果たした役割は，けっして軽視できないと思われる。

---

## ③　行政指導の種類

　行政指導は，①規制的行政指導，②助成的行政指導，③調整的行政指導に分類される。

　**規制的行政指導**とは，**私人の活動を制限するためにされるもの**をいう。違法建築物に対して是正命令（建築基準法9条1項）をする前に，行政指導で是正を求める場合がその例である。

　**助成的行政指導**とは，**私人に対するサービスとしてされるもの**をいう。農家に対して農作物の品種改良を指導する場合がその例である。

　**調整的行政指導**とは，**関係者間の利害調整のためにされるもの**をいう。マンション紛争がある場合に，建築主と周辺住民の間で調整するために指導をする場合がその例である。

　この分類は相対的なものである。たとえば，建築主に対する指導は規制的であるが，住民との関係では調整的行政指導にもあたる。

# II. 行政指導と法

## ❶ 法律の根拠

行政指導は権力性のない行為であるから，全部留保説をとらないかぎり，法律の根拠は必要ない。判例も法律の根拠を要求していない。

もっとも，侵害留保説をとる有力な論者は，規制的行政指導については，事実上の強制になりうるとして，法律の根拠が必要と主張していた（田中二郎『司法権の限界』〔弘文堂，1976 年〕288 頁）。この問題には，むしろ，行政指導が事実上の強制にあたらないかをチェックすることで対処すべきであろう（⇨ 後記❷）。

いずれにしても，行政指導は，行政機関の任務または所掌事務の範囲内で行われなければならない（行政手続法 32 条 1 項）。

## ❷ 実体法上の規律

行政上の法の一般原則は，行政指導にも適用される。

また，すでに述べたように，行政指導の最大の問題は，**事実上の強制**となりうることである。この点についてはいくつかの重要判例がある。

まず，行政指導に従わせるために，**授益的行政行為を留保**することがある。リーディング・ケースは品川マンション事件である（最判昭和 60・7・16 民集 39 巻 5 号 989 頁，百選 I 124 事件）。マンション建設をめぐって建築業者 X と周辺住民の間に紛争が生じ，東京都の建築主事が X への建築確認の留保をするとともに，都の担当課が調整的行政指導を行った。X は指導に応じていたが，都が新高度地区案を公表し，その施行により設計変更が必要となることから，X は建築確認を求める審査請求を行った。のちに周辺住民との示談が成立し，建築確認もされたが，その遅延によって損害を受けたとして，X が東京都に損害賠償を求めた（⇨ 図 3-12）。

最高裁は，①相手方が行政指導に任意に応じている間は建築確認を留保できる，②しかし，これに応じない意思を真摯かつ明確に表明したときは留保

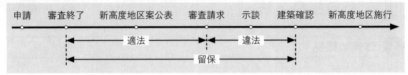

◉ 図 3-12　品川マンション事件の経過

は許されない、③もっとも、行政指導に対する不協力が社会通念上正義の観念に反するような「特段の事情」がある場合は別である、という判断枠組みを示した。本件では、Xが審査請求をした時点で真摯かつ明確な意思の表明があり、それにはやむを得ない事情があったから、上記「特段の事情」も認められないとして、Xの請求を一部認容した。

　これに対し、**行政指導の強制**が正面から争われたケースとして、武蔵野市教育施設負担金事件がある（最判平成 5・2・18 民集 47 巻 2 号 574 頁、百選 I 98 事件）。Xはマンション建設を計画したが、Y市の職員から宅地開発指導要綱（本件要綱）にもとづく教育施設負担金の支払を指導され、制裁をおそれてこれに応じた。この指導が事実上の強制として違法な公権力の行使（国家賠償法 1 条 1 項）にあたり、Xが損害賠償を請求できるかが争われた。

　最高裁は、本件要綱の文言及び運用の実態からすると、上下水道の利用拒否を背景として負担金の納付を事実上強制したものであり、違法な公権力の行使にあたると判示した。

　これらの判例をふまえ、行政手続法は、行政指導の限界について、次の規定をおいている。

　行政指導の内容はあくまで相手方の任意の協力によって実現されるものである（行政手続法 32 条 1 項）。

　行政指導に従わなかったことを理由に、不利益な取扱いをしてはならない（同条 2 項）。

　申請の取下げ等を求める行政指導については、申請者が当該指導に従わない旨を表明した場合、当該行政指導を継続すること等により、申請者の権利行使を妨げてはならない（同法 33 条）。

　許認可等の権限等をもつ行政機関が、当該権限を行使することができない場合や行使する意思がない場合にする行政指導については、当該権限を行使

しうる旨をことさらに示すことにより相手方に当該行政指導に従うことを余儀なくさせてはならない（同法34条）。

---

**COLUMN 3-12 品川マンション事件と行政手続法33条**

品川マンション事件では，相手方が行政指導に応じない意思を真摯かつ明確に表明した場合でも，「特段の事情」があれば建築確認を留保できるとされている。他方，行政手続法33条は，申請に関する行政指導については，相手方がこれに従う意思がない旨を表明した場合には，行政指導を継続できないと定めている。条文からは，行政手続法は判例を変更したようにも見える。しかし，同法は判例を変更する趣旨ではなく，明文規定がなくとも，「特段の事情」があれば留保を認める趣旨と一般に解されている。

---

## ❸ 手続法上の規律

行政手続法は，行政指導の手続について，次の規定をおいている。

行政指導に携わる者は，その趣旨・内容・責任者を相手方に明確に示さなければならない（行政手続法35条1項）。

行政指導をする際に，行政機関が許認可等の権限等を行使しうる旨を示すときは，当該権限の根拠となる法令の条項等を相手方に示さなければならない（同条2項）。

同一の行政目的のために，一定の条件に該当する複数の者に行政指導をするときは，あらかじめ行政指導指針を定め，原則としてこれを公表しなければならない（同法36条）。行政指導指針を定めるときは，意見公募手続によらなければならない（⇨ 本章第1節Ⅱ❹）。

# Ⅲ。 救済手段

## ❶ 行政指導の中止等の求め

法令違反行為の是正を求める行政指導の相手方は，当該指導が違法と考え

るときは，その中止等を求めることができる（行政手続法36条の2）。

　他方，法令違反の事実がある場合，何人もその是正のための行政指導をするよう求めることができる（同条の3第1項）。

　これらの規定は2014（平成26）年の改正で新設された（⇨ COLUMN 6-17）。申請権（⇨ 本章第2節VII❷）を認める趣旨とは解されないので，行政の対応に不服があっても，訴訟で争うことはできない。

## ❷ 取消訴訟

　行政指導は非権力的な事実行為であるから，処分（行政事件訴訟法3条2項）にはあたらず，取消訴訟で争うことはできない。もっとも，病院開設中止勧告事件（最判平成17・7・15民集59巻6号1661頁，百選II 160事件）では，制度のしくみを考慮して，行政指導（勧告）に処分性が認められている（⇨ 第6章第2節 I ❸(2)）。

## ❸ 損害賠償訴訟

　行政指導によって損害を受けた場合，損害賠償を請求できる。通説・判例によれば，行政指導は広い意味での公権力の行使にあたるとして，国家賠償法1条が適用される（⇨ 第7章第1節 II ❷(1)）。

　ただし，相手方には行政指導に従う法的義務がないので，任意に従ったとして相当因果関係等が否定される可能性もある。

第5節 　　　　　　行政計画

**SECTION 5**

# Ⅰ. 行政計画とは何か

## ❶ 行政計画の意義

　**行政計画**とは，**行政主体が一定の行政目的を提示し，そのための手段と手続を総合的に定める行為**をいう。

　市町村が定める都市計画の基本的な方針（マスタープラン）がその例である（都市計画法18条の2）。

　計画には，目的を設定し，そのための手段や手続を総合的に定める（目的→手段）という特色がある（**目的手段プログラム**）。この点で，要件とその効果を定める（要件→効果）法規範（**要件効果プログラム**）とは異質である。

## ❷ 行政計画の種類

　行政計画はさまざまな観点から分類できる。

　対象とする期間により，①長期計画（10年以上），②中期計画（3〜5年程度），③短期計画（1〜2年程度）に分けることができる。

　対象分野により，①都市計画，②経済計画，③福祉計画などに分けることができる。

　具体性により，①基本計画，②実施計画に分けることができる。

　法律との関係により，①法律に根拠をもつ法定計画，②根拠がない事実上の計画に分けることができる。

　私人に対する法的拘束力により，①拘束的計画，②非拘束的計画に分けることができる。

### ❸ 行政計画の法的性質

行政計画といってもその法的性質はさまざまである。すなわち，①法的効果をもたない事実行為にあたるもの，②行政内部でのみ拘束力をもつ行政規則にあたるもの，③（広い意味での）行政指導にあたるもの，④法規命令にあたるもの，⑤行政行為にあたるものなどがある。具体的な行政計画について，それぞれの法的性質を判断する必要がある。

このように，行政計画は，行政立法・行政行為・行政契約・行政指導と並ぶ行為形式とはいえない。しかし，上記❶のような特色を持つことから，行為形式に準じて検討すべきである。

## Ⅱ．行政計画と法

### ❶ 法律の根拠

行政計画の法的性質はさまざまなので，法律の根拠についても一律には判断できない。侵害留保説と権力留保説によれば，拘束的計画には法律の根拠が必要であるが，非拘束的計画には不要となる。全部留保説によれば一般に必要となる。重要事項留保説によれば，行政計画のうち社会の方向性を決定する重要なもの（国土形成計画法にもとづく国土形成計画など）については，法律の根拠が必要となる。

### ❷ 実体法上の規律

行政計画に関する一般的な規律は存在しない。信頼保護，平等原則，比例原則等，行政上の法の一般原則は適用される。

個別法に規定があればそれが適用される。たとえば，都市計画については，その目標（都市計画法1条・2条），考慮事項（同法13条1項各号），他の計画との整合性（同法13条1項柱書前段），自然的環境の整備または保全への配慮（同法13条1項柱書後段）等が定められている。

行政計画には，一般に広い裁量があるとされる（**計画裁量**）。行政活動が法令によって細部まで拘束されているときは，それを忠実に執行すればよいから，計画は必要ない。したがって，計画に裁量はつきものともいえる。もっとも，どの程度広い裁量が認められるかは，個別に検討すべきである（⇨ 第 1 章第 4 節 II ❹）。

　この点についての判例として，小田急訴訟（本案）がある（最判平成 18・11・2 民集 60 巻 9 号 3249 頁，百選 I 75 事件）。建設大臣が，都市計画法 59 条 2 項にもとづき，東京都に対し，小田急線の連続立体交差化（高架化）に関する都市計画事業の認可（本件認可）等をしたので，周辺住民らが本件認可等の取消訴訟を提起した（原告適格も争われたが，この点は**第 6 章第 2 節 II**で検討する）。本件認可は，都市施設（都市高速鉄道）に関する都市計画決定にもとづくもので，当該決定が，環境面・経済面で優れた地下式ではなく，高架式を採用した点で違法といえるかが，主な争点となった。

　最高裁は，都市計画法所定の基準に従って都市施設の規模，配置等に関する事項を決定する際には，当該都市施設に関する諸般の事情を総合的に考慮した上で，政策的，技術的な見地から判断することが不可欠であり，その判断は行政庁の広範な裁量にゆだねられているとする。そこで，当該決定は，重要な事実の基礎を欠く場合，または，事実に対する評価が明らかに合理性を欠くこと，判断の過程において考慮すべき事情を考慮しないこと等によりその内容が社会通念に照らし著しく妥当性を欠くと認められる場合にかぎり，裁量権を逸脱濫用したものとして違法となるとした。本件認可の基礎とされた都市計画決定については，環境への影響が適切に配慮されていること等から，裁量権の逸脱濫用は認められないとして，請求を棄却した。

　本判決は，都市施設に関する都市計画決定に「広範な裁量」を認めているが，「判断の過程において考慮すべき事情を考慮しないこと等により」との判示からわかるように，判断過程審査（⇨ 第 1 章第 4 節 III ❸）を行っている。

## ❸　手続法上の規律

　行政計画の手続についても，一般的な規律は存在せず，個別法の定めると

ころによる。

たとえば，都市計画については，案の作成（都市計画法 15 条の 2），私人による提案（同法 21 条の 2 以下），調査（同法 25 条以下），公聴会（同法 16条），案の縦覧（同法 17 条），決定（同法 18 条・19 条），告示（同法 20 条）という手続が定められている。

土地利用計画等については，一般的な手続を設けるべきことが主張され，具体的な提案もなされているが，立法化には至っていない。

# Ⅲ。 救済手段

## ❶ 取消訴訟

行政計画のうち，拘束的計画については，取消訴訟の対象となる「処分」（行政事件訴訟法 3 条 2 項）にあたるかが争われている（⇨ 第 6 章第 2 節 I ❺(3)）。現在の判例では，土地区画整理事業の事業計画には処分性が認められている一方（浜松市土地区画整理事業計画事件についての最大判平成 20・9・10 民集 62 巻 8 号 2029 頁，百選Ⅱ 152 事件），用途地域の指定については否定されている（盛岡用途地域指定事件についての最判昭和 57・4・22 民集 36 巻 4号 705 頁，百選Ⅱ 153 事件）。

行政計画そのものに処分性が認められない場合でも，当該計画にもとづく処分の取消訴訟等において，その違法を主張することは可能である（前掲最判平成 18・11・2 参照）。

## ❷ 損害賠償訴訟

行政計画の作成・変更等によって損害を受けた場合，損害賠償を請求できる。たとえば，行政計画が変更された場合に，これを信頼した者の保護が問題となりうるが，この点についてはすでに検討した（⇨ 第 1 章第 2 節Ⅲ ❸(1)）。

# 演習問題

**Q1.** 独立命令・緊急命令（大日本帝国憲法9条・8条）の意味を確認したうえで，現行憲法上これらが認められない理由を説明しなさい。

**Q2.** A市の職員Bが，市長から懲戒免職処分（地方公務員法29条1項）を受けた。この事例に則して，行政行為の公定力と不可争力の意味を説明しなさい。

**Q3.** 武蔵野市水道法違反事件（最決平成元・11・8）と志免町給水拒否事件（最判平成11・1・21）を参考にして，どのような場合に水道法15条1項にいう「正当の理由」が認められるかを検討しなさい。

**Q4.** A市では，建設業者Bが建築を計画しているマンション（本件マンション）をめぐって，これに反対する周辺住民との間で紛争が生じている。Bは，A市の建築主事に対し，本件マンションについて建築確認（建築基準法6条1項）を申請したが，A市の担当課は，Bに対し，周辺住民と協議するよう指導した。しかし，Bは，本件マンションは建築基準関係規定（同項）に適合しているから，協議の必要はないとして，ただちに建築確認をするようA市に求めた。この場合，建築主事は建築確認を留保することができるか。A市の行政手続条例には，行政手続法33条と同旨の規定があるものとする。

**Q5.** 行政計画の法的性質はさまざまであり，個別に検討する必要がある。土地区画整理事業の事業計画決定（土地区画整理法52条1項）について，その法的性質を検討しなさい。

## 解答例

**CHAPTER 3 - ANSWER**

**1.** 独立命令とは，天皇が，法律を執行するため，または，公共の安寧秩序を保持し，臣民の幸福を増進するために発する命令をいう（大日本帝国憲法9条）。緊急命令とは，天皇が，公共の安全を保持し，またはその災厄を避けるため，緊急の必要によって，帝国議会が閉会している場合に，法律に代えて発する命令をいう（同法8条1項）。いずれも，法律にもとづくことなく，天皇が制定できる。

　日本国憲法では，国会が唯一の立法機関とされているので（憲法41条），法律にもとづかない独立命令・緊急命令は認められない。

⇨ 本章第1節Ⅱ❶・❷(1)

**2.** 行政行為の公定力とは，行政行為が違法であっても，権限ある機関によって取り消されるまでは，有効なものとして取り扱われることをいう（⇨ 本章第3節Ⅲ❶(1)）。設例でいえば，職員Bが懲戒免職処分を違法と考えても，取消訴訟等を提起して争わなければならず，裁判所等によって当該処分が取り消されてはじめて，公務員の地位を回復できる。

　行政行為の不可争力とは，取消訴訟の出訴期間が過ぎると，行政行為をもはや争えなくなることをいう（⇨ 本章第3節Ⅲ❷）。設例でいえば，懲戒免職処分が通知されてから6か月を経過すると，取消訴訟の出訴期間が経過し（行政事件訴訟法14条1項本文），当該処分が違法であったとしても，もはやこれを争うことができなくなる。

**3.** 武蔵野市水道法違反事件では，行政指導に従わないことは，「正当の理由」にあたらないとされたが，①公序良俗違反を助長する場合は，これにあたるとされている。また，志免町給水拒否事件では，②水道事業者の正常な企業努力にもかかわらず，給水契約を拒まざるを得ない場合

（近い将来水不足が確実に予見される場合など）は、「正当の理由」にあたると
されている。　　　　　　　　　　　　　　　⇨ 本章第 3 節 II ❷ (3)

**4.** 行政手続法 33 条は、申請の取下げ等を求める行政指導について、行政
指導にたずさわる者は、「申請者が当該行政指導に従う意思がない旨を
表明した」場合、当該申請者の権利行使を妨げてはならないと定める
（⇨ 本章第 4 節 II ❷）。

　設例においては、建設業者 B は、A 市の担当課に対し、周辺住民と
の協議を求める行政指導に対し、これにしたがう意思がない旨を表明し
ている。そうすると、A 市は B の権利行使を妨げることができず、建
築確認を留保することは許されないとも考えられる。

　もっとも、行政手続法 33 条については、品川マンション事件（最判昭
和 60・7・16）を変更する趣旨ではなく、明文規定はないものの、同判決
にいう「特段の事情」がある場合は、建築確認を留保することができる
と解されている（⇨ COLUMN 3-12）。そうすると、B が周辺住民との協議
にまったく応じなかったことが、「特段の事情」にあたるとすれば、建
築主事は建築確認を留保することもできることになる。

**5.** 土地区画整理事業の事業計画決定については、それが公告されることに
より、対象地区の土地利用が制限され（土地区画整理法 76 条）、当該事業
計画にしたがって事業が進められ、最終的には換地処分によって権利変
動が生じる（同法 104 条）。そこで、浜松市土地区画整理事業計画事件
（最大判平成 20・9・10）では、事業計画決定に処分性が認められている
（⇨ 第 6 章第 2 節 I ❺ (3)）。そうすると、当該決定は、行政行為（処分）に
あたると考えられる。

第 **4** 章

行政上の実効性確保手段

## はじめに

本章では，**行政上の実効性確保手段**について検討する。

行政主体が行政行為等を行ったとしても，相手方である私人がこれに従ってくれるとは限らない。そこで行政活動の実効性をどのように確保するかが問題となる。

たとえば，県知事が違法建築物の建築主に除却命令（建築基準法9条1項）を行ったが，建築主が命令に従わないとする。県知事は，行政代執行法にもとづいて，建築主に代わって当該建築物を除却する（取り壊す）ことができる（行政代執行）。また，命令違反に対しては，懲役または罰金が科されることになっている（行政刑罰，建築基準法98条1項1号）。

行政上の実効性確保手段には，①行政上の義務を実力で履行させる**行政上の強制執行**（第1節），②あらかじめ義務を課すことなく，直接国民の身体または財産に強制を加える**即時強制**（第2節），③行政上の義務違反等に対し，不利益を課す**行政上の制裁**（第3節）がある（⇨ 図4-1）。

● 図4-1　行政上の実効性確保手段

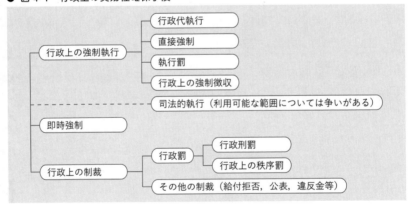

# 第1節　行政上の強制執行

SECTION 1

## I. 行政上の強制執行とは何か

**行政上の強制執行**とは，**行政上の義務を実力で履行させる作用**をいう。行政代執行法にもとづく上記の行政代執行がその例である。

私人の間では，**自力救済禁止の原則**が適用される。したがって，自分に権利があると考えても，自らそれを実現することはできない。訴訟を提起し，勝訴判決を得て，裁判所に強制執行してもらう必要がある。

これに対し，行政主体については，行政上の義務を私人が履行しない場合，裁判所に訴えることなく，自ら強制執行できる場合がある（⇨ 第3章第2節 Ⅲ**❸**）。

もっとも，現在では，行政上の強制執行ができるのは，法律に明文の規定がある場合に限られると考えられている。行政代執行法1条は，「行政上の義務の履行確保に関しては，別に法律で定めるものを除いては，この法律の定めるところによる」と定めている。この規定は，行政上の強制執行（行政上の義務の履行確保）については，法律によってのみ定めうることを明らかにしたものと解されている。

行政上の強制執行には，①行政代執行，②直接強制，③執行罰，④行政上の強制徴収がある。そのほか，⑤行政主体が私人と同じように裁判所による強制執行（司法的執行）を利用できるかが争われている。

---

COLUMN **4-1**　　行政上の強制執行制度の変遷

明治憲法（大日本帝国憲法）のもとでは，行政上の強制執行に関する一般法として，行政執行法が存在した。同法により，行政代執行，直接強制，執行罰を行うことができた。金銭債権については，現在と同様，国税徴収法等に定められていた。

行政執行法が濫用されたことを理由に，第二次世界大戦後，同法は廃止され，代わりに行政代執行法が制定された。同法は，名称通り，行政代執行についてのみ定めている。直接強制及び執行罰は，個別法の定めによることになったが，その例は非常に少ない。

　このように，戦後，行政上の強制執行の利用は制限されたが，その代わりに，行政刑罰を網羅的に定める方針がとられた。裁判所によって科せられるので，人権保障の点で問題が少ないと考えられたからである。

　もっとも，行政代執行と行政刑罰は期待された役割を十分果たしておらず，現行制度には実効性確保の点で問題があるとの指摘がある（⇨本節Ⅵ❶）。

# Ⅱ． 行政代執行

## ❶ 意義

　**行政代執行**とは，**代替的作為義務を義務者が履行しない場合，行政庁が本人に代わって当該義務を履行する作用**をいう。行政代執行法が一般法であり，以下でも主として同法について検討する。

　たとえば，冒頭であげたように，建築主が除却命令に従わないときに，行政庁が本人に代わって当該建築物を除却する場合である。

　**代替的作為義務**とは，**義務者本人に代わって他人が履行できる作為義務**をいう。建築物の除却義務がその例である。非代替的な作為義務（本人による占有の解除を必要とする建物の明渡義務など），不作為義務（建築禁止命令によって課された義務など），受忍義務（健康診断の受診命令によって課された義務など）については，代執行を用いることができない。

## ❷ 要件

　行政代執行法による代執行の要件は，①その対象となる義務が，法律（法律の委任にもとづく命令，規則及び条例を含む）により直接に命じられ，または法律にもとづいて行政庁によって命じられたものであること，②それが代

替的作為義務であること，③その義務が履行されていないこと，④他の手段によってその履行を確保することが困難であること，⑤不履行を放置することが著しく公益に反すると認められることである（行政代執行法2条）。

代執行の要件が争われた例として，茨木市職員組合事務所明渡請求事件がある（大阪高決昭和40・10・5行集16巻10号1756頁）。市長Yが，同市の職員組合Xに対し，市庁舎の一部を組合事務所として使用する許可をしていた。その後，Yは当該許可を取り消したうえ，Xに対して事務所内の存置物件の搬出にかかる行政代執行法上の戒告をした。そこで，Xが，戒告等の取消訴訟を提起するとともに，執行停止（戒告に続く代執行手続の続行停止等）を申し立てた。

大阪高裁は，①使用許可取消しによって立ち退き義務が発生するが，これは法律により直接に命じられた義務でもなければ，法律にもとづいて行政庁によって命じられた義務でもないこと，②庁舎の明渡しは本人による占有の解除を必要とし，代替的作為義務にもあたらないことを理由に，本件で代執行を行うことはできないとして，執行停止の申立てを一部認容した。

## COLUMN 4-2 自主条例にもとづく義務と行政代執行

行政代執行法1条によれば，行政上の義務の履行確保（行政上の強制執行）は，法律によって定めなければならない。ここにいう「法律」は国会が制定した法律のみをさし，条例は含まれない（⇒本節1）。

他方，同法2条は，行政代執行の対象となる義務について定める。そこにいう「法律」については，かっこ書きで「法律の委任に基づく命令，規則及び条例を含む」とされており，この点で同法1条と異なることは明らかである。

問題は，かっこ書きにいう「条例」が，「法律の委任に基づく」もの（委任条例）に限られるのか，法律の委任にもとづかない自主条例も含まれるのかである。文理解釈によれば，「法律の委任に基づく」は条例にもかかり，自主条例は含まれないことになる。

しかし，学説の多くは，地方自治を尊重する観点から，自主条例によっても，行政代執行の対象となる義務を課すことができると解している。その説明としては，「法律の委任に基づく」は条例にかからないという解釈と，地方自治法14条によって自主条例も法律によって委任されているとする解釈がある。

## ❸ 手続

　行政代執行法による代執行をするためには，まず，相当の履行期限を定め，その期限までに義務の履行がされないときは代執行をすべき旨を，あらかじめ文書で戒告しなければならない（行政代執行法3条1項）。

　当該期限までに義務者が義務を履行しないときは，行政庁は，代執行令書をもって，代執行をなすべき時期，代執行のために派遣する執行責任者の氏名及び代執行に要する費用の概算による見積額を義務者に通知する（同条2項）。

　それでも義務を履行しないときは，行政庁は，自ら義務者のなすべき行為をし，または第三者にこれをさせることができる（同法2条）。

　代執行に要した費用については，実際に要した費用の額及びその納期日を定め，義務者に対し，文書でその納付を命じなければならない（同法5条）。

　納期日までに費用を支払わないときは，国税滞納処分（⇨ 本節Ⅴ）の例により徴収することができる（同法6条1項）。

## ❹ 救済手段

　行政代執行が違法と考えるときは，戒告または代執行令書による通知の取消訴訟（行政事件訴訟法3条2項），代執行の差止訴訟（同条7項）を提起して争うことができる。

　代執行の対象となる義務を課す処分と代執行の間には，違法性の承継が認められない（⇨ 第3章第2節Ⅳ❸ (3)）。そこで，処分の違法を主張するときは，当該処分の取消訴訟を提起する必要がある（その他の強制執行も同様である）。

　事後的には，国家賠償法1条1項にもとづく損害賠償請求も可能である。

## Ⅲ。 直接強制

　**直接強制**とは，**義務者の身体または財産に直接実力を加えて，義務を履行**

させる作用をいう。

　たとえば，成田国際空港の安全確保に関する緊急措置法（成田新法）によれば，国土交通大臣は，一定区域内の工作物が多数の暴力主義的破壊活動者の集合の用に供されている場合，その所有者等に対し，当該工作物をその用に供することを禁止する命令ができる（3条1項）。命令違反がある場合，同大臣は，当該工作物について，封鎖その他その用に供させないために必要な措置を講じることができる（同条6項）。

　直接強制を定めた一般法は存在しない。現行法上の例も，成田新法のほか，学校施設の確保に関する政令21条などしかない。

　救済手段としては，直接強制が継続的性質をもつ場合は取消訴訟を，それ以外の場合は差止訴訟を提起して争うことができる。事後的には，国家賠償法1条1項にもとづく損害賠償請求も可能である。

# Ⅳ． 執行罰

　**執行罰**とは，**義務の履行を強制するために科する罰**をいう。

　たとえば，砂防法36条によれば，同法に定める義務または同法にもとづく命令によって課された義務を私人が履行しないときは，国土交通大臣等は，一定の期限を示し，その期限内に当該義務を履行しない場合，または履行が不十分な場合，500円以内において指定する過料に処すことを予告して，その履行を命じることができる。

　過料の支払を圧力として，義務を履行させる制度（**間接強制**）である。のちに述べる行政罰と似ているが，過去の義務違反に対する制裁ではなく，将来に向かって義務を履行させる手段である点が異なる。義務が履行されるまで何度でも科すことが可能である。

　執行罰についても一般法はない。現行法上，砂防法36条が唯一の例である。戦後の整理漏れで残ったといわれているが，過料の額が小さいこともあり，実際には利用されていない。しかし，過料を高額とすれば実効性を期待できること，義務が履行されるまで何度でも科せることから，立法論として，執行罰の活用が有力に主張されている。

救済手段としては，履行命令や過料の支払命令の取消訴訟がある。事後的には，国家賠償法1条1項にもとづく損害賠償請求も可能である。

# Ⅴ. 行政上の強制徴収（滞納処分）

**行政上の強制徴収（滞納処分）**とは，金銭給付義務を強制的に履行させる**作用**をいう。

たとえば，国税徴収法によれば，国税の滞納がある場合，督促状を発した日から10日を経過した日までに完納しないとき，または，国税通則法37条1項による督促の納期限までに完納しないときは，徴税職員は滞納者の財産を差し押さえることができる（国税徴収法47条1項）。税務署長はこれを公売に付して換価し（同法94条），売却代金を滞納額に配当する（同法129条）。

行政上の強制徴収についても一般法はない。国税徴収法に規定する滞納処分の例によるとする法律が多く（地方税法68条6項等），国税徴収法が実質的に一般法の役割をはたしている。

救済手段としては，督促や差押え等の取消訴訟がある。事後的には，国家賠償法1条1項にもとづく損害賠償請求も可能である。

# Ⅵ. 行政上の義務の司法的執行

## ❶ 問題の所在

戦後，行政上の強制執行については，行政代執行のみを一般的な制度とし，これを行政刑罰によって補うという方針がとられた（⇨ COLUMN 4-1）。しかし，行政代執行も，行政刑罰も，十分機能しているとはいえない。

まず，行政代執行が使われるのは実際にはまれといわれている。その理由として，①その要件が厳格であり，曖昧な部分も多いこと，②人的かつ財政的な負担が大きく，特に小さな地方公共団体には専門知識やノウハウがないこと，③費用を実際に徴収できるか不透明であること，④代執行は権力的な

印象を与えるため，私人からの反発が強いことなどがあげられている。

　行政刑罰も必ずしも十分活用されていないといわれる。その理由として，①行政上の義務違反について告発することは躊躇されがちであること，②捜査・起訴は警察・検察が行うが，犯罪が多いため行政犯まで手がまわらないこと，③罰金については制裁としての実効性に乏しいことなどがあげられている。

　そこで，行政上の義務について，裁判所による強制執行（**司法的執行**）を認めるべきとの主張が学説上有力となっている。司法的執行のメリットとして，①個別の法律の根拠がなくとも利用可能と解しうること，②裁判所の判断によるから人権侵害のおそれが小さいことがある。しかし，次に見るように，判例は消極的である。

## ❷　行政上の強制執行が可能な場合

　まず問題となったのは，行政上の強制執行を利用できる場合に，司法的執行を求めることができるか，という点である。この問題については，①行政上の強制執行が可能な場合はこれを利用すべきで，司法的執行は認められないとする通説（否定説，バイパス理論）と，②行政上の強制執行は現実には使い勝手が悪く，より権力性の少ない司法的執行を利用することはむしろ好ましいという見解（肯定説）が対立していた。

　茨城県農業共済組合連合会事件で，判例は否定説をとった（最大判昭和41・2・23民集20巻2号320頁，百選Ⅰ 108事件）。農業共済組合連合会 X が農業共済組合 A に対して農業共済保険料等の債権をもち，A はその組合員 Y に対して共済掛金等の債権をもっていた。Y が A に対する債務を履行しなかったにもかかわらず，A が法律によって認められた強制徴収権を行使せず放置していたので，X は A に代位して Y に共済掛金等の支払を求める民事訴訟を提起した（⇨ 図 4-2）。

　最高裁は，法律が A に強制徴収権を認めているのは，事業遂行上必要な財源を確保するためにその手段によることがもっとも適切かつ妥当だからであり，それにもかかわらず民事上の強制執行の手段によって債権の実現を図

● 図4-2 茨城県農業共済組合連合会事件

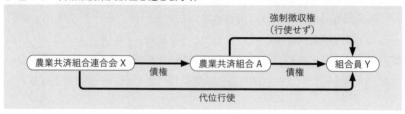

ることは，立法趣旨に反し，公共性の強い農業共済組合の権能行使の適正を欠くものとして許されないとし，請求を棄却した。

### ❸ 行政上の強制執行ができない場合

　残ったのは，行政上の強制執行ができない場合に，司法的執行を利用できるか，という問題である。学説では肯定説が有力で，これを認める下級審裁判例もあった。

　この点について判断したのが，宝塚市パチンコ店建築中止命令事件である（最判平成14・7・9民集56巻6号1134頁，百選Ⅰ109事件）。X（宝塚市）は，「パチンコ店等，ゲームセンター及びラブホテルの建築等の規制に関する条例」（本件条例）を制定し，パチンコ店等の建築等をしようとする者はあらかじめ市長の同意を得なければならないこと，建築予定地が市街化調整区域または（商業地域以外の）用途地域であるときは同意をしないこと，市長は違反者に対し建築等の中止等必要な措置を命じうることなどを定めていた（命令違反への制裁は定めていなかった）。パチンコ店の営業を計画したYは，本件条例にもとづく同意を申請し，これを拒否されたが，建築工事を強行した。そこでXは，建築中止を命じた上で，Yを被告として，建築工事の続行禁止を求める民事訴訟を提起した。

　最高裁は，①裁判所がその固有の権限にもとづいて審判できる対象は「**法律上の争訟**」（裁判所法3条1項），すなわち，**当事者間の具体的な権利義務ないし法律関係の存否に関する紛争であって，かつ，それが法令の適用により終局的に解決することができるものに限られる**とする。そして，②国また

は地方公共団体が提起した訴訟であって，**財産権の主体として自己の財産上の権利利益の保護救済を求める場合は，法律上の争訟にあたるが，**もっぱら**行政権の主体として国民に対して行政上の義務の履行を求める訴訟は，**法規の適用の適正ないし一般公益の保護を目的とするもので，自己の権利利益の保護救済を目的とするものではないから，**法律上の争訟として当然に裁判所の審判の対象となるものではなく，法律に特別の規定がある場合に限り提起できる**とした。そのうえで，③行政代執行法等の法律には，国または地方公共団体が国民に対して行政上の義務の履行を求める訴訟を提起することを認める特別の規定は存在しないから，本件訴訟は法律上の争訟にあたらないとして，訴えを不適法とした。

　①には先例があり（板まんだら事件に関する最判昭和56・4・7民集35巻3号443頁，憲法判例百選II〔第7版〕184事件。⇨ 第6章第1節III❶），②が新たな判断である。これによると，国または地方公共団体が訴訟を提起し，司法的執行を利用できるのは，法律に特別の規定がない限り，それが「財産権の主体」である場合（損害賠償を求める場合など）に限られることになる。

　この判決に対しては，学説から強い批判がある。すなわち，①この事件ではXとYの法律関係が争われており，法令の適用によって終局的に解決できるから，従来の判例によれば法律上の争訟にあたるはずである，②この判決は「行政権の主体」と「財産権の主体」を区別し，後者についてのみ法律上の争訟にあたるとしているが，このような限定には実定法上の根拠がない，③「行政権の主体」である国等に対して国民が訴訟（抗告訴訟）を提起できるにもかかわらず，国等が訴訟を提起する場合は法律上の争訟にあたらないとするのは，つじつまがあわない，などの批判である。

　その後，福間町公害防止協定事件（最判平成21・7・10判時2058号53頁，百選I 93事件）で，最高裁は，公害防止協定（行政契約）にもとづく訴えを適法と認めている（⇨ 第3章第3節II❷(3)）。そうすると，判旨にいう「行政権の主体」とは，行政主体が公権力の主体として訴訟を提起する場合をさし，財産権の主体や行政契約の主体として訴訟を提起することはできると解するようである。

# 第2節　即時強制

**SECTION 2**

**即時強制（即時執行）**とは，あらかじめ**義務を課すことなく，直接国民の身体または財産に強制を加える作用**をいう。

公園で凍死しそうな酔っ払いを警察官が保護する場合がその例である（警察官職務執行法3条1項1号）。

即時強制についても法律の根拠は必要である。即時強制は「行政上の義務の履行確保」にあたらないから，行政代執行法1条の反対解釈により，条例によって定めることも可能と解されている（⇨ **本章第1節1**）。

即時強制についても一般法はない。しかし，上記の警察官職務執行法のほか，即時強制を定める個別法は非常に多い。精神保健及び精神障害者福祉に関する法律29条による措置入院，道路交通法81条2項による道路上の工作物等の除去，銃砲刀剣類所持等取締法24条の2第2項による銃砲等の一時保管などがその例である。

この点は，直接強制や執行罰がほとんど利用されていないのと対照的である。事前に義務を課す点で，行政上の強制執行の方が人権保障に手厚いから，即時強制の安易な活用は疑問である。

即時強制の要件等は個別法の定めによる。比例原則等の行政上の法の一般原則も適用される（明文で定める例として，警察官職務執行法1条2項）。

即時強制に対する救済手段としては，継続的性質をもつものについては取消訴訟，それ以外は差止訴訟を提起できる。事後的には国家賠償法1条1項により損害賠償を請求できる。

COLUMN **4-3**　　　直接強制と即時強制の区別

　直接強制と即時強制は，国民の身体または財産に直接実力を加える点で類似している。しかし，前者はあらかじめ課された義務を履行させるために行われるのに対し，後者はあらかじめ義務を課すことなく行われる点で異なる。

　もっとも，実際には両者の区別が困難な場合もある。たとえば，出入国管理及び難民認定法 52 条による退去強制令書の執行（強制送還）については，退去強制令書によって退去義務を課し，これを執行すると解すれば，直接強制と見ることができる。これに対し，事前に退去義務を課すことなく執行すると解すれば，即時強制と見ることもできる。

# 第3節　行政上の制裁

**SECTION 3**

## Ⅰ. 行政上の制裁とは何か

　**行政上の制裁**とは，**行政上の義務違反等に対し，不利益を課す作用**をいう。本章の冒頭であげた，除却命令に従わない場合に科される行政刑罰がその例である。

　行政上の制裁には，古典的なものとして行政罰があるが，最近ではそれ以外のさまざまな制裁も利用されている。

## Ⅱ. 行政罰

### ❶ 意義

　**行政罰**とは，**行政上の義務違反に対して科せられる罰**をいう。

　行政罰は，①刑法上の刑罰を科す行政刑罰と，②過料を科す行政上の秩序罰に分けられる。

### ❷ 行政刑罰

　**行政刑罰**とは，**行政上の義務違反に対して科せられる刑法上の刑罰（死刑，懲役，禁固，罰金，拘留，科料）**をいう。

　刑罰の一種であるから，刑法総則が適用され，刑事訴訟法によって裁判所が宣告する。

　なお，刑罰の対象となる行為について，行政上の制裁金の納付を通告し，これを納付した場合に，刑事手続を免除する制度もある。道路交通法上の反則金通告制度，国税通則法上の通告処分制度がその例である。

この場合，通告の取消訴訟を提起して争いうるかが問題となる。交通反則金納付通告取消訴訟がリーディング・ケースである（最判昭和57・7・15民集36巻6号1169頁，百選Ⅱ151事件）。大阪府警察本部長が，Xに対し，道路交通法127条にもとづき，駐車違反を理由に交通反則金を納付するよう通告したので，Xが反則金を納付した上で，当該通告の取消訴訟を提起した。

最高裁は，①反則金納付の通告があっても，通告を受けた者にこれを納付すべき法律上の義務が生じるわけではなく，公訴を提起されないというにとどまり，納付しないときは公訴提起によって刑事手続が開始され，そこで反則行為となるべき事実の有無等が審判されるとする。②そうすると，道路交通法は，通告を受けた者が自由意思によって反則金を納付したときは，もはや反則行為の不成立等を主張して通告の抗告訴訟を提起することを許さないものと解すべきであるという。③通告に対する抗告訴訟が許されるとすれば，本来刑事手続の審判対象に予定されている事項を，行政訴訟手続で審判することになり，また，刑事手続と行政訴訟手続の関係について複雑困難な問題が生じるから，同法がこのような結果を予想し，これを容認しているとは到底考えられないとして，訴えを不適法とした。

この判決に対しては，反則行為の認定に不服があっても，有罪判決を受けるリスクを冒して反則金の納付を拒否することは通常期待できないから，裁判を受ける権利（憲法32条）を侵害するのではないか，という疑問がある（この判決は憲法違反とはいえないとしている）。

## ❸ 行政上の秩序罰

**行政上の秩序罰**とは，**行政上の義務違反に対して科せられる過料**をいう。刑法上の刑罰である科料と区別するため，それぞれ「あやまちりょう」，「とがりょう」と呼ぶこともある。

行政刑罰が行政目的の実質的侵害に科せられる（住民基本台帳法2条）のに対し，行政上の秩序罰は行政目的の形式的侵害（届出義務違反等）に科せられる（同法52条2項）ともいわれる。もっとも，実定法上このような区別が徹底されているわけではない。

行政上の秩序罰は刑罰ではないので，刑法総則は適用されず，非訟事件手続法（119条以下）により裁判所が科す。もっとも，地方自治法上の過料は，地方公共団体の長によって科され，地方税の滞納処分の例によって徴収される（地方自治法255条の3・231条の3）。

# Ⅲ。 その他の制裁

行政罰以外の制裁として，行政サービスの拒否，氏名等の公表，違反金などがある。

**行政サービスの拒否**は，行政上の義務違反がある場合のほか，行政指導に従わない場合などに用いられることもある。制裁としては極めて強力であるが，拒否が許されるかは個別法の解釈によって判断しなければならない（給水拒否については，⇨ 第3章第3節Ⅱ❷(3)）。

**氏名等の公表**も，行政上の義務違反のほか，行政指導に従わない場合などに行われることがある。法令に明文の規定がある場合もある（国土利用計画法26条）。有力説は，制裁目的で行われる場合は，侵害留保の考え方により，法律の根拠が必要であるのに対し，情報提供目的で行われる場合には必要ないとする。

**違反金**とは，行政上の義務違反に対して科せられる金銭上の不利益をいう。現行法上，加算税（国税通則法65条以下など），課徴金（私的独占の禁止及び公正取引の確保に関する法律7条の2など）がある。

以上は，行政目的を達成するために，私人に不利益を課す制度（制裁）である。これに対し，補助金，優遇税制など，利益を与えることによって行政目的を達成しようとする制度もある。

# 第4章 演習問題

**Q1.** 執行罰は現在ほとんど利用されていないが，立法論として，これを活用すべきであるとの見解も有力である。たとえば，高さ制限（建築基準法55条1項）に違反する建築物がある場合，執行罰をどのように用いることが考えられるか。また，行政代執行による場合と比較して，どのようなメリット・デメリットがあるか。

**Q2.** 行政上の義務の司法的執行について，判例は消極的であるが，判例によっても司法的執行ができる場合をあげなさい。

**Q3.** 次のような氏名等の公表について，法律上の根拠が必要だろうか。
　①健康に有害な異物が特定の食品に混入していることが判明したので，県知事がその食品名と製造業者名を公表する場合。
　②マンションの建築紛争について，市長が建築主に周辺住民と協議するよう指導したが拒否されたので，建築主の氏名と指導に従わなかったことを市長が公表する場合。

解答例 CHAPTER 4 – ANSWER

**1.** 高さ制限に違反する違法建築物がある場合，一定期日までにこれを是正するよう命じ，これに従わないときは，たとえば10万円の過料を科す旨を予告する。当該期日が経過すると過料の支払を命じ，支払わないときは滞納処分をできる旨を定めておく。過料の支払を免れるために，建築主が自ら是正を行うことが期待できる（⇨ 本章第1節Ⅳ）。

代執行と比べると，①代替的作為義務以外の義務にも利用できること，②行政庁は命令をするだけでよく，自ら代執行を行う手間が省けることなどがメリットである（代執行の問題点については，⇨ 同Ⅵ❶）。

他方で，過料の支払を覚悟して，命令にしたがわないケースも考えられ，この点はデメリットである。もっとも，重ねて執行罰を科すことも可能であり，また，過料の額を引き上げれば実効性も期待できる。

**2.** 宝塚パチンコ店建築中止命令事件（最判平成14・7・9）では，国等がもっぱら行政権の主体として国民に対して行政上の義務の履行を求める訴訟は，法律上の争訟にあたらないから，法律の特別の規定がある場合に限って提起できるとされている（⇨ 本章第1節Ⅵ❸）。

そうすると，①国等が財産権の主体として出訴する場合（金銭給付義務の履行を求める場合など），②法律に特別の規定がある場合には，司法的執行が可能である。また，同判決からは明らかではないが，福間町公害防止協定事件（最判平成21・7・10）によれば，③契約にもとづく義務の履行を求めて出訴することも可能である（⇨ 第3章第3節Ⅱ❷(3)）。

**3.** 氏名等の公表について，現在の有力説は，制裁目的で行われる場合は法律上の根拠を要するのに対し，情報提供で行われる場合は必要ないと解している。
⇨ 本章第3節Ⅲ

設例①については，異物が混入しているとの情報を提供するにとどまるので，法律上の根拠は必要ないと思われる。

設例②については，行政指導に従わなかったことから，これに対する制裁として行われているので，法律上の根拠が必要と思われる。

ADMINISTRATIVE
LAW

CHAPTER 5

第 **5** 章

行政情報の収集・管理・利用

## → はじめに

　本章では，行政活動で用いる情報（**行政情報**）の収集・管理・利用について検討する。

　行政活動を適正に行うためには，正確な情報が不可欠である。たとえば，県知事が違法建築物の建築主に対して除却命令（建築基準法9条1項）をする場合，当該建築物の状況等について，正確な情報を得ておく必要がある。誤った情報にもとづいて違法な除却命令をすると，訴訟で取り消されたり，損害賠償を求められる可能性がある。

　行政情報の収集・管理・利用に関する一般法は存在せず，さまざまな制度が適用される。以下では，行政情報を私人から収集する**行政調査**（第1節），行政情報の管理に関わる**公文書管理制度**（第2節），私人からの請求に応じて行政情報を開示する**情報公開制度**（第3節），プライバシーを保護するための**個人情報保護制度**（第4節）を検討する。

# 第1節　行政調査

SECTION 1

## Ⅰ. 行政調査とは何か

### ❶ 行政調査の意義

　行政機関が行政情報を収集する方法は多様である。新聞やインターネット等の一般的な情報源から収集する場合，同じ行政主体の他部局から収集する場合，他の行政主体から収集する場合，許認可等の申請や届出を利用して収集する場合，私人から直接収集する場合などである。ここでは，**行政情報を私人から直接収集する作用**を行政調査と呼び，詳しく検討する。

　たとえば，税務署の職員は，所得税に関する調査に必要があるときは，関係者に質問し，物件（帳簿書類等）を検査し，その提出を求めることができる（国税通則法74条の2）。

### ❷ 種類

　行政調査はさまざまな観点から分類できる。

　行政調査の手法としては，相手方への**質問**（国税通則法74条の2），土地建物への**立入り**（土地収用法11条以下），物品等の**検査**（食品衛生法28条1項），物品等を持ち去る**収去**（同項）などがある。

　法的に特に重要なのが，強制力の有無による分類である。相手方に調査に応じる法的義務がない場合を**任意調査**，法的義務がある場合を**強制調査**という。強制調査には間接強制調査と直接（実力）強制調査の2種類がある。

　**間接強制調査**とは，**罰則等の間接強制によって担保された調査**をいう。たとえば，食品衛生法にもとづく検査や収去（28条1項）を相手方が拒否した場合，罰則が科せられる（75条1号）。相手方が調査に応じないときは，罰

則を科せるにとどまり，実力を行使して調査を強行することはできないと解されている。

**直接強制調査**とは，**相手方が応じない場合に，実力を行使して強行できる調査**をいう。たとえば，犯罪がまさに行われようとしているときは，警察官は他人の土地や建物に立ち入ることができる（警察官職務執行法6条1項）。明文はないが，立入りを拒否された場合でも，警察官は実力を行使して立ち入ることができると解されている。

# Ⅱ． 行政調査と法

## ❶ 法律の根拠

法律の根拠については，任意調査には不要であるのに対し，強制調査には必要である。

ただし，任意調査と強制調査の区別が明確でない場合もある。飲酒運転一斉検問事件を例にとってみよう（最決昭和55・9・22刑集34巻5号272頁，百選Ⅰ107事件）。自動車の一斉検問には明確な法律の根拠がない。最高裁は，警察法2条1項が「交通の取締」を警察の責務と定めていることに照らし，強制力を伴わない任意手段による限り，一斉検問は一般に許されると判断した。

警察法2条1項は根拠規範ではなく，組織規範と解されるから（⇒第1章第3節Ⅳ❶），法律の根拠とはなりえない。そうすると，任意調査として法律の根拠なしに認められたものと解される。しかし，一斉検問に応じないときは，犯罪の嫌疑があるとして質問（警察官職務執行法2条1項）等の強制調査の対象となりうるから，純粋な任意調査といえるか疑問もある。

## ❷ 実体法上の規律

行政調査に関する一般法は存在しない。比例原則など，行政上の法の一般原則は適用される（警察官職務執行法6条1項・3項など参照）。荒川民商事

件では，国税に関する質問検査（旧所得税法 234 条，現国税通則法 74 条の 2）の方法について，客観的な必要性があり，社会通念上相当な限度にとどまる限りで，税務職員の合理的な選択に委ねられているとされた（最決昭和 48・7・10 刑集 27 巻 7 号 1205 頁，百選 I 104 事件）。個別法に規定があればそれが適用される。

### ❸ 手続法上の規律

　行政調査の手続についても一般法は存在しない。個別法が事前告知（土地収用法 12 条），理由の告知（警察官職務執行法 6 条 4 項）等を求めている場合がある。

　行政調査に令状主義（憲法 35 条）等が適用されるかという問題がある。川崎民商事件では，行政手続が刑事責任の追及を目的としないとしても，それだけで憲法 35 条の保障の枠外にあるとはいえないとされた（最大判昭和 47・11・22 刑集 26 巻 9 号 554 頁，百選 I 103 事件）。もっとも，保障が及ぶ範囲は明確ではない。

## Ⅲ。 救済手段

　間接行政調査については，罰則を科すための刑事訴訟において調査の違法を主張できる。直接強制調査については，継続的な場合は取消訴訟（行政事件訴訟法 3 条 2 項），それ以外は差止訴訟（同条 7 項）を提起して争うことができる。処分の取消訴訟や刑事訴訟において，処分や訴追の前提となった調査の違法を主張することも考えられる。事後的には，国家賠償法 1 条 1 項にもとづく損害賠償請求も可能である。

# 第2節　公文書管理制度

## SECTION 2

　かつて，行政活動で用いる文書の管理は，行政内部の事務処理方法の問題と解され，内規（行政規則）で定められていた。管理実態はずさんな場合が多かったといわれている。

　情報公開制度の整備が進むにつれて，文書管理の重要性が認識されるようになった。文書が作成・保存されていないと，そもそも公開できないからである。そこで，2009（平成21）年，「公文書等の管理に関する法律」（公文書管理法）が制定された（以下，条文は同法のそれを指す）。

　公文書管理法が適用されるのは，国の行政機関，独立行政法人等，国立公文書館等（2条1項～3項）である。ここでは，行政機関による行政文書の管理について概観する。

　行政機関の職員は，処理にかかる案件が軽微なものである場合を除き，原則として文書を作成しなければならない（**文書作成義務**，4条）。

　行政文書を作成取得したときは，これを分類し，名称を付すとともに，保存期間及び保存期間の満了する日を設定しなければならない（5条1項）。単独で管理することが適当と認める行政文書を除き，適時に，相互に密接な関連のある行政文書をひとつの集合物（**行政文書ファイル**）にまとめなければならない（同条2項）。

　行政文書ファイル等については，その保存期間の満了するまでの間，適切に保存しなければならない（**保存義務**，6条1項）。

　保存期間が満了した行政文書ファイル等は，国立公文書館等に移管するか，廃棄しなければならない（**移管・廃棄義務**，8条1項）。廃棄する場合は，あらかじめ内閣総理大臣に協議し，その同意を得なければならない（同条2項）。

# 第3節 　　　　　情報公開制度

**SECTION 3**

## Ⅰ. 情報公開制度とは何か

　情報公開とは，広い意味では，**行政主体が自らの保有する情報を公開することをいう。行政主体が自発的に情報を提供する制度**（情報提供制度）と，**私人からの請求に応じて情報を開示する制度**（狭義の情報公開制度）がある。以下では後者を中心に検討する。

　広義の情報公開の目的は，**民主主義の理念**（国においては**国民主権**，地方においては**住民自治**）を実質化することにある。国民（住民）が主権者であるとしても，当該行政主体の活動について十分な情報がなければ，参政権を適切に行使することはできない。そこで求められるのが情報公開である。すなわち，行政主体は国民（住民）に「説明する責務」（**説明責任**）を負い（行政機関の保有する情報の公開に関する法律1条参照），国民（住民）は行政主体に対して**知る権利**をもつといえる。

　情報公開制度は世界各国で整備されているが，日本では地方公共団体による情報公開条例の制定が先行した。国レベルでは，1999（平成11）年，国の行政機関に適用される「行政機関の保有する情報の公開に関する法律」（行政機関情報公開法）が制定された。2001（平成13）年には，独立行政法人等に適用される「独立行政法人等の保有する情報の公開に関する法律」（独立行政法人等情報公開法）も制定された。ここでは主として行政機関情報公開法（以下，本節では「法」という）について検討する。

## Ⅱ. 適用範囲

　行政機関情報公開法が適用されるのは，**国の行政機関**である（法2条1項）。国会や裁判所，独立行政法人等，地方公共団体には適用がない。上記

のとおり，独立行政法人等には独立行政法人等情報公開法が，地方公共団体にはそれぞれの情報公開条例が適用される。国会（衆議院及び参議院）と裁判所にも情報公開制度はあるが，法令ではなく，内規（行政規則）にもとづくものである。

開示請求の対象となる**行政文書**は，**行政機関の職員が職務上作成し，または取得した文書，図画及び電磁的記録（電子データ）であって，当該行政機関の職員が組織的に用いるものとして，当該行政機関が保有しているもの（組織共用文書）**である（同条2項）。公務員が個人的な備忘のために作成した**個人メモ**は含まれないが，職場で共有した場合は対象となりうる。

開示請求は「何人も」できる（同3条）。国民に限定しなかったのは，国際化を考慮したこと等，政策的判断による。

# Ⅲ。 開示・不開示の判断

## ❶ 不開示情報

行政文書の開示請求があった場合，行政機関の長は，一定の**不開示情報**が含まれている場合を除き，原則として当該行政文書を開示しなければならない（**開示原則**，法5条柱書）。

行政機関情報公開法は，不開示情報として，①個人情報，②行政機関匿名加工情報等，③法人等情報，④国家安全情報，⑤公共安全情報，⑥審議検討情報，⑦事務事業情報を定めている（同条1号〜6号）。このうち②については後述することとし（⇨ 本章第4節Ⅲ），以下ではそれ以外の不開示情報を検討する。

### (1) 個人情報

個人に関する情報（事業を営む個人の当該事業に関する情報を除く）であって，①当該情報に含まれる氏名，生年月日その他の記述等により，特定の個人を識別できるもの，または，②特定の個人を識別できないが，公にすることにより，なお個人の権利利益を害するおそれがあるものをいう（法5条1

号）。

　個人情報の定め方については，個人が識別できる場合は原則不開示とする方法（**個人識別型**）と，プライバシーを侵害する場合に限って不開示とする方法（**プライバシー型**）がある。大阪府条例などプライバシー型によるものもあるが，行政機関情報公開法は，多くの条例と同様，基準の明確性を重視して，個人識別型を採用した（①）。

　もっとも，個人識別型によると，不開示の範囲が広くなりすぎる。行政機関情報公開法は，(イ)法令の規定によりまたは慣行として公にされ，または公にすることが予定されている情報（同号イ），(ロ)人の生命，健康，生活または財産を保護するため，公にすることが必要と認められる情報（同号ロ），(ハ)公務員等の職務の遂行にかかる情報のうち，当該公務員等の職及び職務遂行の内容にかかる部分（同号ハ）は，例外的に開示するとしている。

　なお，「事業を営む個人の当該事業に関する情報」（同号かっこ書き）が除かれているのは，個人事業主の事業に関する情報は，法人等情報として扱う趣旨である（後記(2)）。また，「特定の個人を識別することはできないが……個人の権利利益を害するおそれがあるもの」（②）とは，内心を吐露した反省文などは，たとえ個人が識別できなくとも不開示とする趣旨である。

---

### COLUMN 5-1　　公務員の氏名を開示すべきか

　行政機関情報公開法を制定する際に，公務員の氏名を開示すべきかが争われた。結局，原則として氏名を開示しないが（法5条1号ハの開示対象には職と職務執行の内容のみがあげられ，公務員の氏名が含まれていない），幹部職員の氏名は，公表慣行がある（同号イ）として，開示することで妥協が成立した。

　その後，この点に対する批判が高まり，公務員の氏名について明文規定がない場合はこれを開示すべきとする判例も現れた（大阪市食糧費訴訟に関する最判平成15・11・11民集57巻10号1387頁，百選Ⅰ35事件）。そこで，2005（平成17）年から，公務員の氏名は，公表慣行があるものとして，原則として開示されることになった（平成17年各府省情報公開に関する連絡会議申合せ「各行政機関における公務員の氏名の取扱いについて」）。

Ⅲ。

開示・不開示の判断

## (2) 法人等情報

　法人その他の団体（国，地方公共団体等を除く）に関する情報または事業を営む個人の当該事業に関する情報であって，①公にすることにより，当該法人等の正当な利益を害するおそれがあるもの，及び，②公にしないとの条件で任意に提供されたものをいう。ただし，人の生命，健康，生活または財産を保護するため，公にすることが必要であると認められる情報は開示される（法5条2号）。

## (3) 国家安全情報

　公にすることにより，①国の安全が害されるおそれ，②他国もしくは国際機関との信頼関係が損なわれるおそれ，③他国もしくは国際機関との交渉上不利益をこうむるおそれがあると「行政機関の長が認めることにつき相当の理由がある情報」をいう（法5条3号）。

　上記かぎ括弧部分は，この種の情報は開示・不開示の判断が微妙であることから，行政機関の長に裁量を認める趣旨とされる。次の公共安全情報も同様である。その他の不開示情報には裁量が認められない。

## (4) 公共安全情報

　公にすることにより，犯罪の予防，鎮圧または捜査，公訴の維持，刑の執行その他の公共の安全と秩序の維持に支障を及ぼすおそれがあると「行政機関の長が認めることにつき相当の理由がある情報」をいう（法5条4号）。

## (5) 審議検討情報

　国の機関や地方公共団体等の内部または相互間における審議，検討または協議に関する情報であって，公にすることにより，①率直な意見の交換もしくは意思決定の中立性が不当に損なわれるおそれ，②不当に国民の間に混乱を生じさせるおそれ，③特定の者に不当に利益を与えもしくは不利益を及ぼすおそれがあるものをいう（法5条5号）。

## (6) 事務事業情報

　国の機関や地方公共団体等が行う事務事業に関する情報であって，公にすることにより，当該事務事業の性質上，当該事務事業の適正な遂行に支障を及ぼすおそれがあるものをいう（法5条6号）。同号のイ〜ホは例示である。

### ② 部分開示

　開示請求の対象となる行政文書（対象文書）の一部に不開示情報が含まれている場合に，その部分を容易に区分して除くことができるときは，当該部分を除いた部分を開示しなければならない（法6条1項）。

　不開示情報が個人識別情報である場合は，特定の個人を識別可能とする記述等（氏名等）の部分を除くことにより，公にしても個人の権利利益を害するおそれがないと認められるときは，当該部分を除いて部分開示を行う（同条2項）。

### ③ 裁量的開示

　対象文書に不開示情報が記録されている場合であっても，公益上特に必要があると認めるときは，当該文書を開示できる（法7条）。

### ④ 存否応答拒否

　対象文書が存在しているか否かを答えるだけで，不開示情報を開示することとなるときは，当該文書の存否を明らかにしないで，当該開示請求を拒否できる（法8条）。

　たとえば，法務大臣に対して，特定個人の前科に関する情報が記録された行政文書の開示が請求されたとする。当該文書は存在するが，個人情報にあたるとして不開示とすると，当該個人に前科があることがわかってしまう。そこで，この場合，当該文書の存否を明らかにしないで，開示を拒否できる。

# Ⅳ. 開示請求に対する手続

開示請求者は，①氏名及び住所等，②開示にかかる行政文書を特定するに足りる事項（文書の名称など）を記載した開示請求書を，行政機関の長に提出しなければならない（法4条1項）。

行政機関の長は，対象文書を特定し，不開示情報の有無を審査し，開示決定または不開示決定（開示決定等）を行う。当該文書に第三者に関する情報が含まれているときは，当該第三者の意見を聴くことができる（同13条1項）。

開示決定等は，原則として，開示請求があった日から30日以内に行わなければならない（同10条1項）。

開示決定を行った場合，文書または図画については閲覧または写しの交付により，電磁的記録については政令で定める方法（プリントアウト等）により，開示を実施する（同14条）。

開示請求及び開示の実施については，実費の範囲内で手数料を徴収できる（同16条）。

# Ⅴ. 救済手段

開示請求は法令にもとづく申請にあたるので，開示決定等は行政処分であり（⇒第3章第2節Ⅶ❷），行政機関に対する不服申立てと，裁判所に対する訴訟によって争うことができる。

## ❶ 不服申立て

開示請求者は，不開示決定（一部不開示決定を含む）について，行政不服審査法にもとづく審査請求によって取消しを求めることができる（行政不服審査法2条）。

開示決定（一部開示決定を含む）については，対象文書に第三者の情報が含まれている場合，当該第三者は，審査請求の資格（⇒第6章第7節Ⅱ❶

(2)) があれば，審査請求によって取消しを求めることができる。

　審査請求がなされたときは，審査庁は，原則として，総務省の情報公開・個人情報保護審査会に諮問しなければならない（法19条）。審査会は処分の当否について審査し，審査庁に答申を行う。審査会は対象文書を見分できる（COLUMN 5-2で述べる**インカメラ審理**，情報公開・個人情報保護審査会設置法9条）。

## ❷ 訴訟

　開示請求者は，不開示決定（一部不開示決定を含む）を受けたときは，取消訴訟（行政事件訴訟法3条2項）または（申請型）義務付け訴訟（同条6項2号）を提起して争うことができる。

　開示決定（一部開示決定を含む）については，対象文書に第三者の情報が含まれている場合，当該第三者は，原告適格（⇨第6章第2節Ⅱ）が認められれば，取消訴訟または差止訴訟（同条7項）を提起して争うことができる。

---

**COLUMN 5-2　　インカメラ審理の必要性**

　民事訴訟の基本原則によれば，一方当事者が提出した証拠等について，裁判官は他方当事者に意見を述べる機会を与えなければならない。そこで，開示請求者が不開示決定を訴訟で争った場合，被告行政側が対象文書を証拠として提出すると，裁判所はこれを原告に見せなければならず，訴訟は意味を失ってしまう。

　このため，現在の訴訟実務では，裁判所は，対象文書を見分することなく，推認によって審査している。しかし，これでは十分な審査を行うことができない。そこで，裁判官のみが対象文書を見分する審査方法が必要である。これをインカメラ（in-camera）審理という。カメラはラテン語で「部屋」を意味し，法廷ではなく裁判官室で行う審理をさす。

　インカメラ審理は，上記の民事訴訟の基本原則や裁判の公開（憲法82条）との関係で認められないとの見方もある。最高裁は，インカメラ審理は民事訴訟の基本原則に反するから，明文規定がない限り許されないと判断した（沖縄ヘリ墜落事件に関する最決平成21・1・15民集63巻1号46頁，百選Ⅰ39事件）。憲法82条には違反せず，法律に明文規定があれば可能と解するようである。ただ，現時点ではインカメラ審理を認める法律は制定されていない。

# 第4節　個人情報保護制度

SECTION 4

## I. 個人情報保護制度とは何か

**個人情報保護制度**とは，個人のプライバシー権を保護するために，個人情報の取扱いを規律する制度をいう。

コンピュータの発達によって，情報を大量・迅速に処理することが可能となった。さらに，インターネットの普及によって，国内外を問わず，大量の情報を瞬時に移転できるようになった。その結果，個人のプライバシー権が脅かされていることから，世界各国で個人情報保護制度の整備が進められている。日本では，情報公開制度と同様，地方公共団体の条例の制定が先行した。国レベルでは，2003（平成15）年に一連の法律が整備された。

2021（令和3）年の法改正の前は，次のような複雑な制度となっていた。すなわち，個人情報に関する一般法は「個人情報の保護に関する法律」だったが，同法の第1章から第3章（基本法部分）は公的部門と民間部門のいずれにも適用されるものの，第4章から第6章（個別法部分）は民間部門（個人情報取扱事業者）にのみ適用される。公的部門のうち，国の行政機関については，「行政機関の保有する個人情報の保護に関する法律」，独立行政法人等については，「独立行政法人等の保有する個人情報の保護に関する法律」が，それぞれ適用される。これに対し，地方公共団体（地方独立行政法人も含む）については，各団体が定める条例（個人情報保護条例）が適用される。

2021（令和3）年，「個人情報の保護に関する法律」が抜本改正された（以下，本節では改正法を「新法」または「法」という）。新法の第1章から第3章（基本法部分）は，従来通り，すべての部門に適用される。これに対し，同法第4章は民間部門に適用され，同法第5章は公的部門のすべて（国の行政機関，地方公共団体の機関，独立行政法人等，地方独立行政法人）に適用される（⇨図5）。第6章は，監督（監視）機関である個人情報保護委員会に関

**● 図 5　改正による適用法令の変化**

**改正前**

| 民間部門 | | 個人情報保護法の基本法部分（第 1 章〜第 3 章） | 個人情報保護法の個別法部分（第 4 章〜第 6 章） |
|---|---|---|---|
| 公的部門 | 国の行政機関 | | 行政機関個人情報保護法 |
| | 独立行政法人等 | | 独立行政法人等個人情報保護法 |
| | 地方公共団体 | | 個人情報保護条例 |

**改正後**

| 民間部門 | | 個人情報保護法の基本法部分（第 1 章〜第 3 章） | 個人情報保護法第 4 章 |
|---|---|---|---|
| 公的部門 | 国の行政機関 | | 個人情報保護法第 5 章 |
| | 独立行政法人等 | | |
| | 地方公共団体 | | |

する規定である。

　本節では，新法の公的部門に関する規定（第 5 章）を中心に検討する。

# Ⅱ。 適用範囲

　新法第 5 章が適用されるのは，「行政機関等」，すなわち，国の行政機関，地方公共団体の機関，独立行政法人等，地方独立行政法人である（法 2 条11 項）。

　同法によって保護される「個人情報」とは，生存する個人に関する情報であって，①当該情報に含まれる氏名，生年月日その他の記述等により特定の個人を識別することができるものと，②個人識別符号（個人番号等）が含まれるものをいう（同条 1 項）。

　開示請求等の対象となる「保有個人情報」とは，行政機関等の職員が職務上作成し，または取得した個人情報であって，当該行政機関等の職員が組織的に利用するものとして，当該行政機関等が保有しているもののうち，行政文書等に記録されているものをいう（同 60 条 1 項）。

「本人」とは，個人情報によって識別される特定の個人をいう（同2条4項）。

# Ⅲ. 個人情報の取扱い

行政機関の長等は，個人情報を保有するにあたっては，法令の定める所掌事務を遂行するため必要な場合に限り，かつ，その利用の目的をできる限り特定しなければならない（**利用目的の特定**，法61条1項）。また，利用目的の達成に必要な範囲を超えて，個人情報を保有してはならない（**保有の制限**，同条2項）。

行政機関の長等は，本人から直接書面に記録された当該本人の個人情報を取得するときは，原則として，あらかじめ，本人にその利用目的を明示しなければならない（**利用目的の明示**，同62条）。

行政機関の長等は，違法または不当な行為を助長し，または誘発するおそれがある方法により個人情報を利用してはならない（**不適正な利用の禁止**，同63条）。

行政機関の長等は，偽りその他不正の方法により個人情報を取得してはならない（**適正な取得**，同64条）。

行政機関の長等は，利用目的の達成に必要な範囲内で，保有個人情報が過去または現在の事実と合致するよう努めなければならない（**正確性の確保**，同65条）。

行政機関の長等は，保有個人情報の漏えい，滅失または毀損の防止その他の保有個人情報の適切な管理のために必要な措置を講じなければならない（**安全管理措置**，同66条）。

個人情報の取扱いに従事する行政機関の職員もしくは職員であった者または受託業務に従事している者もしくは従事していた者は，その業務に関して知りえた個人情報の内容をみだりに他人に知らせ，または不当な目的に利用してはならない（**従事者の義務**，同67条）。

行政機関の長等は，保有個人情報の漏えい等が生じたときは，当該事態が生じた旨を個人情報保護委員会に報告しなければならない（**漏えい等の報告**

等，同 68 条 1 項）。

　行政機関の長等は，法令に基づく場合を除き，原則として，利用目的以外の目的のために保有個人情報を自ら利用し，または提供してはならない（**利用及び提供の制限**，同 69 条）。

　行政機関の長等は，外国にある第三者に利用目的以外の目的のために保有個人情報を提供する場合には，原則として，あらかじめ外国にある第三者への提供を認める旨の本人の同意を得なければならない（**外国にある第三者への提供の制限**，同 71 条 1 項）。

　行政情報の利活用を促すため，「行政機関匿名加工情報」の制度が導入された。保有個人情報を匿名化し（同 2 条 8 項・9 項），民間の事業者に利用させるものである（第 5 章第 5 節）。

# Ⅳ. 本人の権利

　何人も，行政機関の長に対し，当該行政機関の保有する自己を本人とする保有個人情報の開示を請求できる（**開示請求権**，法 76 条 1 項）。行政機関の長は，一定の不開示情報が含まれている場合を除き，開示しなければならない（78 条）。不開示情報は情報公開（⇨ **本章第 3 節Ⅲ❶**）とほぼ同じだが，本人の生命，健康，生活または財産を害するおそれがある場合（同条 1 号）は独自のものである。医療情報や教育情報を念頭においた規定である。大田区指導要録事件では，教師の主観的要素が反映しうる指導要録の所見欄等は，開示すると記載内容が形がい化するおそれ等があり，不開示妥当とされた（最判平成 15・11・11 判時 1846 号 3 頁）。

　何人も，自己を本人とする保有個人情報の内容が事実でないと考えるときは，当該保有個人情報を保有する行政機関の長に対し，当該保有個人情報の訂正を請求できる（**訂正請求権**，同 90 条 1 項本文）。訂正の対象は事実であり，評価は含まれない。いかなる場合に訂正すべきかについては，不明確な点も残っている（京都市レセプト訂正請求事件に関する最判平成 18・3・10 判時 1932 号 71 頁，百選Ⅰ 40 事件参照）。

　何人も，自己を本人とする保有個人情報について一定の違法な取扱いがあ

ると考えるときは，当該情報の利用の停止，消去，提供の停止を請求できる（**利用停止請求権**，同98条1項本文）。

# V. 救済手段

　開示請求・訂正請求・利用停止請求にかかる決定に不服がある場合，請求者または第三者は，不服申立てや訴訟を提起して争うことができる。その方法は情報公開制度にもとづく開示請求の場合とほぼ同様である（⇨ **本章第3節V**）。

# VI. 監視制度

　内閣府の外局（3条機関）として個人情報保護委員会が設置されている（法130条）。同委員会は，これまでは，基本的に民間部門についてのみ監督権限をもっていたが，2021（令和3）年の改正により，公的部門（行政機関等）に対しても監視権限をもつことになった（同132条2号）。

　すなわち，同委員会は，行政機関等に対して，資料の提出の要求及び実地調査（同156条），指導及び助言（同157条），勧告（同158条）の権限をもつ。民間部門（同148条2項）と異なって，命令権限は与えられていない。

# 演習問題

**Q1.** 行政調査には，任意調査，間接強制調査，直接強制調査の3種類がある。次の調査はいずれにあたるか。
　①国税通則法74条の2による検査
　②同法132条1項による臨検
　③土地収用法11条1項による立入り

**Q2.** 情報公開制度では，個人情報を不開示情報とするのが一般であるが，その方法には個人識別型とプライバシー型がある。行政機関情報公開法5条1号と，大阪府情報公開条例9条1号を例にとって，両者の違いを確認したうえで，それぞれのメリットとデメリットを検討しなさい。

**Q3.** 行政機関情報公開法5条と個人情報の保護に関する法律（新法）78条を比較し，両者に定める不開示情報の相違を指摘しなさい。

## 解答例

**CHAPTER 5 – ANSWER**

**1.** 行政調査には，相手方に調査に応じる法的義務がない任意調査，間接強制によって担保された間接強制調査，実力行使が認められている直接強制調査がある。 ⇨ 本章第1節 I ❷

　①国税通則法74条の2による検査については，同法128条2号で罰則が設けられているにとどまることから，間接強制調査にあたると思われる。

　②同法132条1項による臨検については，刑事手続への移行が予定され，裁判官の許可が必要とされていることから，直接強制調査にあたると思われる。

　③土地収用法11条1項による立入りについては，同法143条2号で罰則が設けられているにとどまるから，間接強制調査にあたると思われる。

**2.** 個人が識別できる場合に原則不開示とするものを個人識別型，さらに当該個人のプライバシーを侵害する場合に限って不開示とするものをプライバシー型という（⇨ 本章第3節 III ❶ (1)）。

　行政機関情報公開法は，「個人に関する情報……であって，当該情報に含まれる氏名，生年月日その他の記述等……により特定の個人を識別することができるもの」（5条1号本文）を不開示情報としており，前者にあたる。

　大阪府情報公開条例は，「個人の思想，宗教，身体的特徴……等に関する情報……であって，特定の個人が識別され得るもの……のうち，一般に他人に知られたくないと望むことが正当であると認められるもの」（9条1号）を不開示情報としており，後者にあたる。

　プライバシー型には，不開示情報の範囲を限定し，必要最小限度にと

どめることができる点にメリットがあるが，その範囲が必ずしも明確ではない点がデメリットである。

　個人識別型は，不開示情報の範囲が比較的明確である点がメリットであるが，個人が識別可能でも，開示に支障がない場合も考えられるので，不開示となる範囲が広がりすぎる点がデメリットである。

**3.** 　行政機関情報公開法 5 条は，行政文書の開示が請求された場合の不開示情報を，個人情報の保護に関する法律（新法）78 条は，本人から自らの個人情報の開示が請求された場合の不開示情報を，それぞれ定めている。両者はほぼ共通しているが，後者では，①開示請求者（本人）の生命等を害するおそれがある情報が加えられていること（1 号），②個人情報が第三者のものに限定されていること（2 号）などが大きく異なる。

CHAPTER 6

第**6**章

行政争訟

## はじめに

行政法は，行政作用法，行政救済法，行政組織法から構成される（⇨ 序章❸）。本章と次章では行政救済法を学ぶ。

行政救済法は，行政作用によって権利利益が損なわれた場合の救済手段を論じる部分である。**行政争訟**と**国家補償**の2つの柱からなる（⇨ 図6-1）。

**行政争訟**とは，**行政活動によって生じた紛争を解決するための手続**をいう。裁判所に提起される**行政訴訟**と，行政機関に提起される**行政上の不服申立て**がある。

これに対し，国家補償とは，**国家作用によって受けた損害または損失について，金銭的な補償を求める制度**をいう。違法な国家作用によって生じた損害の賠償を求める**国家賠償**と，適法な国家作用によって生じた損失の補償を求める**損失補償**がある。いずれによっても救済されない場合に，何らかの対応をすべきかも問題となる（**国家補償の谷間**）。

このうち行政争訟を論じる本章では，行政訴訟の意義（第1節）を確認したうえで，行政訴訟を代表する取消訴訟について，その訴訟要件（第2節），審理（第3節），判決（第4節）を検討し，その他の行政訴訟（第5節）と仮の救済（第6節）を概観し，最後に行政上の不服申立てについて説明する（第7節）。

**図6-1 行政救済法の体系**

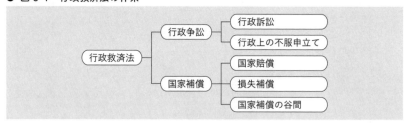

# 第1節　行政訴訟とは何か

**SECTION 1**

## I. 行政争訟の意義

### ❶ 行政訴訟と行政上の不服申立て

　**行政争訟**とは，**行政活動によって生じた紛争を解決するための手続**をいう。裁判所に提起される**行政訴訟**と，行政機関に提起される**行政上の不服申立て**（行政過程における行政争訟）がある。

　たとえば，マンションに倒壊の危険があるとして，県知事から除却命令（建築基準法9条1項）を受けたとする。これに不服をもった建築主が，裁判所に当該除却命令の取消しを求めて出訴する場合（行政事件訴訟法3条2項）が，行政訴訟である。これに対して，県の建築審査会に当該除却命令の取消しを求めて審査請求をする場合（建築基準法94条）が，行政上の不服申立てである。

### ❷ 両者のメリット・デメリット

　行政訴訟については，独立の裁判所が正式の訴訟手続によって審理・判断を行う。そこで，公正な判断が期待できる一方，ある程度の費用・労力・時間がかかる。また，裁判所は法にしたがって裁判を行うから，処分等が違法な場合にかぎって，これを取り消すことができる。

　行政上の不服申立てについては，行政機関が略式の手続で審理・判断を行う。そこで，費用・労力・時間は比較的かからない一方，判断の公正の点では行政訴訟に劣る。また，処分が違法ではないが，行政目的に適合しない場合でも，これを不当として取り消すことができる（⇨ 第3章第2節Ⅳ❶）。

# Ⅱ. 行政訴訟の意義

以下では，諸外国における行政訴訟制度を概観したうえで，日本における沿革をたどり，現行法上の行政訴訟の意義を明らかにする。

## ❶ 諸外国における行政訴訟制度

**行政訴訟**とは，広い意味では，**行政活動によって生じた紛争を裁判所が解決するための手続**をいう。もっとも，すでにみたように，こうした場合の手続については，国によって大きな違いがある（⇨第1章第1節Ⅱ❶）。

すなわち，大陸法諸国（フランス，ドイツ等）では，司法裁判所とは別系統の行政裁判所が存在し，そこでは私法とは原理を異にする公法が適用される（公法私法二元論）と考えられている（行政国家）。これらの国では，司法裁判所に提起される民事訴訟と，行政裁判所に提起される行政訴訟が，明確に区別されている。

これに対し，英米法諸国（イギリス，アメリカ合衆国等）では，行政裁判所は存在せず，司法裁判所が行政関係の事件も扱い，公法私法二元論もみられない（司法国家）。そこで，これらの国では，民事訴訟と区別された行政訴訟は存在せず，行政活動によって生じた紛争も，民事訴訟によって解決されている。

## ❷ 日本における行政訴訟制度の沿革

### (1) 明治憲法下

1889（明治22）年に制定された明治憲法（大日本帝国憲法）61条は，行政処分を争う訴訟について，司法裁判所ではなく，行政裁判所が管轄をもつと定めた。翌1890（明治23）年，「行政裁判法」が制定され，行政裁判所が設置されるとともに，訴訟手続も定められた。同年には，行政裁判所に出訴できる事件を定める一般法として，法律106号「行政庁ノ違法処分ニ関スル行政裁判ノ件」も制定された。

こうして，日本では，大陸法諸国にならった行政国家制度が導入された。もっとも，①行政裁判所に出訴できるのは法律に列記された事件にかぎられること（列記主義），②行政裁判所は東京に1つのみ設置され，第1審かつ終審であり，上訴も認められないこと，③行政裁判所の裁判官（「評定官」と呼ばれた）の多くが行政官出身であったこと，④当事者の手続保障が十分でなかったことなど，不備が多かった。

明治憲法の下では，大陸法諸国と同様，行政裁判所に提起される訴訟が行政訴訟と考えられていた。

## (2) 現行憲法下

1947（昭和22）年に制定された日本国憲法は，国民に**裁判を受ける権利**を保障している（32条）。そこで，明治憲法下のような列記主義は許されず，一般的に訴訟の提起を認めること（概括主義）が必要となる。とはいえ，行政裁判制度を維持しつつ，制度を改善するという選択肢もあった。

しかし，日本国憲法の制定に伴って，行政裁判所は廃止された。これにより，行政関係の事件も，司法裁判所が管轄をもつことになった。同年，「日本国憲法の施行に伴う民事訴訟法の応急的措置に関する法律」が制定され，行政処分を争う場合について出訴期間を設けたが，それ以外は，民事訴訟法を適用することとされた。当時の日本は，アメリカ合衆国を中心とした連合国軍によって占領されており，英米法諸国にならった司法国家とする方針がとられていたようである。

ところが，1948（昭和23）年，衆議院議員に対する公職追放処分について，東京地方裁判所が民事仮処分を認めた平野事件が発生した。この事件を契機として，連合国軍総司令部は，行政関係の事件について特別法を定める方針に転換し，同年，全文12条の「行政事件訴訟特例法」が制定された。同法には，仮処分の禁止，執行停止制度，内閣総理大臣の異議，事情判決など，現行法にも引き継がれた制度が含まれていた。

行政事件訴訟特例法はあまりに簡略であり，解釈上の問題が多く発生したため，1962（昭和37）年，現行法である「行政事件訴訟法」が制定された。同法は，行政事件に適用される一般法であり，単なる特例法ではないが，同

法に規定のない事項については民事訴訟法が適用される（行政事件訴訟法7条）。

　行政事件訴訟法は，訴訟類型を明示し，当事者の手続的権利を手厚く保障するなど，訴訟制度を大きく改善した。しかし，判例が固定化し，国民の権利救済が不十分との批判が高まった。そこで，2004（平成16）年，司法制度改革の一環として，同法は抜本的に改正された（以下，本節から第6節では，改正後の同法を「法」という）。この改正は，「国民の権利利益のより実効的な救済を図るため」に行われた（司法制度改革推進本部行政訴訟検討会「行政訴訟制度の見直しのための考え方」第1）。

---

**COLUMN 6-1**　　2004年行政事件訴訟法改正

　この改正の概要は次の通りである。
　①行政訴訟をより利用しやすく，わかりやすくするためのしくみとして，出訴期間等の教示制度の新設（法46条），出訴期間の延長（法14条），抗告訴訟の被告適格の簡明化（法11条），抗告訴訟の管轄裁判所の拡大（法12条）。
　②救済範囲の拡大として，取消訴訟の原告適格の拡大（法9条），訴訟類型の拡充，すなわち，義務付け訴訟の法定（法3条6項・37条の2・37条の3），差止訴訟の法定（法3条7項・37条の4），当事者訴訟の一類型としての公法上の確認訴訟の明示（法4条）。
　③審理の充実・促進として，釈明処分の特則規定の新設（法23条の2）。
　④本案判決前における仮の救済制度の整備として，執行停止の要件の緩和（法25条），仮の義務付け及び仮の差止めの新設（法37条の5）。
　改正法の趣旨を知るには，立案関係者による注釈書である小林・行訴法が便利である。

---

### ③　現行法上の行政訴訟

　現在の日本は，行政事件についても司法裁判所が管轄をもつ点で，英米法諸国と同様の司法国家となった。他方で，一定の行政関係の事件については，民事訴訟法ではなく，行政事件訴訟法という特別法が適用される点で，大陸法諸国のような行政国家の要素も残っている。

行政事件訴訟法が適用されるのは，**行政事件訴訟**である（法1条）。それ以外の事件には，民事訴訟法が適用される。そこで，行政活動によって生じた紛争を解決するための訴訟（広義の行政訴訟）のうち，行政事件訴訟を狭義の行政訴訟と呼ぶことができる。以下では，行政訴訟をこの狭義の意味で用いる。たとえば，国家賠償法にもとづいて国等に対して損害賠償を請求する訴訟は，広義の行政訴訟に含まれるが，実務上は民事訴訟として扱われているので，狭義の行政訴訟にはあたらない。

　行政事件訴訟法は「行政事件訴訟」の定義規定を設けず，4つの訴訟類型をあげるにとどまる（法2条）。もっとも，訴訟類型の1つである公法上の当事者訴訟を，「公法上の法律関係に関する訴訟」と定義している（法4条）。そうすると，同法は，**公法私法二元論を前提として，公法上の法律関係に関する訴訟を行政事件訴訟，私法上の法律関係に関する訴訟を民事訴訟と解する**ものと考えられる。

---

**COLUMN 6-2　田中二郎の公法私法二元論と行政事件訴訟法**

　行政事件訴訟法の制定過程では，田中二郎が中心的な役割をはたした。すでにみたように，田中の公法私法二元論は次のようなものである（⇨ 第1章第1節Ⅲ❷）。すなわち，国家と私人の関係について，国家が優越的な意思の主体として行動することが認められる権力関係と，私人と対等の立場で活動する管理関係を区別する。そして，管理関係を，公益上の必要にもとづいて特殊な規律が認められている公法上の管理関係と，特殊な規律が存在しない私経済関係に分ける。

　次に述べるように，行政事件訴訟法は4つの訴訟類型を設けているが，一般的に提起できるのは抗告訴訟と公法上の当事者訴訟である。そして，抗告訴訟は田中のいう権力関係に，公法上の当事者訴訟は公法上の管理関係に，民事訴訟は私経済関係に，それぞれ対応すると考えられる（⇨ 図1-1を参照）。このように，現行行政事件訴訟法は，田中二郎の公法私法二元論をふまえて制定されたものと解することができる。だからといって二元論を維持する必要がないことは，すでに述べたとおりである（⇨ 第1章第1節Ⅲ❸）。

　なお，行政事件訴訟法は，上記のように，公法上の当事者訴訟を，「公法上の法律関係に関する訴訟」と定義している（法4条）。しかし，行政主体と私人の関係は法関係であるから（⇨ 第2章第1節Ⅰ），抗告訴訟も「公法上の法律関係に関する訴

Ⅲ.

行政訴訟の意義

訟」のはずである。正確にいえば、公法上の当事者訴訟は、「公法上の法律関係に関する訴訟のうち、公権力の行使に関する不服を内容としないもの」というべきであろう。

## III. 行政訴訟の種類

以下では、行政事件訴訟法の定める4つの訴訟類型を概観したうえで、そのうち抗告訴訟の種類を詳しく検討する。

### 1 行政訴訟の諸類型

行政事件訴訟法は、「行政事件訴訟」として、抗告訴訟、(公法上の)当事者訴訟、民衆訴訟、機関訴訟の4類型をあげている(法2条)。

抗告訴訟と公法上の当事者訴訟は、民事訴訟と同様、国民の権利利益の救済を目的とした**主観訴訟**とされている。他方、民衆訴訟と機関訴訟は、行政の適正な運営の確保を目的とした**客観訴訟**とされている(⇨図6-2)。

● 図6-2 行政訴訟の類型

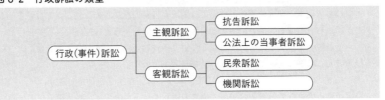

憲法上、司法権が行使される本来の対象は、「法律上の争訟」(裁判所法3条1項)と解されている(板まんだら事件に関する最判昭和56・4・7民集35巻3号443頁、憲法判例百選II〔第7版〕184事件参照)。そして、主観訴訟は「法律上の争訟」にあたり、法律に特別の規定がなくとも当然に提起できるとされる。これに対し、客観訴訟は「法律上の争訟」にあたらないので、法律に特別の規定がある場合にかぎって提起できるとされる(法42条参照)。

以下，これらの訴訟類型を概観するが，詳細は本章第2節以下で検討する。ただし，客観訴訟については，それぞれ個別法に詳しい規定があるので，本書では立ち入った説明を省略する。

## （1）抗告訴訟

**抗告訴訟**とは，**行政庁の公権力の行使に関する不服の訴訟**をいう（法3条1項）。たとえば，宅地の造成が違法な開発行為であるとして，開発行為の中止命令（都市計画法81条1項）がされたときに，開発事業者が当該命令の取消しを求めて出訴する場合である。行政訴訟の大半をしめる訴訟類型であり，後記❷でさらに検討する。

## （2）公法上の当事者訴訟

**公法上の当事者訴訟**とは，**①当事者間の法律関係を確認しまたは形成する処分または裁決に関する訴訟で，法令の規定によりその法律関係の当事者の一方を被告とするもの，及び，②公法上の法律関係に関する確認の訴えその他の公法上の法律関係に関する訴訟**をいう（法4条）。

①は，処分または裁決に関する訴訟ではあるが，立法政策によって，これらを直接争うのではなく，関係当事者間で訴訟を提起すべきとされている場合をさす。たとえば，収用委員会による土地の収用裁決（土地収用法47条の2）は処分にあたるから，抗告訴訟で争うことになる。しかし，土地収用法は，補償の額を定める裁決（補償裁決）については，直接の利害関係をもつ地権者と起業者（土地の収用を求めている地方公共団体等）が，補償金の増額等を求めて相互に争うこととしている（同法133条）。本来は抗告訴訟を提起すべきであるが，当事者訴訟の形式によることから，**形式的当事者訴訟**と呼ばれている。

②は，公法上の法律関係に関する訴訟であり，**実質的当事者訴訟**と呼ばれている。公務員が俸給の支払を求める訴訟（給付訴訟）や，日本国籍をもたないとされている者が日本国籍を有することの確認を求める訴訟（確認訴訟）がその例である。

## (3) 民衆訴訟

民衆訴訟とは，国または公共団体の機関の法規に適合しない行為の是正を求める訴訟で，選挙人たる資格その他自己の法律上の利益にかかわらない資格で提起するものをいう（法5条）。

違法な行政作用が行われても，主観訴訟（抗告訴訟と公法上の当事者訴訟）だけでは，訴訟を提起できる者がいない場合がありうる。たとえば，ある市が，公民館の用地として，市長の知人の土地を不当に高い価格で買収したとする。これによって当該市は不利益を受けるが，個別の住民が具体的な損害を受けるわけではないから，主観訴訟の提起は困難である。そこで，地方自治法は，**住民訴訟**の制度を設け，地方公共団体の執行機関または職員が違法な財務会計上の行為を行った場合，住民であれば誰でも訴訟を提起できることとしている（地方自治法242条の2）。

民衆訴訟の例としては，選挙に違法があった場合に選挙人等が提起できる**選挙訴訟**（公職選挙法203条・204条・207条・208条）などもある。

---

**COLUMN 6-3** 　　　　　　　　　　　　**住民訴訟**

住民訴訟は特に活用されているので，ここで制度の概要を説明しておこう。

住民訴訟の対象となるのは，①財務会計上の行為（公金の支出，財産の取得・管理・処分，契約の締結・履行，債務その他の義務の負担）と，②怠る事実（公金の賦課・徴収または財産の管理を怠る事実）である（地方自治法242条1項）。

住民訴訟を提起するためには，まず，監査委員に対して住民監査請求（同項）を行わなければならない。監査の結果や執行機関の措置に不服がある場合にはじめて，住民訴訟を提起することができる（同法242条の2第1項）。

住民訴訟によって請求できるのは次の4つの事項である（同項）。①執行機関または職員に対する行為の全部または一部の差止めの請求（1号請求）。②行政処分の取消しまたは無効確認の請求（2号請求）。③執行機関または職員に対する怠る事実の違法確認の請求（3号請求）。④職員等に対する損害賠償または不当利得返還の請求をすることを執行機関等に対して求める請求（4号請求）。

---

## (4) 機関訴訟

機関訴訟とは，国または公共団体の機関相互間における権限の存否または

その行使に関する紛争についての訴訟をいう（法6条）。

　行政機関の間で権限行使等をめぐって紛争がある場合，上級機関の決定によって解決するのが原則である（⇨ 第2章第2節Ⅳ）。しかし，共通の上級機関が存在しない場合や，上級機関が決定することが適切でない場合もある。たとえば，地方公共団体の長と議会の間に争いがある場合，上級機関は存在しない。そこで，地方自治法は，このような場合，両者の間で訴訟を提起できることとしている（地方自治法176条7項）。

　機関訴訟の例としては，そのほか，**国等の関与に対する地方公共団体の機関の訴訟**（同法251条の5・251条の6）などがある。

### ② 抗告訴訟の種類

　上記のように，抗告訴訟とは，行政庁の公権力の行使に関する不服の訴訟をいう。行政事件訴訟法は，その種類として，①取消訴訟，②無効等確認訴訟，③不作為の違法確認訴訟，④義務付け訴訟，⑤差止訴訟を明文で定めている（法3条。⇨ 図6-3）。しかし，抗告訴訟はこれら5種類に限られず，明文で定められていない**無名抗告訴訟**（**法定外抗告訴訟**）も存在するとされる。2004年の行政事件訴訟法改正前は，義務付け訴訟と差止訴訟がその例とさ

○ 図6-3　抗告訴訟相互間の関係

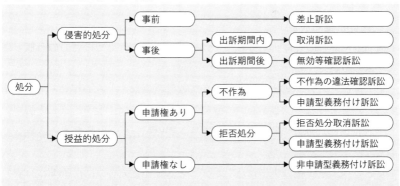

＊ ここで「侵害的処分」は，原告に不利益となる処分を争う場合を，「授益的処分」は，原告に利益となる処分を求める場合を意味する。侵害的処分には申請拒否処分を含めない。

れていた。改正によって両訴訟が明文化されたので，無名抗告訴訟の重要性は小さくなっている。

## (1) 取消訴訟

**処分の取消しを求める訴えを処分取消訴訟**という（法3条2項）。これに対し，（不服申立てに対してなされる）**裁決の取消しを求める訴えを裁決取消訴訟**という（同条3項）。**両者をあわせて取消訴訟**という（法9条1項参照）。

処分取消訴訟の例としては，国家公務員が飲酒運転をしたとして懲戒免職処分（国家公務員法82条1項）を受け，当該処分の取消しを求めて出訴する場合がある。裁決取消訴訟の例としては，同様の懲戒免職処分について，人事院に審査請求を行ったが（同法90条），人事院が請求を棄却する裁決をしたときに，当該裁決の取消しを求めて出訴する場合がある。

取消訴訟には出訴期間の制限があり（法14条），出訴期間がすぎた後は，次の無効等確認訴訟を提起することになる。

取消訴訟は，処分・裁決を争う原則的な訴訟類型であり，実際に提起される行政訴訟の大半をしめる。行政事件訴訟法は，取消訴訟について詳しい規定をおき（法第2章第1節），そのほかの訴訟類型にこれを準用する形をとっている。本章でも，まず取消訴訟について詳しく説明し（第2節〜第4節），続いてそのほかの訴訟類型を検討する（第5節）。

## (2) 無効等確認訴訟

**無効等確認訴訟とは，処分もしくは裁決の存否またはその効力の有無の確認を求める訴え**をいう（法3条4項）。

条文上は，処分・裁決の存在・不存在の確認訴訟と，その有効・無効の確認訴訟が考えられる。しかし，一般に提起されるのは，取消訴訟の出訴期間がすぎた後に，処分の無効（⇨ 第3章第2節IV❷(1)）の確認を求める訴訟である。

たとえば，所得税の申告に誤りがあるとして更正処分（国税通則法24条）を受けたが，うっかり出訴期間をすぎてしまった場合でも，当該更正処分が無効であると主張して，無効等確認訴訟を提起することができる。

## (3) 不作為の違法確認訴訟

**不作為の違法確認訴訟とは，法令にもとづく申請または審査請求に対し，行政庁が相当の期間内に何らかの処分または裁決をすべきであるにもかかわらず，これをしないことについての違法の確認を求める訴訟**をいう（法3条5項）。

許認可等を求めて法令にもとづく申請をしたのに対し，申請を拒否する処分がされれば，拒否処分の取消訴訟を提起して争うことができる。しかし，何らの処分もされないときは，取り消すべき対象がないから，取消訴訟を提起できない。このような場合に備えて設けられたのが，不作為の違法確認訴訟である。

**法令にもとづく申請とは，申請に対して何らかの応答を求める権利（申請権）が法令によって認められている場合**をさす（⇨第3章第2節VII❷）。

たとえば，建築確認（建築基準法6条1項）を申請したが，周辺住民が建築に反対しているとして，建築主事が何らの処分もしないときに，建築主は不作為の違法確認訴訟を提起できる。

もっとも，この訴訟で勝訴しても，不作為が違法であることが確認されるだけで，行政庁が許認可等を行うことを義務付けられるわけではない。したがって，行政庁は拒否処分をすることも可能であり，そうなると原告はさらに拒否処分の取消訴訟を提起して争わなければならない。このように，不作為の違法確認訴訟は中途半端な救済手段であり，次に述べる義務付け訴訟の方がより実効的である。

## (4) 義務付け訴訟

**義務付け訴訟とは，行政庁が一定の処分または裁決をすべきであるにもかかわらず，これがされないときに，行政庁がその処分または裁決をすべき旨を命ずることを求める訴訟**をいう（法3条6項）。法令にもとづく申請ができる（申請権がある）場合や，審査請求をした場合に提起される**申請型**（同項2号）と，それ以外の場合に提起される**非申請型**（同項1号）がある。

申請型義務付け訴訟の例としては，県知事に風俗営業の許可（風俗営業等の規制及び業務の適正化等に関する法律3条1項）を申請したが，何らの処分

もされないときに，当該許可の義務付けを求めて出訴する場合がある。非申請型義務付け訴訟の例としては，産業廃棄物処分場の違法な操業によって被害を受けている周辺住民が，当該処分場の事業者に対して県知事が措置命令（廃棄物の処理及び清掃に関する法律15条の2の7）を発することを義務付けるよう求めて出訴する場合がある。

　申請型に比べると，非申請型については，かなり厳しい訴訟要件が設けられている。

## (5) 差止訴訟

　**差止訴訟**とは，**行政庁が一定の処分または裁決をすべきでないにもかかわらず，これがされようとしている場合において，行政庁がその処分または裁決をしてはならない旨を命ずることを求める訴訟**をいう（法3条7項）。

　処分または裁決がされた後であれば，取消訴訟で争うことができる。しかし，いったん処分または裁決がされると，取り返しのつかない損害を受けることもありうる。このような場合に，処分または裁決の事前差止めを求めるのが差止訴訟である。

　たとえば，食堂で食中毒が発生し，県知事が営業停止命令（食品衛生法55条）を検討しているとする。命令を受けることで生じる風評被害によって経営が壊滅的打撃を受けるおそれがあるときは，当該食堂の経営者は差止訴訟を提起できる。

# 第2節　取消訴訟の訴訟要件

SECTION 2

　まず，**訴訟要件**の意味を確認しておこう。訴訟要件とは，**請求の当否（請求に理由があるか）について，裁判所が判断するための要件**をいう。訴えが提起された場合，裁判所は訴訟要件を満たしているかを判断し，満たさないときは**却下判決**（いわゆる門前払い）をする。訴訟要件を満たすときは，請求の当否（本案）を判断し，請求に理由がなければ**棄却判決**を，理由があれば**認容判決**を行う（⇨ 図6-4）。

● 図6-4　訴訟要件の意味

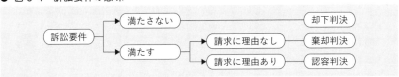

　取消訴訟に特有の訴訟要件は，①処分性，②原告適格，③（狭義の）訴えの利益，④被告適格，⑤管轄裁判所，⑥審査請求前置，⑦出訴期間である。

## Ⅰ. 処分性

### ❶　処分性とは何か

　**処分性**は，取消訴訟の対象（何を争えるか）に関する**要件**である。取消訴訟には，処分の取消訴訟と裁決の取消訴訟がある（⇨ 本章第1節Ⅲ❷(1)）。**裁決**は，「**審査請求その他の不服申立て……に対する行政庁の裁決，決定その他の行為**」（法3条3項）と定義され，比較的明確である。これに対し，**処分**は，「**行政庁の処分その他公権力の行使に当たる行為**」（同条2項）とされているが，その意味は必ずしも明確ではない。そこで，「処分」の解釈を

めぐって争いがあり，膨大な判例が蓄積されている。

リーディング・ケースは，大田区ゴミ焼却場設置事件である（最判昭和39・10・29民集18巻8号1809頁，百選Ⅱ148事件）。それによれば，行政庁の処分とは，「**公権力の主体たる国または公共団体が行う行為のうち，その行為によって，直接国民の権利義務を形成しまたはその範囲を確定することが法律上認められているもの**」をいう（以下「**処分性の定式**」という）。

この定式を分析すると，処分性の構成要素は，⑦公権力性，④法的効果，⑦外部性，④成熟性であると解される。以下では，重要判例をまじえつつ，これらを順次検討する。

---

**COLUMN 6-4　処分性拡大論と訴訟類型多様化論**

処分性は取消訴訟の対象に関する要件なので，これを広く解すれば，取消訴訟による救済の範囲も広くなる。かつて多くの学説は，判例の解釈が狭すぎると批判し，処分性の拡大を主張していた（処分性拡大論）。判例も，以下で見るように，最近は処分性を広く解する傾向にある。

他方，処分性を拡大すると，公定力・不可争力（⇨第3章第2節Ⅲ）が生じる範囲も広がり，国民にとって必ずしも利益とならないから，取消訴訟以外の訴訟類型を活用すべきとの主張も有力である（訴訟類型多様化論）。2004（平成16）年の行政事件訴訟法改正で，公法上の確認訴訟の活用がうながされたが（⇨本章第1節Ⅲ❶(2)），訴訟類型多様化論に立つものと解される（⇨本章第5節Ⅴ）。

処分性を認めれば取消訴訟によって確実に救済できるが，公定力・不可争力という副作用をともなうことも確かである。処分性を認めるか，他の訴訟類型によるかは，事案に応じて個別に判断すべきだと思われる。

---

**❷　公権力性**

**(1) 意義**

処分性が認められるには，まず，「**公権力の行使に当たる行為**」（法3条2項）である必要がある。その意味については議論があるが，さしあたり，**国民の権利義務を一方的に変動させる行為**と理解しておこう。そこで，講学上の行政行為は基本的に処分にあたるが（⇨ 第3章第2節Ⅰ❸），契約や公共施

設の設置管理には処分性が認められない。

## (2) 契約

　契約は当事者間の合意によって法的拘束力を生じるから，**処分性は認められない**。たとえば，普通財産（⇨ 第 7 章第 1 節Ⅲ❷ (1)c)）の売払いは，私法上の売買契約によるから，処分にあたらない（普通財産売払事件に関する最判昭和 35・7・12 民集 14 巻 9 号 1744 頁，百選Ⅱ 146 事件）。

　もっとも，契約と考えられる場合でも，**法令で処分とされる**ことがある。たとえば，補助金の交付は，通常，贈与契約によって行われる。しかし，すでにみたように（⇨ 第 1 章第 3 節Ⅳ❷），国の補助金に適用される「補助金等に係る予算の執行の適正化に関する法律」（補助金適正化法）は，補助金の交付決定を処分として扱うものと解されている（摂津訴訟に関する東京高判昭和 55・7・28 行集 31 巻 7 号 1558 頁参照）。

　供託金取戻請求却下事件（最大判昭和 45・7・15 民集 24 巻 7 号 771 頁，百選Ⅱ 147 事件）では，原告が賃料の弁済供託を行っていたが，紛争が解決したので，民法 496 条 1 項にもとづき，供託金の取戻しを請求した。供託官が消滅時効を理由に請求を却下したので，却下決定の取消訴訟を提起した。

　最高裁は，弁済供託は寄託契約の性質をもつが，供託法及び供託規則が，「却下」や「処分」という文言を用い，却下に対して特別の不服審査手続を設けていることから，供託物取戻請求の却下決定は処分にあたるとした。

　労災就学援護費不支給事件（最判平成 15・9・4 判時 1841 号 89 頁，百選Ⅱ 157 事件）では，原告が労働者災害補償保険法（労災法）にもとづく遺族補償年金を受給するとともに，その子 A のために労災就学援護費（援護費）を支給されていた。A が外国の大学に進学したところ，当該大学は学校教育法 1 条に定める「学校」にあたらないとして，援護費の不支給決定を受けたので，当該決定の取消訴訟を提起した。

　労災法 23 条 1 項 2 号は労働福祉事業について定め，これを受けて労働省令が援護費の支給は労働基準監督署長が行うと規定し，通達が援護費の支給手続を定めている。最高裁は，このような援護費に関する制度のしくみにかんがみれば，労災法は，保険給付を補完するために，これと同様の手続によ

り，援護費を支給することができる旨を定めていると解するのが相当であり，具体的に支給を受けるためには支給決定が必要であることからすると，不支給決定は処分と認められるとした。

この判決に対しては，法令に明確な根拠がないにもかかわらず，通達にもとづいて処分性を認めているとの批判もある。援護費の支給を契約によると解し，申込みに対する承諾を求める訴訟（民事訴訟または公法上の当事者訴訟）を提起することも考えられる（このような訴えの実例として，⇨ 第3章第3節Ⅱ❷(3)）。

### (3) 公共施設の設置管理

**公共施設の設置管理は，原則として公権力の行使にあたらず，処分性は認められない。** 大田区ゴミ焼却場設置事件（前掲最判昭和39・10・29）では，東京都がゴミ焼却施設を設置するために用地を買収し，都議会に設置計画案を提出し，その議決にもとづいて建築請負契約を業者と締結したので，建設予定地の周辺住民がこれら一連の行為を処分とみて，その無効確認を求めて出訴した。

最高裁は，処分性の定式（⇨ 前記❶）をふまえ，当該焼却施設は，私人から契約で買収した土地に，私人との契約によって設置され，設置計画も都の内部的手続にとどまるから，いずれも処分にあたらないとして，訴えを却下した。

公共施設の設置管理については，民間事業者の施設（廃棄物処分場など）と同様，民事訴訟（人格権侵害を理由とする差止訴訟など）で争えるから，処分性を認める必要はない。

---

**COLUMN 6-5　　国営空港等による騒音の争い方**

公共施設の設置管理は民事訴訟で争うべきとされてきたが，これと異なる立場をとったのが大阪空港訴訟である（最大判昭56・12・16民集35巻10号1369頁，百選Ⅱ149事件）。国営空港であった大阪国際空港（本件空港）の周辺住民が，騒音によって人格権等を侵害されていると主張して，夜間における本件空港の使用差止め等を

求める民事訴訟を提起した。

　最高裁は，空港管理権それ自体は公権力の行使にあたらないと認めつつ，管理権者である運輸大臣（当時）は航空会社等に対して航空行政権（公権力）をもっており，空港管理権と航空行政権は不可分一体的に行使されるとする。そして，本件空港の供用差止めを求める本件請求は，航空行政権の行使の取消変更等を含むことになるから，行政訴訟によって何らかの請求ができるかはともかく，民事訴訟としては不適法とした。

　この判決に対しては，不可分一体とする実定法上の根拠がみあたらず，行政訴訟によって実効的な救済ができるかも明確ではないなどとして，学説の強い批判がある。

　その後，最高裁は，自衛隊機の運航差止めが民事訴訟で求められた厚木基地第1次訴訟で，自衛隊機の運航に関する防衛庁長官（当時）の権限行使は，その運航に必然的にともなう騒音等について，周辺住民の受忍を義務付けているから，公権力の行使にあたるとして，訴えを却下した（最判平成5・2・25民集47巻2号643頁）。

　この判決に対しても，自衛隊法上，周辺住民に騒音の受忍を義務付ける根拠はないなどとして，学説の強い批判がある。なお，厚木基地第4次訴訟では，自衛隊機の運航について，行政訴訟としての差止訴訟で争えるとされている（最判平成28・12・8民集70巻8号1833頁，百選II 150事件。⇨本章第5節IV）。

　他方で，最高裁は，国道等の供用差止めが民事訴訟で求められた国道43号線公害訴訟において，訴えの適法性を前提に，本案判断をして，請求を棄却した（最判平成7・7・7民集49巻7号2599頁）。公共施設の設置管理は原則として民事訴訟で争うべきだが，上記の国営空港や自衛隊基地はその例外と解するようである。しかし，例外に根拠があるかは疑わしい（詳しくは，塩野・行政法II 120頁以下など参照）。

---

**❸ 法的効果**

## （1）意義

　処分性が認められるには，**法的効果をもつ行為である必要**がある。処分性の定式では，「国民の権利義務を形成しまたはその範囲を確定することが法律上認められているもの」とされている。そこで，法的効果をもたない事実行為は処分にあたらないが，**権力的事実行為**は取消訴訟で争うことができるとされている。

## (2) 事実行為

　**法的効果をもたない事実行為は，原則として処分にあたらない**。海難審判の原因解明裁決（最大判昭和36・3・15民集15巻3号467頁，百選II158事件）や，健康保険医に対する戒告（最判昭和38・6・4民集17巻5号670頁）は，法的効果がないとして，処分性が否定されている。

　もっとも，事実行為とみえる場合に，**救済の必要を考慮し，法的効果があると解釈して，処分性を認める判例**がある。横浜税関事件（最判昭和54・12・25民集33巻7号753頁）では，原告が写真集を輸入しようとしたところ，税関長から，関税定率法（当時）21条3項にもとづき，当該写真集は輸入禁制品である「風俗を害すべき書籍」にあたるとの通知（本件通知）を受けたので，本件通知の取消訴訟を提起した。

　最高裁は，本件通知それ自体は，輸入禁制品にあたるとの判断を表明する観念の通知にすぎないが，これによって当該写真集を適法に輸入できなくなるという法律上の効果を及ぼすとして，処分性を肯定した（最大判昭和59・12・12民集38巻12号1308頁，百選II159事件も参照）。

　さらに興味深いのが，病院開設中止勧告事件である（最判平成17・7・15民集59巻6号1661頁，百選II160事件）。原告が，医療法（当時）7条1項にもとづき，病院開設の許可を申請した。県知事は，当該地域で病床数がすでに足りていることを理由に，同法30条の7にもとづき，申請にかかる病院開設の中止勧告（本件勧告）をしたうえで，病院の開設を許可したので，原告は本件勧告等の取消訴訟を提起した。

　健康保険法（当時）43条ノ3第2項によれば，保険医療機関として著しく不適当と認めるときは，都道府県知事は保険医療機関の指定を拒否できる。当時の通達では，医療法にもとづく病院開設中止勧告にしたがわないときは，著しく不適当な場合にあたるとされていた。病院の開設許可を得ても，保険医療機関の指定がなければ保険診療ができず，診療費は全額患者の負担となるから，通常は経営が成り立たない（⇨図6-5）。

　最高裁は，本件勧告は，医療法上は行政指導として定められているが，健康保険法によれば，本件勧告にしたがわない場合，相当程度確実に保険医療機関の指定を受けられなくなるとする。そして，国民皆保険制度が採用され

ている日本では，保険医療機関の指定を受けられない場合，実際上病院の開設自体を断念せざるをえないと指摘する。本件勧告が保険医療機関の指定に及ぼすこのような効果と，病院経営において同指定がもつ意義をあわせ考えると，本件勧告は処分にあたるとした。

注目すべき判決ではあるが，本件勧告に何らかの法的効果があると解したのか，法的効果がないにもかかわらず，救済の必要上処分性を認めたのか（そうであれば処分性の定式に例外を設けたことになる），明らかではない。

なお，**申請に対する拒否**については，申請権があるときは処分にあたるが，そうでないときは，単なる事実行為であり，処分性はないと解されている（⇨ 第 3 章第 2 節Ⅶ❷）。

● 図 6-5　病院開設中止勧告の影響

## (3) 権力的事実行為

事実行為に処分性は認められないが，**公権力の行使にあたる事実行為（権力的事実行為）で，継続的性質をもつものについては，例外的に取消訴訟の提起が認められている。**

行政事件訴訟法には明記されていないが，権力的事実行為は「その他公権力の行使に当たる行為」（法 3 条 2 項）に含まれると解されている。2014（平成 26）年改正前の行政不服審査法 2 条 1 項は，不服申立ての対象となる「処分」に，「公権力の行使に当たる事実上の行為で，人の収容，物の留置その他その内容が継続的性質を有するもの」が含まれる旨，明文で定めていた。2014 年改正でこの条文は削除されたが，事実行為に対する審査請求が認められる点は変わっていない（⇨ **本章第 7 節Ⅱ❶(1)**）。

権力的事実行為の例として，精神保健及び精神障害者福祉に関する法律 29 条による入院措置がある。厚木基地第 4 次訴訟では，自衛隊機運航の差

止訴訟（行政訴訟）が適法とされたが（⇨ COLUMN 6-5），当該運航を権力的
事実行為とみているようである。

## ④ 外部性

### (1) 意義

処分性が認められるには，**行政の外部の国民に法的効果を及ぼす行為**である必要がある。処分性の定式では，「国民の」権利義務を形成すること等が求められている。行政内部でのみ効力をもつ行政規則（⇨ 第3章第1節Ⅲ）や，行政機関相互間の行為は，処分にあたらない。

### (2) 行政規則

墓地埋葬通達事件（最判昭和43・12・24民集22巻13号3147頁，百選Ⅰ55事件。⇨ 第3章第1節Ⅲ❸）では，異教徒であることは墓地埋葬を拒否できる「正当の事由」（墓地，埋葬等に関する法律13条）にあたらないとする通達を，墓地を管理する寺院が取消訴訟で争った。

最高裁は，通達は行政内部における命令にすぎず，一般国民はこれに拘束されるわけではないから，処分性は認められないとした。

通達が国民に法的効果を及ぼさないのは確かである。しかし，「正当の理由」なく埋葬を拒否すると刑事罰を受ける（同法21条1号）ことを考えると，本件においては，救済の必要は否定できないと思われる。処分性を認めて取消訴訟の提起を可能とする方法もあるが，公法上の当事者訴訟（確認訴訟）による救済も考えられる（⇨ 本章第5節Ⅴ❷(1)）。

### (3) 行政機関相互間の行為

東山村消防長同意取消事件（最判昭和34・1・29民集13巻1号32頁，百選Ⅰ20事件）では，原告が建築許可を県知事に申請したところ，当該許可には消防長の同意が必要なので（消防法7条），県知事は消防長に同意を求めた。消防長はいったん同意をしたが，のちにこれを取り消したことから，原告は同意取消しの取消しを求めて出訴した。

最高裁は，当該同意は行政機関相互間の行為であって，国民との直接の関係においてその権利義務を変動させるものではないから，処分性は認められないとした。

原告は，同意がないことを理由とする不許可処分をまって，その取消訴訟を提起し，同意取消しの違法を主張できるから，消防長の同意に処分性を認めなくとも問題はない。

成田新幹線訴訟（最判昭和53・12・8民集32巻9号1617頁，百選Ⅰ2事件）では，運輸大臣（当時）が，鉄道建設公団（当時）に対し，全国新幹線整備法（当時）9条により，成田新幹線建設のための工事実施計画の認可（本件認可）をしたので，建設予定地に土地を所有する原告らが，本件認可の取消しを求めて出訴した。

最高裁は，本件認可は，いわば上級行政機関としての運輸大臣が，下級行政機関としての公団に対して監督手段として行うものであり，行政機関相互間の行為と同視すべきであって，国民の権利義務を直接変動させるものではないとして，処分性を否定した。

## ❺ 成熟性

### (1) 意義

処分性の定式からは明らかではないが，**国民に法的効果を及ぼし，公権力の行使にあたる行為であっても，成熟性がない（その時点で訴訟を認める必要はない）**との理由で，処分性が否定される場合がある。これには，法令等の一般抽象的行為と，一連の行政手続の途中で行われる行為（段階的行為）がある。

### (2) 一般抽象的行為

**法令等の一般抽象的行為には，その効果が個別具体的ではないとして，処分性が否定されている。**のちに具体的な処分があるのがほとんどなので，通常はそれを争えばよい。法令等を直接争う必要がある場合も考えられるが，処分性を認めるべきか，他の訴訟類型（公法上の当事者訴訟等）によるべき

か，検討を要する（⇨ COLUMN 6-4）。

盛岡用途地域指定事件（最判昭和57・4・22民集36巻4号705頁，百選Ⅱ153事件）では，ある地域を工業地域に指定する都市計画決定（本件決定）を県知事が行ったので，当該地域で病院を経営する原告が，本件決定の無効確認等を求めて出訴した。

工業地域に指定されると，病院の建築が禁止される（都市計画法8条1項1号，建築基準法48条12項・別表第二（を））。もっとも，指定替えがあっても，既存の建築物には適用されない（建築基準法3条2項）。これを「既存不適格」という。そこで，原告は病院の経営を継続できるものの，新築・増築ができないことになる。

最高裁は，本件決定によって土地所有者が新たな制約を課せられることは否定できないが，それは新たな法令が制定された場合と同様であり，土地所有者は当該制約を実現する行政庁の具体的処分を争えるから，権利救済の点でも問題はないとして，処分性を否定した。

しかし，指定地域は限定されているから，法令の制定と同視できるか疑問である。判決が示唆するように，原告は，たとえば，病院増築の建築確認を申請し，拒否処分を受けて，拒否処分取消訴訟を提起し，拒否処分が違法であることの理由として指定の違法を主張できる。ただ，この訴訟で指定が違法と判断されても，拒否処分が取り消され，建築確認は得られるが，指定が効力を失うわけではない。工業地域指定による周辺環境の悪化は防げないから，指定の取消しを認めるべきである。

**法形式が法令であっても，その効果が個別具体的な場合**には，処分性が認められる。横浜市保育所廃止条例事件（最判平成21・11・26民集63巻9号2124頁，百選Ⅱ204事件）では，民営化のため，横浜市が4つの市営保育所を廃止する条例（本件条例）を制定したので，当該保育所で保育を受けていた児童とその保護者が，本件条例の制定行為の取消訴訟を提起した。

最高裁は，児童福祉法（当時）24条は保護者による保育所の選択を制度上保障しており，特定の保育所で現に保育を受けている児童とその保護者は，保育の実施期間が満了するまで，当該保育所での保育を期待しうる法的地位をもつとする。本件条例は，本件各保育所の廃止のみを内容とし，その施行

によって，他に行政庁の処分をまつことなく，上記特定の者らに対して，直接，上記の法的地位を奪う結果を生じさせるから，その制定行為は行政庁の処分と実質的に同視しうるなどとして，処分性を認めた。

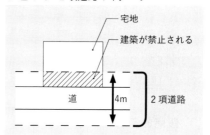

図6-6　2項道路のイメージ

御所町2項道路指定事件（最判平成14・1・17民集56巻1号1頁，百選Ⅱ154事件）では，2項道路の一括指定が問題となった。防災等の観点から，建築物の敷地は道路に2m以上接しなければならない（接道義務，建築基準法43条1項）。「道路」とは幅4m以上の道をいうが（同法42条1項），この要件を満たさない道でも，特定行政庁（都道府県知事等）が指定したものは「道路」とみなされる（同条2項）。建築基準法42条2項にもとづくので，2項道路という。2項道路に接する土地では建築が可能となる一方，道路とみなされた部分（中心線の両側2m）では建築が禁止される（同法44条1項）。上記既存不適格の適用により，既存の建築物を取り壊す必要はないが，沿道で改築が進むにつれて，幅4mの道路が確保されるしくみである（⇨図6-6）。2項道路の指定は，対象を特定して個別に行うこと（個別指定）が想定されていたが，一定の要件を満たす道を一括して指定する方法（一括指定）も広く行われていた。

この事件では，原告が所有する土地を含む通路部分（本件通路部分）が2項道路にあたるかを建築主事に照会したところ，県知事が告示（⇨ COLUMN 3-3）で行った一括指定の対象に含まれるとの回答があった。そこで原告は，本件通路部分に指定処分が存在しないことの確認（処分不存在確認）を求めて出訴した。

最高裁は，2項道路の指定は，それが一括指定の方法でされた場合でも，一定の条件を満たすすべての道に指定の効果が生じ，敷地所有者は具体的な私権制限を受けるから，抗告訴訟の対象となる処分にあたり，本件訴えは処分の存否の確認を求める抗告訴訟（法3条4項）として適法であるとした。

一括指定の対象は広範に及びうるが，一定の条件を満たす点で特定されて

いること，個別指定が処分にあたるのは明らかであることから，処分性が認められたものと思われる。もっとも，本件では，原告は一括指定そのものではなく，本件通路部分が指定対象に含まれるとの建築主事の解釈を争っていたにすぎない。公権力の行使に不服があるとはいえないから，公法上の当事者訴訟（確認訴訟）で争うこともできたと思われる。

### (3) 段階的行為

　**行政過程が一連の手続を経て行われる場合，途中で行われる行為について，のちの処分を争えばよいとして，処分性が否定されることがある。**

　この点については，土地区画整理事業の事業計画決定をめぐる判例の展開が興味深い。土地区画整理事業とは，土地利用が効率的ではない市街地で，土地の区画形質を変更し，道路等の公共施設を整備する事業である（土地区画整理法2条1項，⇨図6-7a）。公共団体が行う場合を例にとると，都市計画決定，事業計画の決定，工事，換地処分，清算という手続で行われる（⇨図6-7b）。事業計画が決定され（同法52条1項），公告されると，事業の円滑な実施のため，対象区域で建築行為等が制限される（同法76条）。また，換地処分によって，権利関係が事業後の現状にあわせて変換される（同法104条）。

　換地処分が処分にあたることは明らかであるが，これに先立つ事業計画決定に処分性が認められるかが争われた。高円寺土地区画整理事業計画事件（最大判昭和41・2・23民集20巻2号271頁，「青写真判決」と呼ばれる）では，都知事が土地区画整理事業の事業計画を決定したが，いっこうに事業が進まないので，対象地区の地権者が当該決定の無効確認訴訟を提起した。

　最高裁は，3つの理由をあげて処分性を否定した。①事業計画は事業の基礎的事項を一般的，抽象的に決定するもので，利害関係者の権利変動が具体的に確定するわけではなく，事業のいわば青写真（設計図）にすぎない（青写真論）。②事業計画の公告により施行地区内で権利制限が生じるが，これは事業の円滑な遂行を確保するため法律が付与した付随的効果にとどまる（付随的効果論）。③事業計画の違法を主張する者は換地処分等の後続処分を争えるから，権利保護に欠けるとはいえない（権利救済論）。

● 図 6-7

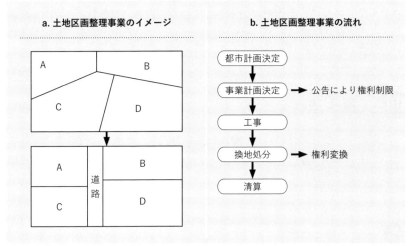

　この判例には学説の強い批判があったが，浜松市土地区画整理事業計画事件によって変更された（最大判平成 20・9・10 民集 62 巻 8 号 2029 頁，百選Ⅱ152 事件）。浜松市が土地区画整理事業の事業計画を決定したので，施行地区の地権者が当該決定の取消訴訟を提起した。

　最高裁は，2 つの理由をあげて処分性を認めた。㋐施行地区内の宅地所有者等は，事業計画決定によって，土地区画整理事業の手続にしたがって換地処分を受けるべき地位に立たされ，その法的地位に直接的な影響を受けるから，決定の法的効果が一般的，抽象的とはいえない。㋑宅地所有者等は換地処分等の取消訴訟を提起できるが，その段階では実際上工事等が進んでおり，事情判決（⇨ 本章第 4 節Ⅰ）がされる可能性が相当程度あるから，宅地所有者等の救済が十分に果たされるとはいいがたく，事業計画の適否が争われる場合，実効的な救済のためには，事業計画決定の段階で取消訴訟の提起を認めることに合理性がある。

　㋐は青写真判決の①（青写真論）を，㋑は③（権利救済論）を，それぞれ否定するものと解される。これによって，土地区画整理事業の事業計画のように，のちに行政作用が予定されている計画（非完結型計画）には，処分性

Ⅰ．処分性

が肯定されうることになった。この判例変更が、用途地域指定（⇨ 前記(2)）のような、のちに行政作用が予定されていない計画（完結型計画）にも及ぶかについては、議論がある。事案が異なるので、直ちには影響しないと一般に解されている。

# Ⅲ. 原告適格

以下では、原告適格の意義（❶）を明らかにしたうえで、行政事件訴訟法改正までの判例（❷）を振り返り、改正の内容とその後の判例（❸）を概観する。

## ❶ 原告適格とは何か

### (1) 原告適格の意義

原告適格とは、**取消訴訟を提起する資格（誰が取消訴訟を提起できるか）に関する訴訟要件**である。行政事件訴訟法9条1項によれば、処分または裁決の取消しを求めるにつき「**法律上の利益を有する者**」に認められる。

その解釈をめぐって争いがあり、処分性と同様、膨大な判例が蓄積されている。もっとも、処分または裁決の相手方（**名宛人**）に原告適格が認められることに異論はなく、問題となるのは名宛人以外の者（**処分等の第三者**）である。

COLUMN **6-6** 名宛人の原告適格

処分等の名宛人に原告適格があることは当然とされるが、いくつか留意点もある。
第1に、名宛人ではないが、処分等の法的効果によって直接権利利益を侵害される者にも、原告適格が認められる。「準名宛人」と呼ばれることもある（中川丈久「取消訴訟の原告適格について(1)――憲法訴訟論とともに」法教379号〔2012年〕67頁）。たとえば、土地収用のための事業認定は、収用を求める起業者が名宛人であるが（土地収用法16条）、当該土地の所有者等は当該事業認定の取消訴訟を提起で

きる。また，建築主に対する建築確認（建築基準法6条1項）を隣人が審査請求で
争い，建築審査会がこれを取り消す裁決をした場合（同法94条），建築主は当該裁
決の取消訴訟を提起できる。

第2に，名宛人であっても，処分等によって不利益を受けないときは，原告適格
は認められない。当然のこととも考えられるが，この点が問題となったと思われる
ケースとして，優良運転免許証交付等請求事件がある（最判平成21・2・27民集63
巻2号299頁）。

過去の違反歴等により，優良運転者，一般運転者，違反運転者が区別され，優良運
転者については運転免許証にその旨が記載される（道路交通法93条1項5号）。優
良運転者と一般運転者は，いずれも免許証の有効期間が原則5年で（同法92条の2
第1項），更新時の講習時間や手数料等に違いがあるだけである。本件では，免許証
の更新の際に，違反行為があったとして優良運転者の記載のない運転免許証を交付さ
れた原告が，違反行為をしていないと主張して，免許証の更新のうち，自らを一般運
転者とする部分の取消し等を求めて出訴した。

最高裁によれば，道路交通法は，優良運転者の要件を満たす者に，その記載のある
免許証を交付して更新を行うことを，単なる事実上の措置にとどめず，その者の法律
上の地位として保障するとの立法政策を採用している。そこで，優良運転者の記載の
ない免許証を交付されて更新を受けた者は，その記載のある免許証を交付して行う更
新を受ける法律上の利益を回復するため，当該更新処分の取消しを求める訴えの利益
をもつと判断した。

この判決は，「法律上の利益を回復するため」と述べており，狭義の訴えの利益
（⇨本節Ⅲ）の問題とみているようである。しかし，優良運転者の記載のない免許証
を交付して行う更新が，原告に不利益といえるか，という問題ととらえることもでき
る。そして，優良運転者の記載のある免許証の交付を受ける地位が法律上の地位であ
り，この地位を侵害する点で不利益となるから，原告適格が認められた，と解するこ
とも可能であろう。

第3に，許認可等の申請に対する拒否処分は，現状を悪化させるわけではないか
ら，申請者に不利益とならず，原告適格が認められないようにもみえる。しかし，す
でに述べたように，申請権が保障されている場合は，拒否処分によってこの権利が侵
害されたものとして，取消訴訟の提起が認められている（⇨第3章第2節Ⅶ❷）。

## （2）原告適格の考え方

「法律上の利益を有する者」の解釈としては，現在，法律上保護された利
益説と保護に値する利益説が有力に主張されている。

**法律上保護された利益説**は，争われた処分の根拠法規が原告の利益を保護

している場合に，原告適格を認める考え方である。

この説のメリットとして，①根拠法規の解釈が決め手となるので，判断基準が比較的明確であること，②「法律上の利益」という文言に適合的であることなどがあげられる。

デメリットとして，①原告適格の有無が根拠法規に左右されるので，概括主義（⇨ 本章第1節II❷）の理念に反すること（法律が定める場合しか原告適格を認めないので，「実体法上の列記主義」と批判されている），②立法者は原告適格を考えて条文を作っているわけでは必ずしもなく，根拠法規の趣旨が不明確な場合が少なくないこと，③実質的に妥当な解決を図ろうとすると，無理な解釈となりかねないことなどがあげられる。

**保護に値する利益説は，原告のもつ利益が裁判による保護に値する場合に，原告適格を認める考え方**である。

この説のメリットとして，①原告のもつ利益の内容や性質を考慮するので，実態に合った柔軟な判断ができること，②概括主義の理念に適していること，③原告適格の範囲の拡大が可能となることなどがあげられる。

デメリットとして，①「裁判による保護に値する」というだけでは，判断基準が不明確であること，②「法律上の利益」という文言にそぐわないこと，③原告適格の範囲が歯止めなく拡大し，訴訟の増加によって裁判所が機能不全に陥り（濫訴の弊），取消訴訟が客観訴訟（⇨ 本節III❶）となってしまうおそれがあることなどがあげられる。

判例は，後述のとおり，法律上保護された利益説をとっており，かつては，保護に値する利益説をとる学説と激しく対立していた。しかし，判例が原告適格を柔軟に認めるようになっていることから，法律上保護された利益説によりつつ，原告適格を実質的に拡大しようとする学説も有力となっている。

## ❷ 行政事件訴訟法改正までの判例

判例は，主婦連ジュース訴訟で法律上保護された利益説をとり，その後もこの立場を一貫して維持している。他方で，一連の判例によって，原告適格を拡大しており，実質的に，保護に値する利益説に近づいている。改正行政事

件訴訟法はそれまでの判例を前提としているので，改正前の状況を知っておくことが現在でも重要である。

## （1）主婦連ジュース訴訟

原告適格のリーディング・ケースは，主婦連ジュース訴訟である（最判昭和 53・3・14 民集 32 巻 2 号 211 頁，百選 II 132 事件）。公正取引委員会が，当時の不当景品類及び不当表示防止法（景表法）10 条 1 項にもとづいて，社団法人日本果汁協会らに対し，果実飲料等の表示に関する公正競争規約の認定をした。同規約によれば，無果汁でも「合成着色飲料」，「香料使用」等と表示すればよいとされていたことから，原告ら（主婦連合会等）が，同条 6 項にもとづいて，当該認定の取消しを求める不服申立てを行った。公正取引委員会が不服申立ての資格を欠くとして却下審決をしたので，原告らが当該審決の取消訴訟を提起した。

最高裁は，次のように判示して請求を棄却した。①景表法による不服申立てができるのは，一般の不服申立てと同様に，当該処分について不服申立てをする法律上の利益がある者，すなわち，「当該処分により自己の権利若しくは法律上保護された利益を侵害され又は必然的に侵害されるおそれのある者」である。②ここにいう「法律上保護された利益」とは，「行政法規が私人等権利主体の個人的利益を保護することを目的として行政権の行使に制約を課していることにより保障されている利益であって，それは，行政法規が他の目的，特に公益の実現を目的として行政権の行使に制約を課している結果たまたま一定の者が受けることとなる反射的利益とは区別される」。③景表法は公益の実現を目的としており，一般消費者は公益保護の結果として反射的利益を受けるにすぎないから，原告らに不服申立ての資格は認められない。

判旨①及び②からわかるように，本判決は法律上保護された利益説に立っている。もっとも，本件で問題となったのは，取消訴訟の原告適格ではなく，不服申立ての資格（⇨ 本章第 7 節 II ❶ (2)）である。すなわち，原告らは却下裁決の名宛人だから，原告適格をもつことは疑いなく（⇨ 前記 ❶ (1)），不服申立ての資格を否定した審決の適法性が争われたのである。とはいえ，本判

決は不服申立ての資格と原告適格を同じ意味に解しており，のちの判決もこの判決を原告適格の先例とみている。

## (2) 長沼訴訟

主婦連ジュース訴訟を継承しつつ，原告適格の拡大にふみ出したのが，長沼訴訟である（最判昭和57・9・9民集36巻9号1679頁，百選Ⅱ177事件）。農林大臣（当時）が，自衛隊のナイキ基地（ミサイル基地）等に使用させる目的で，森林法26条にもとづき，北海道の長沼町にある保安林の指定を解除する処分をした。そこで，当該保安の周辺住民が，自衛隊は違憲であり，そのための指定解除処分も違法であると主張して，当該処分の取消訴訟を提起した。

最高裁は，主婦連ジュース訴訟（判旨①及び②）と同旨を述べたうえで，次のように判示して，原告らの一部に原告適格を認めた（もっとも，本節Ⅲ❶で見るように，狭義の訴えの利益が否定された）。①法律が公益保護を目的とする場合でも，不特定多数者の利益を一般的公益の中に吸収解消させるにとどめず，それが帰属する個々人の個別的利益としても保護する趣旨を含む場合は，原告適格が認められる。②保安林の指定に「直接の利害関係を有する者」は，指定を申請でき（森林法27条1項），指定解除の際にも，意見書を提出し，公開の聴聞手続に参加できる（同法29条・30条・32条）こと等からすれば，「直接の利害関係を有する者」（保安林の指定解除によって洪水緩和・渇水予防の点で直接に影響を受ける者）は，指定解除処分の取消訴訟を提起できる。

本判決で注目されるのは，**根拠法規が，公益とともに，不特定多数者の利益を個々人の個別的利益として保護しているときは，原告適格を認めうる**としている点，指定の申請や意見書の提出等の**手続的権利が，原告適格を認める手がかりとされている**点である。

## (3) 新潟空港訴訟

原告適格の拡大をさらに進めたのが，新潟空港訴訟である（最判平成元・2・17民集43巻2号56頁，百選Ⅱ192事件）。運輸大臣（当時）が，航空法

100条・101条にもとづき，航空会社に対して，新潟空港発着路線にかかる定期航空運送事業免許処分を行った。そこで，同空港の周辺住民が，同法101条の要件を満たしていないと主張して，当該処分の取消訴訟を提起した。

最高裁は，次のように判示して原告適格を認めた（もっとも，**本章第3節I❷**(1)で見るように，違法事由を主張できないとされた）。①処分の取消しを求めるにつき「法律上の利益を有する者」とは，「**当該処分により自己の権利若しくは法律上保護された利益を侵害され又は必然的に侵害されるおそれのある者**」をいい，「**当該処分を定めた行政法規が，不特定多数者の具体的利益をもっぱら一般的公益の中に吸収解消させるにとどめず，それが帰属する個々人の個別的利益としてもこれを保護すべきものとする趣旨を含むと解される場合には，かかる利益も右にいう法律上保護された利益に当たり，当該処分によりこれを侵害され又は必然的に侵害されるおそれのある者は，当該処分の取消訴訟における原告適格を有する**」（主婦連ジュース訴訟と長沼訴訟を整理した判示で，以下「**原告適格の定式**」という）。②「当該行政法規が，不特定多数者の具体的利益をそれが帰属する個々人の個別的利益としても保護すべきものとする趣旨を含むか否かは，**当該行政法規及びそれと目的を共通する関連法規の関係規定によって形成される法体系**の中において，当該処分の根拠規定が，当該処分を通して右のような個々人の個別的利益をも保護すべきものとして位置付けられているとみることができるかどうかによって決すべきである。」③航空機騒音防止の観点から定期航空運送事業に対する規制に関する法体系をみると，定期航空運送事業免許の要件である「航空保安上適切なものであること」（航空法101条1項3号）は，航空機の供用による騒音障害の有無及び程度を考慮して判断すべきである。④航空機の騒音による被害は飛行場周辺の一定の地域的範囲の住民に限定され，その障害の程度は居住地域が離着陸経路に接近するにつれて増大するが，航空交通による利便が多大の効用をもたらすことにかんがみれば，航空機騒音による障害が著しい程度に至ったときにはじめて，法的手段に訴えうる利益侵害が生じたものとせざるをえない。⑤以上からすると，航空法は，飛行場周辺に居住する者が航空機の騒音によって著しい障害を受けないという利益を，個々人の個別的利益としても保護する趣旨を含むと解される。

本判決は，根拠法規の趣旨解釈において，「関連法規」の考慮を求めている（判旨②）。原告適格の拡大につながる判示であり，のちの行政事件訴訟法改正によって考慮事項とされている。

---

**COLUMN 6-7    新潟空港訴訟の背景事情**

本件で問題となったのは，事業計画が「航空保安上適切なものであること」（航空法101条1項3号）という要件の解釈である。一見すると，安全性に関する要件で，騒音は考慮されないようにも読める。下級審はそのように解して，周辺住民の原告適格を否定していた。

ところが，最高裁は，騒音防止を目的とする法律（「公共用飛行場周辺における航空機騒音による障害の防止等に関する法律」）を「関連法規」として考慮するなどして，上記要件が騒音防止の趣旨をも含むと解釈し（判旨③），周辺住民に原告適格を認めた。「関連法規」に関する一般論（判旨②）は，こうした結論を導くために必要だったとみられる。

最高裁はなぜ，そうまでして原告適格を認めたのだろうか。大阪空港訴訟で民事訴訟を不適法とし，厳しい批判を受けていたので（⇒COLUMN 6-5），行政訴訟が提起された本件で原告適格を否定するわけにはいかなかったのかもしれない。ともあれ，本判決が「関連法規」の考慮を求め，原告適格の拡大につながったのは，「けがの功名」だったともいえよう。

---

### (4) もんじゅ訴訟

原告適格を拡大する判例の集大成ともいえるのが，もんじゅ訴訟である（最判平成4・9・22民集46巻6号571頁，百選II 162事件）。内閣総理大臣が，当時の「核原料物質，核燃料物質及び原子炉の規制に関する法律」（規制法）23条1項4号により，動力炉・核燃料開発事業団（現在の独立行政法人日本原子力研究開発機構）に対し，高速増殖炉「もんじゅ」にかかる原子炉の設置許可をした。そこで，設置予定地から最大約58kmの範囲内に居住する住民らが，当該許可の無効確認訴訟を提起した。

最高裁は，原告適格の定式（新潟空港訴訟の判旨①）を引用したうえで，次のように判示して，全員の原告適格を認めた。①争われた処分を定めた「行政法規が，不特定多数者の具体的利益をそれが帰属する個々人の個別的

利益としても保護すべきものとする趣旨を含むか否かは，**当該行政法規の趣旨・目的，当該行政法規が当該処分を通して保護しようとしている利益の内容・性質等**を考慮して判断すべきである」。②本件のような無効等確認訴訟の原告適格についても，取消訴訟と同様に解するのが相当である。③規制法24条1項3号（技術的能力にかかる部分）及び4号は，原子炉の設置者が技術的能力を欠き，または原子炉施設の安全性が確保されないときは，深刻な災害を引き起こすおそれがあることにかんがみ，原子炉設置許可の段階でこれらの点の審査を行わせる趣旨である（根拠法規の趣旨・目的）。④この審査に過誤，欠落があった場合，重大な原子炉事故が起こる可能性があり，その際には原子炉施設に近い住民ほど被害を受ける蓋然性が高く，その被害の程度はより直接的かつ重大になるのであって，特に，原子炉施設の近くに居住する者はその生命，身体等に直接的かつ重大な被害を受けることが想定される（保護された利益の内容・性質等）。⑤そうすると，上記の規定は，上記事故等がもたらす災害により直接的かつ重大な被害を受けることが想定される範囲の住民の生命，身体の安全等を，個々人の個別的利益として保護する趣旨を含むと解される。⑥原告適格が認められる者の範囲は，当該原子炉の種類，構造，規模等の具体的諸条件を考慮に入れ，当該住民の居住する地域と原子炉の距離関係を中心として，社会通念に照らし，合理的に判断すべきである。

　本判決の判旨①は，行政事件訴訟法改正によって考慮事項とされている。特に注目されるのは，根拠法規が保護している「利益の内容・性質等」を考慮すべきとしている点であり，実質的に保護に値する利益説に近づいている。もっとも，根拠法規の趣旨を解釈する際にこの点を考慮するにすぎないから，理論的には法律上保護された利益説の枠内にとどまっている。

## (5) まとめ

　以上のように，行政事件訴訟法改正前の判例は，法律上保護された利益説を堅持しつつも，原告適格の範囲を実質的に拡大していた。特に重要なのが，①根拠法規が公益とともに個々人の個別的利益を保護している場合は，原告適格が認められること（長沼訴訟），②手続的権利がその際の手がかりとな

ること（同），③根拠法規の解釈にあたっては，関連法規を考慮すべきこと（新潟空港訴訟），さらには，④根拠法規の趣旨・目的や，保護されている利益の内容・性質等も考慮すべきこと（もんじゅ訴訟）である。また，⑤「法律の合理的解釈」を求める判例もあった（伊達火力発電所訴訟に関する最判昭和60・12・17判時1179号56頁）。

しかし，原告適格が否定された例も少なくない。公有水面埋立法による埋立免許を周辺水面の漁業権者等が争った事件（前掲最判昭和60・12・17），地方鉄道法（当時）による特急料金の値上げ認可を利用者が争った事件（近鉄特急事件に関する最判平成元・4・13判時1313号121頁，百選II 168事件），遺跡にかかる文化財の指定解除を当該遺跡の研究者が争った事件（伊場遺跡訴訟に関する最判平成元・6・20判時1334号201頁，百選II 169事件），都市計画事業の認可を事業対象地の周辺住民が争った事件（環状6号線訴訟に関する最判平成11・11・25判時1698号66頁，百選I 56事件）などである。

また，保護されている利益の内容・性質等を考慮する際に，もんじゅ訴訟で問題となったような「**生命，身体の安全等**」については，原告適格が認められやすい（開発許可に関する最判平成9・1・28民集51巻1号250頁など）。他方，**財産上の利益**については，法令に具体的な手がかりがある場合は別として（総合設計許可に関する最判平成14・1・22民集56巻1号46頁，百選II 164事件など），原告適格は認められないとされている（林地開発許可に関する最判平成13・3・13民集55巻2号283頁，百選II 163事件など）。

### ❸ 行政事件訴訟法の改正

## （1）改正の内容

2004（平成16）年の行政事件訴訟法改正の過程では，原告適格の扱いが大きな争点となった。原告適格を拡大するために，「法律上の利益」という文言を改正すべきとの主張があった一方，判例が原告適格を拡大しているので，改正の必要はないとの主張もあった。結局，両者の妥協として，「原告適格が実質的に広く認められるために必要な考慮事項」を定めることとなった（司法制度改革推進本部行政訴訟検討会「行政訴訟制度の見直しのための考え

方」第2, 1(1))。これが現行法の
9条2項である。

　同項によれば，裁判所は，処分
または裁決の相手方以外の者（第
三者）について「法律上の利益」
の有無を判断するにあたって，
当該処分または裁決の根拠となる
規定の文言のみによることなく，
**「当該法令の趣旨及び目的**〔⑦〕
**並びに当該処分において考慮され
るべき利益の内容及び性質**〔⑦〕

**● 図 6-8　9条2項の考慮事項**

⑦当該法令の趣旨及び目的（考慮）
　┗⑦当該法令と目的を共通にする関係
　　法令の趣旨及び目的（参酌）
⑦当該処分において考慮されるべき利益
　の内容及び性質（考慮）
　┗⑦当該処分または裁決がその根拠とな
　　る法令に違反してされた場合に害さ
　　れることとなる利益の内容及び性質
　　並びにこれが害される態様及び程度
　　（勘案）

を考慮するものとする。この場合において，当該法令の趣旨及び目的を考慮
するに当たっては，**当該法令と目的を共通にする関係法令があるときはその
趣旨及び目的**をも参酌するものとし〔⑦〕，当該利益の内容及び性質を考慮
するに当たっては，**当該処分又は裁決がその根拠となる法令に違反してされ
た場合に害されることとなる利益の内容及び性質並びにこれが害される態様
及び程度**をも勘案するものとする〔⑦〕」（〔　〕は引用者による補足）。

　ややわかりにくい規定であるが，第三者の原告適格については⑦と⑦を考
慮し，⑦については⑦を，⑦については⑦を，それぞれ参酌または勘案する，
ということである（⇨ 図6-8）。

　もっとも，これらの考慮事項をみると，⑦と⑦はもんじゅ訴訟（判旨①），
⑦も新潟空港訴訟（判旨②）で，すでに同旨が述べられている。⑦について
も，両訴訟で実質的に考慮されている（それぞれの判旨④参照）。そうすると，
この規定は従来の判例を条文化しただけで，原告適格の拡大は期待できない
とも考えられる。

　しかし，上記のように，この改正が原告適格の実質的拡大のために行われ
た経緯からすれば，これらの考慮事項を活用して原告適格を広く認めること
が，立法者意思にそうものである。

## (2) 改正後の判例

　この改正の直後，原告適格を拡大する判例変更を行ったのが，小田急訴訟大法廷判決である（最大判平成 17・12・7 民集 59 巻 10 号 2645 頁，百選Ⅱ 165 事件）。「あかずの踏切」を解消するため，小田急小田原線の連続立体交差化事業（連続する複数の踏切部分を線路の高架化などにより立体交差とする事業，⇨図 6-9）を行うことになった。建設大臣（当時）が，都市計画法 59 条 2 項にもとづき，東京都に対し，上記事業に関する都市計画事業認可等を行った。そこで，当該事業予定地の周辺に居住する原告らが，環境面・経済面で優れた地下式ではなく，原告らに騒音振動等の被害を及ぼす高架式を採用した点で違法であるなどと主張して，当該認可等の取消訴訟を提起した。原審は，先例（環状 6 号線訴訟に関する前掲最判平成 11・11・25。⇨前記❷(5)）にしたがい，当該認可について原告適格を否定した。原告らの上告受理申立てを受理した最高裁第一小法廷は，原告適格にかかる部分を大法廷に回付した。

　最高裁大法廷は，改正前の原告適格の定式（新潟空港訴訟の判旨①）をほぼそのまま維持し，行政事件訴訟法 9 条 2 項を引用したうえで，おおむね次のように判示し，判例を変更して，原告らの一部に原告適格を認めた。①関係法令である当時の公害対策基本法及び東京都環境影響評価条例の趣旨及び目的を参酌すれば（⑦），都市計画事業の認可に関する都市計画法の規定は，事業にともなう騒音振動等によって事業地の周辺地域に居住する住民の健康または生活環境の被害が発生することを防止し，良好な生活環境を保全することを趣旨目的としている（⑦）。②違法な都市計画事業による被害を直接受けるのは周辺の一定範囲の住民に限られ，その被害の程度は居住地が

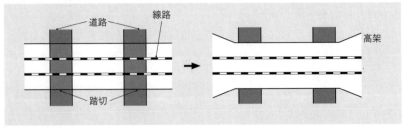

● 図 6-9　連続立体交差化事業のイメージ

事業地に接近するにつれて増大すると考えられること，その被害は住民の健康や生活環境にかかる著しいものに至りかねないことに照らせば（㋔），違法な事業に起因する騒音振動等によってこのような健康または生活環境にかかる著しい被害を受けないという具体的利益は，一般的公益に吸収解消させることが困難である（㋑）。③以上のような都市計画事業の認可に関する都市計画法の規定の趣旨目的（㋐）と，これらの規定が都市計画事業の認可制度を通して保護しようとしている利益の内容及び性質等（㋑）を考慮すれば，同法は，事業にともなう騒音振動等によって健康または生活環境にかかる著しい被害を直接的に受けるおそれのある個々の住民に対して，そのような被害を受けないという利益を個々人の個別的利益としても保護すべきとする趣旨を含むと解される。④東京都環境影響評価条例に定める関係地域（環境影響評価の対象となる地域）に居住する者は，上記の著しい被害を直接的に受けるおそれがあり，原告適格が認められる（㋐～㋔は前記 (1) の考慮事項）。

　本判決は，**改正で新設された考慮事項を忠実に適用して（判旨①～③参照），判例を変更し，原告適格の範囲を拡大**している。特に，関係法令を広く解した点，生活環境にかかる利益についても原告適格を認めた点が注目される。従来の判断枠組み（原告適格の定式）を維持しつつ，考慮事項を活用して，実質的に原告適格を拡大するスタンスと思われる。なお，本判決を受けて，第一小法廷が本案審理を行い，本件認可等は違法でないと判断している（最判平成 18・11・2 民集 60 巻 9 号 3249 頁，百選 I 75 事件。⇨ 第 3 章第 5 節 II **❷**）。

　そのほか，廃棄物の処理及び清掃に関する法律にもとづく産業廃棄物処分業の許可等を周辺住民が争った事件（最判平成 26・7・29 民集 68 巻 6 号 620 頁），同法にもとづく一般廃棄物収集運搬業の許可を既存業者が争った事件（最判平成 26・1・28 民集 68 巻 1 号 49 頁，百選 II 171 事件）などで，原告適格が認められている。

　他方で，病院開設許可を周辺の医師が争った事件では，原告適格が否定された（最判平成 19・10・19 判時 1993 号 3 頁）。競輪の場外車券発売施設の設置許可については，周辺の医療施設開設者には原告適格が認められたものの，周辺住民には否定されている（サテライト大阪事件に関する最判平成 21・10・15 民集 63 巻 8 号 1711 頁，百選 II 167 事件）。

行政事件訴訟法改正がその目的を達成できたか，現時点ではなお判断が難しい。いずれにしても，新設された考慮事項を活用して，原告適格を拡大することが改正の趣旨にかなう。特に，財産上の利益や生活環境上の利益についても，その内容・性質等をきめ細かく検討し，柔軟に原告適格を認めることが期待される。

# III. （狭義の）訴えの利益

## ❶ （狭義の）訴えの利益とは何か

（狭義の）訴えの利益とは，**処分または裁決の取消しによって，原告が現実に利益を得る可能性がなければならない**，という訴訟要件である。本節IIで検討した原告適格とあわせて，**広義の訴えの利益**と呼ばれることがある。

原告適格（法律上の利益）をもつ者が処分等の取消訴訟を提起した場合，通常は，処分等の取消しによって法律上の利益を得ることができる。しかし，処分等がされてのちの事情によって，取消しが意味を失うこともある。

たとえば，すでに紹介した長沼訴訟（最判昭和57・9・9民集36巻9号1679頁，百選II 177事件。⇨ 本節II ❷ (2)）では，保安林指定解除処分の取消しが求められ，最高裁は一定範囲の周辺住民に原告適格を認めた。しかし，訴訟係属中に代替施設（砂防堰堤）が設置されたことにより，原告らの居住地域における洪水の危険は社会通念上なくなったとして，訴えの利益を否定した。

このように，処分等の効果は存続しているものの，事実状態の変化によって，処分等による不利益を原告が受けなくなった場合には，訴えの利益が否定される。

他方，処分等が効果を失ったとして，訴えの利益が否定される場合もある。たとえば，レストランが不衛生な営業を行ったとして，食品衛生法55条1項にもとづき，30日間の営業停止処分を受けたとする。事業者が当該処分の取消訴訟を提起しても，30日が経過するとその効果はなくなるから，訴えの利益はないとされる。

もっとも，処分等の効果がなくなったとしても，つねに訴えの利益が否定されるわけではない。この点で興味深いのが，行政事件訴訟法制定前の区議会議員除名処分取消請求事件（最大判昭和 35・3・9 民集 14 巻 3 号 355 頁）である。

　この事件では，区議会議員が，正当な理由なく会議を欠席したとして除名処分を受け（地方自治法 137 条・134 条・135 条），当該処分の取消訴訟を提起した。訴訟係属中に当該議員の任期が満了したことから，訴えの利益の有無が問題となった。最高裁大法廷は 8 対 7 で意見が分かれた。

　多数意見は，任期が満了した以上，除名処分を取り消しても原告は議員の身分を回復できないから，訴えの利益は認められないとした。

　これに対し，反対意見は，原告が議員の身分を回復できないとしても，除名処分がなければ得ていたはずの報酬請求権等を主張するためには，除名処分を取り消す必要があるから，訴えの利益を認めるべきであるとした。学説も反対意見に賛成するものが多かった。

　行政事件訴訟法の制定にあたり，上記のような事案で訴えの利益が認められる旨を明記することになった。そこで，同法 9 条（1 項）の「法律上の利益を有する者」に，「処分又は裁決の効果が期間の経過その他の理由によりなくなった後においてもなお処分又は裁決の取消しによって**回復すべき法律上の利益**を有する者を含む」というかっこ書が設けられた。上記の事案でいえば，報酬請求権等が「回復すべき法律上の利益」にあたる。

　行政事件訴訟法制定後の名古屋郵政局職員免職処分取消請求事件（最大判昭和 40・4・28 民集 19 巻 3 号 721 頁）では，国家公務員が分限免職処分（国家公務員法 78 条 4 号）を受け，当該処分の取消訴訟を提起した。その後，原告は市議会議員選挙に立候補したため，公務員の地位を回復できなくなった（公職選挙法 90 条）。最高裁大法廷は，免職処分がなければ得ていたはずの給料請求権等を主張できるとして，訴えの利益を認めた。

　そこで問題となるのは，①どのような場合に処分等の効果がなくなるか，②効果がなくなったとして，どのような場合に「回復すべき法律上の利益」が認められるかである。

---
COLUMN **6-8**　　原告の死亡と訴訟承継の可否
---

　取消訴訟の係属中に原告が死亡した場合，当該訴訟はどうなるか。実務上，これは訴えの利益ではなく，訴訟承継の問題として扱われている。訴訟を承継する者がいないときは，判決主文で訴訟終了が宣言される。訴訟承継が認められるかどうかは，原告適格を基礎づける「法律上の利益」が一身専属的か（相続できるか）どうかによって判断される（大橋寛明「判解」最判解民事篇平成9年度(上)153頁以下など参照）。

　たとえば，公務員が懲戒免職処分の取消訴訟を提起したのちに死亡した場合，給料請求権等は一身専属的ではないとして，訴訟承継が認められる（最判昭和49・12・10民集28巻10号1868頁，百選Ⅰ115事件）。

　これに対し，開発許可処分取消訴訟（最判平成9・1・28民集51巻1号250頁）では，原告適格を基礎づける「生命，身体の安全等」が一身専属的として，情報公開請求にかかる不開示処分取消訴訟（最判平成16・2・24判時1854号41頁）では，公文書等の開示請求権が一身専属的として，いずれも訴訟承継が否定されている。

　有名な朝日訴訟（最大判昭和42・5・24民集21巻5号1043頁，百選Ⅰ16事件）では，生活保護変更決定を是認した裁決の取消訴訟が提起されたが，上告審で係属中に原告が死亡したことから，その養子が訴訟を承継できるかが争われた。最高裁大法廷は9対4で意見が分かれた。

　多数意見は承継を否定した。すなわち，生活保護受給権が一身専属的であることはいうまでもないが，原告の生存中に支給すべきだった分の給付請求権も，生活保護は被保護者の最低限度の生活の需要を満たすことを目的とし，法の予定する目的以外に流用することを許さないものであるから，被保護者の死亡によって当然消滅し，相続の対象とはなりえないとした。

　これに対し，田中二郎裁判官らの反対意見は，上記裁決が取り消されれば，原告は適正な生活扶助基準金額との差額分の不当利得返還請求権を取得でき，これは一身専属的ではないから，承継を認めるべきであるとした。反対意見の方が説得的ではないかと思われる。

## ❷ 処分等の効果の消滅

　まず，どのような場合に処分等の効果がなくなるかを検討する。冒頭にあげた営業停止処分の例のように，期限つきの処分が期限の到来によって効果を失った場合や，処分について職権取消しや撤回（⇨第3章第2節Ⅴ）がされた場合が，その典型である。しかし，判断が微妙な場合もある。

仙台市建築確認処分取消請求事件（最判昭和59・10・26民集38巻10号1169頁，百選Ⅱ174事件）では，建築主事が訴外Aらに対して建築確認処分（建築基準法6条1項）をしたので，隣人である原告が，建築審査会への審査請求を経て，当該処分の取消訴訟を提起した。取消訴訟を提起する前に，当該建築物の建築工事が完了したことから，訴えの利益の有無が問題となった。

　最高裁は，次のように判示して，訴えの利益を否定した。①建築確認は，建築物の建築等の工事着手前に，当該建築物の計画が建築関係規定に適合していることを公権的に判断する行為であって，それを受けなければ当該工事ができないという法的効果が付与されている。②工事完了後における検査（同法7条）や違反是正命令（同法9条）は，当該建築物が建築関係規定等に適合しているかを基準とし，当該建築物が建築確認にかかる計画どおりのものであるかを基準としていないうえ，違反是正命令を発するかどうかは特定行政庁の裁量にゆだねられている。③そうすると，建築確認の存在は，検査済証の交付を拒否し，または違反是正命令を発するうえで法的障害となるものではなく，また，建築確認が違法として取り消されても，検査済証の交付を拒否し，または違反是正命令を発すべき法的拘束力が生じるわけではない。④したがって，建築確認にかかる工事が完了した場合，その取消しを求める訴えの利益は失われる。

　わかりにくい判旨であるが，簡単にいえば，建築工事が完了したのちは，完了検査や違反是正命令で問題となるのは完成した建築物が基準に適合しているかどうかであり，建築計画についてされた建築確認はもはや意味をもたないから，その取消しを求める訴えの利益はない，ということである（⇨図6-10）。

**◉ 図6-10　建築確認取消訴訟の訴えの利益**

```
   ┌─────────┐
   │ 建築確認 │＝「建築計画」の建築関係規定適合性
   └─────────┘
        ↓  工事完了
   ┌─────────┐
   │ 完了検査 │＝「建築物」の建築関係規定適合性
   └─────────┘
   ┌───────────┐
   │ 違反是正命令 │＝「建築物」の建築基準法適合性等
   └───────────┘
```

八鹿町土地改良事業施行認可処分取消請求事件（最判平成4・1・24民集46巻1号54頁，百選II 178事件）では，兵庫県知事が，八鹿町に対し，町営土地改良事業の施行認可処分（土地改良法96条の2第1項）を行ったので，施行地区内に土地を有する原告が取消訴訟を提起した。土地区画整理事業（⇨ 本節 I ❺ (3)）が宅地を対象とするのに対し，農地を対象とするのが土地改良事業である。訴訟係属中に当該事業が完了したところ，原審は，原状回復が社会通念上不可能になったとの理由で，訴えの利益を否定した。

最高裁は，次のように判示して，訴えの利益を認めた。①本件認可処分は本件事業の施行者に土地改良事業施行権を付与するものであり，その後に行われる換地処分等の一連の手続及び処分は，本件認可処分が有効に存在することを前提とするから，この処分が取り消されると，それにより当該換地処分等の法的効力が影響を受ける。②本件認可処分が取り消された場合に，社会的経済的損失の観点から，原状回復が社会通念上不可能であるとしても，そのような事情は事情判決（⇨ 本章第4節 I）の適用に関して考慮されるべきであって，訴えの利益を消滅させるものではない。

事業が完了したとしても，施行認可処分が取り消されるならば，当該事業は法的根拠を失うことになるから，訴えの利益がなくなるとはいえない。原審のように考えると，事情判決が問題となる事案では訴えの利益が失われることになるので，事情判決制度が不要となってしまう。したがって，最高裁の判断が妥当である。

---

**COLUMN 6-9** 「はいそれまでよ論」の射程

前掲最判昭和59・10・26によれば，建築確認の取消訴訟が提起されても，建築主が建築工事を完了すれば，訴えを不適法とできる。これは「はいそれまでよ論」，「逃げ切り論」などと呼ばれ，常識的にはいかにも不合理である。もっとも，一般の許認可等と比較すると，建築確認が特殊な制度であることも否定できない。講学上の許可及び特許（⇨ 第3章第2節II ❷ (2)）と比較して検討しよう。

許可とは，一般的な禁止を特定の場合に解除する行為である。たとえば，パチンコ店について風俗営業の許可（風俗営業等の規制及び業務の適正化等に関する法律3条1項）を受けたが，当該許可が違法として取り消されれば，店舗の建築を完了し

たとしても，パチンコ店の営業ができないことに変わりはない。

特許とは，特定の権利その他の法律上の地位を与える行為である。本文で紹介した判例でいえば，土地改良事業の施行認可を受けたが，当該認可が違法として取り消されれば，事業が完了したとしても，事業施行権をもたないことに変わりはない（前掲最判平成4・1・24）。

これに対し，建築確認の場合，上記のとおり，建築物の工事完了後は，完成した建築物が基準を満たしているかが問題となり，建築計画にかかる建築確認はもはや意味をもたない。通常の許可のように，適法な建築確認を得なければ，完了検査が拒否されたり，違反是正命令を受けたりするしくみにはなっていないのである。そうすると，工事完了後は建築確認取消訴訟の訴えの利益が失われるとの結論にも，それなりの理由があるといえる。原告としては，工事完了前に建築確認の執行（効力）停止を申し立てるか（⇨本章第6節Ⅱ），違反是正命令の義務付け訴訟を提起する（⇨本章第5節Ⅲ）などの対応をとる必要がある。

最高裁は，市街化区域内の開発許可（都市計画法29条1項）についても，建築確認と同様の理由によって，工事完了後は訴えの利益が失われるとしている（最判平成5・9・10民集47巻7号4955頁）。しかし，開発許可の場合，工事完了後の検査は，「当該工事が開発許可の内容に適合しているかどうか」について行うこととされており（同法36条2項），建築確認とは明らかに異なる。一般の許認可等と同様に，工事完了後も開発許可の効果は失われず，訴えの利益は認められると解すべきである。

なお，最高裁は，市街化調整区域内の開発許可については，それによって予定建築物等の建築が可能となるという法的効果が認められているとの理由で，工事完了後も訴えの利益は失われないとしている（最判平成27・12・14民集69巻8号2404頁）。

### ❸ 「回復すべき法律上の利益」

次に，処分等の効果がなくなったとして，**いかなる場合に「回復すべき法律上の利益」が認められるか**を検討する。実体法上の請求権や付随的な効果が残る場合は肯定されているが，名誉回復の必要がある場合や同種の処分がくり返されるおそれがある場合は否定されている。

### (1) 実体法上の請求権

すでにみたように，処分の効果がなくなった場合でも，**歳費請求権や給料請求権などの実体法上の請求権が残るとき**は，訴えの利益が認められる

(⇨ 前記❶)。

## (2) 付随的な効果

処分の本来の効果がなくなった場合でも，**何らかの付随的な効果が残っているとき**は，訴えの利益が認められる（そもそも効果が失われていないともいえる）。

運転免許停止処分取消請求事件（最判昭和 55・11・25 民集 34 巻 6 号 781 頁，百選Ⅱ176 事件）では，原告が道路交通法（当時）103 条 2 項にもとづいて 30 日間の免許停止処分を受け，当該処分等の取消訴訟を提起した（講習を受けたことにより停止期間は 1 日に短縮された）。

最高裁は，道路交通法等によれば，運転免許停止処分は 3 年間前歴として考慮されるが，無事故・無違反で 1 年を経過したときは前歴がないとみなされ，これによって処分の効果は一切消滅するとし，本件については訴えの利益が認められないと判断した。逆にいえば，免許停止処分の期間が経過しても，前歴として考慮される 3 年間または 1 年間は，訴えの利益が残ることになる（⇨ 図 6-11）。

◐ 図 6-11　運転免許停止処分取消訴訟の訴えの利益

京都弁護士会業務停止処分取消請求事件（最判昭和 58・4・5 判時 1077 号 50 頁）では，弁護士である原告が京都弁護士会から業務停止 1 年の懲戒処分を受け，日本弁護士連合会に審査請求をしたが，棄却裁決がされたので，当該裁決の取消訴訟を提起した。原審は，業務停止期間の経過によって訴えの利益は失われたとした。

最高裁は，日本弁護士連合会会長選挙規程によれば，懲戒処分を受けた者は，当該処分に対し不服の申立てができなくなった日から 3 年を経過するまで，会長選挙の被選挙資格を有しないこと（14 条）を理由に，訴えの利

益が認められる可能性があるとして，原審に差し戻した。

　以上は，付随的な効果の根拠が法令にある場合である。すでに紹介した北海道パチンコ店営業停止命令事件（最判平成27・3・3民集69巻2号143頁，百選Ⅱ175事件。⇒第3章第1節Ⅲ❹(3)）では，風俗営業の停止処分（風俗営業等の規制及び業務の適正化等に関する法律30条1項）の取消訴訟について，処分基準に一定の拘束力が認められることを理由に，営業停止期間が経過しても，処分基準によって前歴として考慮される間は，訴えの利益が認められるとされた。

## (3) 名誉回復の必要

　運転免許停止処分取消請求事件（前掲最判昭和55・11・25）では，原審が訴えの利益を認めていた。すなわち，運転免許停止処分の記載のある免許証を常時所持することで，警察官等に当該処分の存在を覚知され，名誉，感情，信用等を損なう可能性が継続することになり，これは原告にとって黙過できない違法状態といえるから，この状態を排除することは法の保護に値する原告の利益と解すべきであるとしていた。

　最高裁は，名誉等を損なう可能性があるとしても，それは本件処分がもたらす事実上の効果にすぎず，これをもって原告が回復すべき法律上の利益をもつことの根拠とするのは相当でないとして，訴えを却下した。

　このように，判例によれば，**名誉を回復する必要があるというだけでは，「回復すべき法律上の利益」は認められない**。原告は国家賠償（国家賠償法1条1項）を求めればよいとの見方もできる。しかし，近年の判例によれば，国家賠償訴訟では違法性（処分が法の定める要件に違反していること）が審理判断されないので（⇒第7章第1節Ⅱ❷(4)），問題が残る。

## (4) 同種の処分がくり返されるおそれ

　**将来同種の処分がくり返されるおそれがあることは，訴えの利益を認める根拠とはならない**と解されている。

　有名な皇居前広場事件（最大判昭和28・12・23民集7巻13号1561頁，百選Ⅰ65事件）では，原告（日本労働組合総評議会）が，1952（昭和27）年5

月1日のメーデーの集会のため、皇居外苑の使用許可を申請したところ、厚生大臣（当時）がこれを拒否したので、拒否処分の取消訴訟を提起した。第1審は迅速な審理をして請求を一部認容したが、控訴審係属中に当該期日が経過したので、訴えの利益が問題となった。

最高裁大法廷は、厚生大臣は当該期日における皇居外苑の使用を許可しなかっただけで、将来にわたって使用を禁止したものではないから、本件訴えは同日の経過により判決を求める法律上の利益を喪失したとして、訴えを却下した。

この判決によると、本件のような一定期日にかかる処分については、被告が上訴するなどすれば、取消訴訟による救済が得られない結果となる。現在では、許可処分の申請型義務付け訴訟（⇒ **本章第5節Ⅲ❸**）を提起し、仮の義務付け（⇒ **本章第6節Ⅲ**）を申し立てることにより、救済が一応可能となっている。ただ、のちにみるように、仮の義務付けの要件はかなり厳しい。

なお、処分の趣旨解釈によって、訴えの利益が認められることもある。東京12チャンネル事件（最判昭和43・12・24民集22巻13号3254頁、百選Ⅱ173事件）では、原告が、電波法4条1項にもとづき、郵政大臣（当時）に対し、テレビ放送局開設の免許を申請した。5者の競願となり、訴外Aに対して免許が付与され、原告の申請は拒否された。そこで当該拒否処分の取消しを求めて異議を申し立てたが、棄却決定を受けたので、当該決定の取消訴訟を提起した。その後Aに対する免許の期間が満了し、再免許が行われた。

最高裁は、Aに対する再免許は、形式上は更新ではないが、当初の免許を前提とするものであり、実質において更新と異なるところはないとして、訴えの利益を認めた。

# Ⅳ. 被告適格

**被告適格**は、取消訴訟の被告（誰を被告とすべきか）に関する訴訟要件である。

現行法によれば、原則として、**争われた処分または裁決をした行政庁が所属する国または公共団体（行政主体）**が被告となる（法11条1項1号・2号）。

行政事件訴訟法改正前は，処分等をした行政庁が被告とされていた。民事
訴訟や公法上の当事者訴訟では行政主体が被告となるので，訴訟類型によっ
て被告が異なるのは一般人にはわかりにくいとの批判があり，上記のように
改められた。

処分または裁決をした行政庁が国または公共団体に所属しない場合は，当
該行政庁が被告となる（同条2項）。指定法人（⇨ COLUMN 2-1）が処分等を行
った場合がこれにあたる。たとえば，指定確認検査機関が建築確認を拒否し
た場合（建築基準法6条の2），当該機関は行政主体に所属していないから，
当該機関を被告とすべきことになる。

これらの規定によって被告とすべき国または公共団体もしくは行政庁がな
い場合は，当該処分または裁決にかかる事務の帰属する国または公共団体が
被告となる（法11条3項）。たとえば，指定確認検査機関が解散し，これを
承継する者がいない場合は，当該事務が帰属する都道府県等が被告となる。

# Ⅴ。 管轄裁判所

**管轄裁判所**は，**取消訴訟を提起すべき裁判所（どの裁判所に提起すべきか）
に関する訴訟要件**である。どの種類の裁判所に提起すべきかという**事物管轄**
と，当該種類のどこの裁判所に提起すべきかという**土地管轄**がある。

事物管轄については，**行政事件は訴額にかかわらず地方裁判所が管轄をも
つ**（裁判所法24条1号・33条1項1号かっこ書）。簡易裁判所には管轄がな
いわけである。個別法で高等裁判所等の管轄が定められている場合は，それ
による（特許法178条1項など）。

土地管轄については，**被告の普通裁判籍の所在地を管轄する裁判所と，処
分等をした行政庁の所在地を管轄する裁判所**が管轄をもつ（法12条1項）。

民事訴訟では被告の所在地が管轄の基準とされており（民事訴訟法4条1
項），これを適用したものである。しかし，国が被告となる場合などは，地
方の住民にとって出訴が困難となりかねない。そこで，以下の管轄も認めら
れている。

まず，土地の収用など，**特定の不動産や場所にかかる処分等については，**

当該不動産または場所の所在地の裁判所も管轄をもつ（法 12 条 2 項）。

　また，当該処分等に関して事案の処理にあたった下級行政機関がある場合，その所在地の裁判所も管轄をもつ（同条 3 項）。行政組織法上の行政機関以外の組織（特殊法人等）であっても，事案の処理そのものに実質的に関与していれば，「下級行政機関」にあたるとされている（最決平成 26・9・25 民集 68 巻 7 号 781 頁）。

　さらに，2004（平成 16）年の行政事件訴訟法改正によって，「**特定管轄裁判所**」の制度が設けられた（同条 4 項）。国または独立行政法人等（⇨ 第 2 章第 1 節 II）が被告となる場合は，「**原告の普通裁判籍の所在地を管轄する高等裁判所の所在地を管轄する地方裁判所**」も管轄をもつ。たとえば，那覇市の住民が国を被告として取消訴訟を提起する場合，那覇市を管轄するのは福岡高等裁判所なので，その所在地である福岡市を管轄する福岡地方裁判所にも，管轄が認められる。

# Ⅵ． 審査請求前置

　**訴訟を提起する場合は，あらかじめ行政機関に審査請求をしなければならない，という考え方を，審査請求前置主義**という。前置主義には，訴訟前に争点を整理し，紛争を早期に解決できる等のメリットがある一方，訴訟による救済が遅れるというデメリットもある。

　行政事件訴訟特例法の時代までは，当時の不服申立てである訴願を行うことが，取消訴訟の訴訟要件とされていた（訴願前置主義）。

　行政事件訴訟法は，これを改めて，**原則として審査請求前置主義をとらず，ただちに取消訴訟を提起できることとした**（法 8 条 1 項本文）。ただし，**個別の法律に特別の定めがある場合には，前置主義が適用される**（同項ただし書）。

　その後，前置主義を定める個別法が多くなり，原則と例外が実質的に逆転しているとの指摘もあった。そこで，2014（平成 26）年の行政不服審査法改正にあわせて，前置主義を定める法律の削減が行われた（⇨ COLUMN 6-17）。

　前置主義がとられている場合であっても，①審査請求があった日から 3

か月を経過しても裁決がないとき，②処分，処分の執行または手続の続行により生ずる著しい損害を避けるため緊急の必要があるとき，③その他裁決を経ないことにつき正当な理由があるときは，審査請求に対する裁決をまたず，取消訴訟を提起できる（法8条2項）。

# Ⅶ。 出訴期間

**出訴期間**とは，**取消訴訟を提起できる期間（いつまでに提起すべきか）に関する訴訟要件**である。

現行法によれば，処分または裁決があったことを知った日から6か月（法14条1項本文），または，処分等があった日から1年である（同条2項本文）。行政事件訴訟法改正前は，処分等を知った日から3か月とされていたが，6か月に延長された。

ただし，正当な理由がある場合はこの限りではない（同条1項ただし書・2項ただし書）。天災で訴訟を提起できなかった場合などである。

なお，処分等があったことを知った日とは，処分等の存在を現実に知った日をさし，抽象的な知りうべかりし日を意味するものではない（最判昭和27・11・20民集6巻10号1038頁参照）。ただし，処分等が告示によって行われる場合は，告示日が処分があったことを知った日にあたるとされている（最判平成14・10・24民集56巻8号1903頁，百選Ⅱ131事件参照）。

# Ⅷ。 教示制度

取消訴訟の訴訟要件は複雑で，一般人にとってはかなりわかりにくい。そこで，処分等をする際に，相手方にこの点の教示を行うことが有益である。行政不服審査法（⇨ 本章第7節Ⅱ❸）とは異なり，行政事件訴訟法には教示制度が存在しなかったが，改正によって新設された。

行政庁は，取消訴訟を提起することができる処分または裁決をする場合には，当該処分等の相手方に対し，次の事項を書面で教示しなければならない（法46条1項）。①当該処分等にかかる取消訴訟の被告とすべき者。②当該

処分等にかかる取消訴訟の出訴期間。③審査請求前置主義がとられているときはその旨。

　行政不服審査法には，行政庁が誤った教示を行った場合の救済手段が規定されているが（⇨ 本章第7節Ⅱ❸），行政事件訴訟法にはこの点の定めがない。そこで，被告を誤った場合の救済規定（法15条），出訴期間に関する「正当な理由」（法14条1項ただし書・2項ただし書），審査請求前置主義の例外規定（法8条2項3号）によって対応することになる。

# 第3節　取消訴訟の審理

**SECTION 3**

## Ⅰ. 審理の対象

### ❶ 取消訴訟の訴訟物

　すでにみたように（⇨本章第2節），訴えが訴訟要件を満たしているときは，裁判所は請求に理由があるかどうかを審理する（本案審理）。**本案審理の対象を訴訟物**という。

　通説によれば，**取消訴訟の訴訟物は，争われた処分または裁決（処分等）の違法性（一般）**である。すなわち，取消訴訟の本案では，**処分等が違法か**どうかが審理される。

　処分に裁量が認められる場合は，裁量権の逸脱濫用がある場合にのみ，裁判所は処分等を違法として取り消すことができる（法30条。⇨第1章第4節Ⅲ❶）。

　たとえば，飲酒運転をしたとして，国家公務員が懲戒免職処分（国家公務員法82条1項）を受けたとする。当該処分の取消訴訟では，当該処分に裁量権の逸脱濫用があるかが審理され，飲酒運転があったか（事実誤認），免職は重すぎないか（比例原則違反）等が，具体的な争点となる。

### ❷ 主張事由の制限

　取消訴訟においては，原則として，原告は処分等の違法性を根拠づけるあらゆる事由を主張でき，被告は処分等の適法性を根拠づけるあらゆる事由を主張できる。しかし，主張事由が制限されることもある。

## (1) 自己の法律上の利益に関係のない違法事由

原告は，自己の法律上の利益に関係のない違法を理由として，処分等の取消しを求めることができない（法10条1項）。これは，取消訴訟が主観訴訟，すなわち，国民の権利利益の救済を目的とした訴訟であること（⇨本章第1節Ⅲ❶）による制限とされる。

この規定が適用される典型例は，原告が**第三者の利益を保護する規定の違反**を主張する場合である。

たとえば，建築主事は，建築確認の申請書を受理してから原則として35日以内に，建築計画が建築基準関係規定に適合するかを審査しなければならない（建築基準法6条4項）。この期間制限は，建築主の建築の自由を保護する趣旨と解されている（品川マンション事件に関する最判昭和60・7・16民集39巻5号989頁，百選Ⅰ124事件。⇨第3章第4節Ⅱ❷）。そこで，建築確認の取消訴訟を隣人が提起した場合，建築確認の違法事由として，上記の期間制限違反を主張することができない。

これに対し，**公益保護を目的とする規定の違反**が，原告の法律上の利益に関係のない違法事由となるかについては，議論がある。

新潟空港訴訟（最判平成元・2・17民集43巻2号56頁，百選Ⅱ192事件。⇨本章第2節Ⅱ❷(3)）では，定期航空運送事業免許の取消訴訟について，空港の周辺住民に原告適格が認められた。ところが，原告らは，当該免許の違法事由として，当該路線が著しく供給過剰である（航空法101条1項2号）等，公益にかかわる違法事由しか主張していなかった。最高裁は，自己の法律上の利益に関係のない違法事由にあたるとして，主張自体失当とした。

しかし，本件についていえば，原告らが騒音を受忍しなければならないのは，航空機の運航に公益性があるからである。したがって，上記の違法事由が原告らの法律上の利益に関係がないといえるか，疑問もある。

## (2) 原処分主義

処分を受けて審査請求をしたところ，これを棄却する裁決がされた場合，**もとの処分（原処分）と裁決のどちらを争えばよいか**，という問題がある（⇨図6-12）。

行政事件訴訟法は、この点について、「裁決の取消しの訴えにおいては、処分の違法を理由として取消しを求めることができない」と規定している（法10条2項）。

● 図6-12　原処分と裁決の関係

回りくどい表現であるが、**原処分の違法を主張する場合は、原処分の取消訴訟を提起すべきであり（原処分主義）、裁決の取消訴訟では、裁決だけにある違法（裁決固有の瑕疵）しか主張できない**、という趣旨である。

たとえば、飲酒運転を理由として懲戒免職処分を受け、人事院に審査請求を行ったところ（国家公務員法90条1項）、人事院が原処分妥当として棄却裁決をしたとする。飲酒運転をした事実はないと主張する場合は、原処分（懲戒免職処分）の取消訴訟を提起しなければならない。これに対し、裁決書の理由付記に瑕疵があると主張する場合は、裁決の取消訴訟を提起すべきである。

もっとも、裁決が原処分を修正した場合（修正裁決）、原処分と裁決のどちらを争えばよいか、という問題が残る。米子鉄道郵便局事件（最判昭和62・4・21民集41巻3号309頁、百選Ⅱ138事件）で、人事院が懲戒停職処分を減給処分に修正した事案について、最高裁は、原処分が修正された形で存続しているとして、原処分の取消訴訟を提起すべきと判断した。

以上が原則であるが、原処分ではなく、裁決を争うべき旨が、個別法に定められている場合もある（**裁決主義**）。たとえば、弁護士会の弁護士に対する懲戒処分（弁護士法56条）については、日本弁護士連合会に審査請求をすることができるが（同法59条）、裁決に不服があるときは、裁決の取消訴訟を東京高等裁判所に提起すべきとされている（同法61条）。

## (3) 前提となる行為の違法

ある処分に前提となる行為（先行行為）がある場合、当該処分の取消訴訟で**先行行為の違法を主張できるか**、という問題がある。先行行為が処分か否かで区別する必要がある。

**先行行為が処分ではない場合，不可争力は生じないから，処分の取消訴訟で先行行為の違法性を主張できる。**具体例をみてみよう。

先行行為である法律の違憲性が争われた例として，堀木訴訟がある（最大判昭和 57・7・7 民集 36 巻 7 号 1235 頁）。児童扶養手当認定請求却下処分の取消訴訟で，障害福祉年金との併給を禁止する児童扶養手当法が憲法 25 条 1 項に違反していると主張された（請求棄却）。

法規命令の違法性が争われた例として，サーベル登録拒否事件がある（最判平成 2・2・1 民集 44 巻 2 号 369 頁。⇨ 第 3 章第 1 節 II ❸ (2)）。刀剣類の登録拒否処分取消訴訟で，登録対象を日本刀に限定する銃砲刀剣登録規則が，銃砲刀剣類所持等取締法の委任の範囲を逸脱して違法であると主張された（請求棄却）。

行政計画の違法性が争われた例として，小田急訴訟がある（最判平成 18・11・2 民集 60 巻 9 号 3249 頁，百選 I 75 事件。⇨ 本章第 2 節 II ❸ (2)）。都市計画事業認可処分の取消訴訟で，その前提となる都市計画決定の違法が主張された（請求棄却）。

これに対し，**先行行為が処分である場合，不可争力が生じるので，原則として，後行処分の取消訴訟で先行処分の違法を主張できない。**例外は，先行処分と後行処分の間に**違法性の承継**が認められる場合である（⇨ 第 3 章第 2 節 IV ❸ (3)）。なお，先行処分が無効であれば後行処分は法的根拠を失うから，後行処分の取消訴訟で先行処分の無効を主張することはできる。


## ❸ 違法判断の基準時

処分から判決までは一定の時間を要する。その間に法令の改正や事実状態の変化が生じうる。そこで，**どの時点を基準として処分の違法性を判断すべきか**が問題となる。

この点については，処分時とする説（**処分時説**）と，判決時（正確にいえば事実審の口頭弁論終結時）とする説（**判決時説**）がある。

通説は，取消訴訟は処分が違法にされたかを裁判所が事後的に審査する制度であるとの理由で，処分時説をとっている。

高知県農地買収取消請求事件では，自作農創設特別措置法にもとづく農地買収計画に対して訴願がされ，これを却下した裁決の取消訴訟が提起された（最判昭和27・1・25民集6巻1号22頁，百選II 193事件）。訴訟係属中に同法が改正されたので，改正前後のいずれの規定を適用すべきかが争われた。

　最高裁は，処分取消訴訟において裁判所が判断すべきは，処分が違法に行われたかどうかであり，処分後に法律が改正されたからといって，行政庁は改正法律によって処分をしたのではないから，裁判所は改正法律によって処分の当否を判断することはできないと判示した。これは処分時説をとるものと解されている。

---

**COLUMN 6-10　原発訴訟における安全性の判断基準**

　原子力発電所については，東日本大震災で明らかになった津波の危険性のように，新たな科学的知見によって，安全性の考え方が大きく変わることがしばしば起きる。

　そこで，原子炉設置許可処分の取消訴訟において，処分時の科学技術の水準によって安全性を判断すべきか，判決時のそれによって判断すべきかが，重要な問題となる。処分時説からすると，処分時が基準となりそうである。しかし，判決時に危険性が明らかであるにもかかわらず，裁判所が処分を取り消せないのは，常識的には違和感がある。

　最高裁は，伊方原発訴訟において，「現在の科学技術水準に照らし」，安全性を判断すべきであると判示した（最判平成4・10・29民集46巻7号1174頁，百選I 77事件。⇨第1章第4節II❸）。そこで，この判示が処分時説と矛盾しないかが問題となる。

　同判決の調査官解説は，処分時説と矛盾しないとする。すなわち，どの時点の科学技術水準によって判断すべきかは，科学的経験則の問題であり，従来の科学的知識に誤りがあることが現在の学界における通説的見解となった場合，現在の通説的見解が当該訴訟で用いるべき科学的経験則であり，これによって判断すべきであるとする（高橋利文「判解」最判解民事篇平成4年度423頁以下）。

　安全でないことがのちに明らかになったとしても，客観的にみれば，処分当時から安全ではなかったといえるから，処分時説と矛盾しない，という趣旨であろう。巧妙で説得力ある説明であり，社会常識にもかなう。他方で，処分庁がしなかった（できなかった）判断を，裁判所が行う結果となることも，否定できない。

# Ⅱ. 審理手続

## ❶ 民事訴訟法の適用

　取消訴訟の審理手続に関しても，行政事件訴訟法に定めがない事項については，民事訴訟の例による（法7条）。以下では，取消訴訟に特有の問題のみを取りあげる。

## ❷ 釈明処分の特則

　行政訴訟については，行政庁が必要な資料等を出ししぶるため，審理が遅延しがちであることが，実務家から指摘されていた。そこで，2004（平成16）年の改正によって，釈明処分の特則の規定が新設された。

　裁判所は，訴訟関係を明瞭にするため必要があると認めるときは，被告である国または公共団体に所属する行政庁等に対し，①処分等の根拠となる法令の条項，②処分等の原因となる事実，③その他処分等の理由を明らかにする資料であって，当該行政庁が保有するものの全部または一部の提出を求めることができる（法23条の2第1項1号）。

　それ以外の行政庁に対しても，裁判所は，上記①～③の資料であって，当該行政庁が保有するものの全部または一部の送付を嘱託することができる（同項2号）。

　処分について審査請求に対する裁決を経ている場合には，裁判所は，被告である国等に所属する行政庁等に対し，当該審査請求にかかる事件の記録であって，当該行政庁が保有するものの全部または一部の提出を求めること等ができる（同条2項）。

## ❸ 職権証拠調べ

　裁判所は，必要があると認めるときは，**職権で証拠調べをすることができる**（法24条本文）。ただし，その証拠調べの結果について，当事者の意見を

きかなければならない（同条ただし書）。

　民事訴訟では，原則として，裁判所は当事者が提出した証拠のみにもとづいて審理を行う。行政訴訟では，公益にかかわる判断が求められるから，証拠の提出を当事者のみにゆだねるべきではないとして，職権証拠調べの規定がおかれている。

　もっとも，裁判所が当事者に証拠の提出をうながせば，通常はこれにしたがうから，職権証拠調べは実際にはほとんど利用されていないとされる。

　職権証拠調べは，当事者の主張する事実を裏づける証拠の提出に関する問題である。これに対し，当事者が主張しない事実を裁判所が認定できるか（**職権探知主義**）という問題がある。一般に，行政事件訴訟においても職権探知主義まではとられていないと解されている。

## ❹ 訴訟参加

　民事訴訟で認められている訴訟参加が可能であるほか，行政事件訴訟法は2種類の特殊な訴訟参加制度を定めている。

### (1) 第三者の訴訟参加

　裁判所は，**訴訟の結果により権利を害される第三者があるときは**，当事者もしくはその第三者の申立てにより，または職権で，決定をもって，**その第三者を訴訟に参加させることができる**（法22条1項）。この規定は，後述する**取消判決の第三者効**と関連している（⇨ 本章第4節Ⅱ❷）。

　たとえば，建築主の申請にもとづき，建築主事が建築確認処分をしたので，隣人が，建築主事が所属する県を被告として，当該処分の取消訴訟を提起したとする。この訴訟の原告は隣人，被告は県であり，建築主は訴訟当事者ではない。そうすると，建築確認が違法として取り消されても，建築主には判決の既判力は及ばない（⇨ 本章第4節Ⅱ❶）。建築主は建築を行うことができるから，この訴訟は無意味となってしまう（⇨ 図6-13）。

　そこで，行政事件訴訟法は，**取消判決は第三者に対しても効力を有すると**定めている（法32条1項）。上記の例でいえば，建築主は訴訟の第三者では

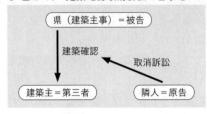

図6-13 建築確認取消訴訟の当事者

あるが，建築確認を取り消す判決の効力を受け，建築ができなくなる。

もっとも，そうすると，建築主にとっては，訴訟に関与していないにもかかわらず，判決の効力だけを受けることになり，手続保障の点で問題がある。

そこで設けられたのが，第三者の訴訟参加の制度である。上記の例でいえば，建築主は建築確認の取消訴訟に参加して，自らの主張を述べることができる。

### (2) 行政庁の訴訟参加

裁判所は，**処分等をした行政庁以外の行政庁を訴訟に参加させることが必要であると認めるときは**，当事者もしくはその行政庁の申立てにより，または職権で，決定をもって，**その行政庁を訴訟に参加させることができる**（法23条1項）。

処分等をした行政庁以外に，当該処分等に関係した行政庁がある場合に，訴訟資料を充実させるため，その行政庁を参加させる制度である。

たとえば，前掲小田急訴訟（⇨ 本節Ⅰ❷(3)）では，都市計画事業認可処分の取消訴訟が提起され，処分をした建設大臣（当時）の事務承継者である関東地方整備局長が被告となった。この訴訟で主な争点となったのは，当該処分が前提とした都市計画決定の違法性だった。この都市計画決定を行ったのは東京都知事だったので，同知事が訴訟に参加している。

## ❺ 立証責任

### (1) 意義

当事者が主張する事実の存否が，審理によって明らかにならなかったとしても，裁判所は判決を下さないわけにはいかない。立証責任（証明責任）は，

このような場合に，どちらを負けさせるかのルールである。すなわち，**立証責任を負う側の主張する事実が認められず，敗訴する**ことになる。

たとえば，建築確認（建築基準法6条1項）が接道義務（同法43条1項）に違反するとして拒否され，拒否処分取消訴訟で，敷地が接する道が2項道路（同法42条2項）の一括指定の対象となっているかが争われたとする（⇨ 本章第2節 I ❺(2)）。一括指定の対象が「幅員4m未満1.8m以上の道」だったとすると，指定当時，当該道の幅員が1.8m以上あったかが争点となる。この点が明らかにならなかった場合，被告に立証責任があれば請求が認容され，原告に立証責任があれば請求が棄却される。

## (2) 学説

取消訴訟において当事者のどちらが立証責任を負うかについては，明文規定がない。次のような学説が主張されているが，通説といえるものはない。この点に関する明確な判例も存在しない。

### a) 適法性推定説

公定力により処分は適法と推定されるので，**処分の違法を主張する原告が立証責任を負う**とする説である。かつては通説だった。現在では，公定力は取消訴訟の排他的管轄を意味するにすぎず，適法性が推定されるわけではないと解されているので（⇨ 第3章第2節 III ❶(1)），この説を主張する者はみられない。

### b) 法律要件分類説

民事訴訟における通説とされる法律要件分類説を，取消訴訟に適用する説である。すなわち，**権限行使規定**（AのときはB処分を行う）**については，処分の発動を主張する側が，権限不行使規定**（AのときはB処分をしてはならない）**については，処分を発動すべきでないとする側が，それぞれ立証責任を負う**とする。

権限行使規定を例にとると，建築確認拒否処分の取消訴訟では，建築確認を求める原告が立証責任を負う。これに対し，是正命令（建築基準法9条1項）の取消訴訟では，是正命令を行えると主張する被告が立証責任を負う。

この説に対しては，民事法規と異なり，行政法規は必ずしも立証責任を考

慮して定められているわけではないから，民事訴訟の考え方があてはまるわけではないとの批判がある。

### c）　権利制限・拡張区分説

国民の権利自由を制限する処分については被告が，拡張する処分については原告が，それぞれ立証責任を負うとする説である。生活保護の開始決定（生活保護法 24 条 3 項）のような，権利を拡張する処分について，つねに原告が立証責任を負うのは妥当ではないとの批判がある。

### d）　個別具体説

当事者間の公平，事案の性質，立証の難易等を考慮して，個別具体的に立証責任を判断する説である。明確性を欠き，立証責任を配分する基準とはなりえないとの批判がある。

## （3）裁量処分の場合

処分に裁量が認められる場合については，一般に，**裁量権の逸脱濫用を主張する原告に立証責任がある**と解されている（無効等確認訴訟についてであるが，最判昭和 42・4・7 民集 21 巻 3 号 572 頁，百選 II 197 事件）。

これに対しては有力な批判があり，原告に立証責任を負わせるのは適切でない場合もありうる。この点で注目されるのが，先に紹介した伊方原発訴訟である（最判平成 4・10・29 民集 46 巻 7 号 1174 頁，百選 I 77 事件。⇨ 第 1 章第 4 節 II ❸）。

この判決によれば，原子炉設置許可処分の取消訴訟では，安全性に関する判断に専門技術的裁量が認められるから，判断に不合理な点があることの主張立証責任は，本来，原告が負うべきである。しかし，安全審査に関する資料をすべて被告行政庁が保持していること等を考慮すると，被告行政庁の側で判断に不合理な点がないことを主張立証する必要がある。この主張立証をつくさない場合には，被告行政庁の判断に不合理な点があることが事実上推認される。

この判決は，専門技術的裁量を理由に，原告に立証責任を負わせる一方，証拠の偏在を考慮し，事実上の推認という手法によって，**立証責任を事実上転換した**ものと解される。妥当な考え方ではないかと思われる。

# 第4節　取消訴訟の判決

**SECTION 4**

## I. 判決の種類

　民事訴訟と同様，取消訴訟には，訴訟要件を満たしていないとして訴えを却下する**却下判決**，請求に理由がない（処分等が違法ではない）として請求を棄却する**棄却判決**，請求に理由がある（処分等が違法である）として請求を認容する**認容判決**（**取消判決**）がある（⇨ 本章第2節）。

　そのほか，取消訴訟には，**事情判決**という特殊な制度がある。**請求に理由がある（処分等が違法である）が，処分等を取り消すことにより公の利益に著しい障害を生じる場合に，請求を棄却する判決**である（法31条1項前段）。この場合，当該判決の主文において，処分等が違法であることを宣言しなければならない（同項後段）。

　「法律による行政」の原理（⇨ 第1章第3節I）からすれば，処分等が違法であれば，これを取り消すべきである。しかし，処分等がされたのちに既成事実が積み重なることにより，処分等を取り消すと公益を損なう場合もある。

　たとえば，二風谷ダム訴訟では，ダム建設のためにされた収用裁決の取消訴訟が提起された（札幌地判平成9・3・27判時1598号33頁）。札幌地裁は，本件の事業認定は，建設予定地にアイヌ民族の聖地があること等を考慮せずにされた点で違法であるとし，違法性の承継（⇨ 第3章第2節IV❸(3)）を認めて，収用裁決も違法とした。しかし，ダムが完成している現状では，本件裁決を取り消すことにより公の利益に著しい障害を生じるとして，請求を棄却した。

# Ⅱ. 判決の効力

## ❶ 既判力

既判力とは，判決が確定すると，同じ事項がその後訴訟で問題となっても，当事者はこれに反する主張ができず，裁判所もこれに抵触する判決ができない，という効力である。民事訴訟と同様，取消訴訟の判決にも認められる。既判力は原則として訴訟当事者にしか及ばない。

## ❷ 形成力

形成力とは，取消判決によって，処分等の効果が，当初にさかのぼって消滅する，という効力である。

処分等を取り消す判決は，第三者に対しても効力を有する（法32条1項）。これが取消判決の第三者効である。

すでにみたように（⇨ 本章第3節Ⅱ❹(1)），建築確認訴訟の取消訴訟のような三面関係では，処分の名宛人（建築主）が訴訟当事者にならないことがある。この場合，名宛人に既判力が及ばず，紛争が解決しないことから，取消判決に第三者効が認められている。

当該第三者の手続保障が不十分となるので，判決確定前には，**第三者の訴訟参加**が認められるほか（法22条1項），判決確定後には，**第三者再審の訴え**を提起して，判決を争うことができる（法34条）。

---

**COLUMN 6-11** 　　　　絶対効説と相対効説の対立

建築確認取消訴訟における建築主のように，取消判決によって権利利益を侵害される第三者に形成力が及ぶことは疑いない。これに対し，そのほかの第三者については，形成力が及ぶとする説（絶対効説）と及ばないとする説（相対効説）が対立している。

たとえば，鉄道事業法16条1項により鉄道運賃の（上限）値上げが認可されたのに対し，鉄道利用者が取消訴訟を提起したとする（東京高判平成26・2・19訟月60

巻 6 号 1367 頁参照）。取消判決がなされた場合，相対効説によれば，原告に対して
のみ認可が効力を失う（値上げ前の運賃を払えばよい）のに対し，絶対効説によれば，
ほかの利用者との関係でも認可が効力を失うことになる。

　取消訴訟の主観訴訟としての性質を重視すれば，第三者効は必要最小限にとどめる
べきで，取消判決のあと始末は立法・行政に委ねればよいとして，相対効説による
きことになる。これに対し，紛争の画一的解決を重視すれば，絶対効説が妥当となる。

　下級審では，健康保険医療費値上げ事件に関する東京地決昭和 40・4・22 行集 16
巻 4 号 708 頁が相対効説をとるのに対し，近鉄特急事件（⇨本章第 2 節 II ❷ (5)）
の第 1 審である大阪地判昭和 57・2・19 行集 33 巻 1 = 2 号 118 頁は絶対効説をとる。

　横浜市保育所廃止条例事件（最判平成 21・11・26 民集 63 巻 9 号 2124 頁，百選
II 204 事件。⇨本章第 2 節 I ❺ (2)）では，最高裁が保育所を廃止する条例の制定
行為に処分性を認めた。この判決は，当事者訴訟や民事訴訟で争う場合，判決の効力
が当事者にしか及ばないから，市町村は当該保育所を存続させるかどうかの対応に困
難をきたすので，取消判決等に第三者効が認められる取消訴訟で争うことに合理性が
あるとする。明示されているわけではないが，絶対効説に立っているとの指摘がある。

## ❸　拘束力

　**拘束力**とは，処分等を取り消す判決がされた場合，処分等を行った行政庁
その他の関係行政庁は，その趣旨にしたがって行動しなければならない，と
いう効力である（法 33 条 1 項）。具体的な内容としては，反復禁止効と積極
的作為義務がある。

### （1）反復禁止効

　**反復禁止効**とは，処分等が取り消された場合，同じ理由で同じ内容の処分
をしてはならない，という効力である。

　たとえば，行政文書の開示請求に対し，個人情報（行政機関の保有する情
報の公開に関する法律 5 条 1 号）にあたるとの理由で不開示決定がされたと
する。当該決定の取消訴訟において，個人情報にあたらないとして，取消判
決がされた場合，行政庁は，個人情報にあたるとの理由で，再び不開示決定
をしてはならない。これに対し，異論はあるが，別の理由，たとえば事務事
業情報（同条 6 号）にあたるとして，再び不開示決定をすることはできると

解されている。

反復禁止効の根拠については争いがある。通説によれば，もとの処分A
と，取消判決を受けてされる処分Bは，形式的には別の処分なので，処分
Aの取消判決の既判力は処分Bに及ばない。それでは紛争が解決しないの
で，拘束力によって反復が禁止されるとする（拘束力説）。

他方，有力説は，処分Aと処分Bは形式的には別の処分だが，法関係は
同じなので，処分Aの取消判決の既判力は処分Bにも及ぶと解する（既判
力説）。

## (2) 積極的作為義務

積極的作為義務とは，**処分庁等が取消判決の趣旨にしたがった行動を積極
的にとらなければならない**，という効力である。

具体的には，申請を却下しもしくは棄却した処分，または，審査請求を却
下もしくは棄却した裁決が，判決によって取り消されたときは，その処分等
をした行政庁は，判決の趣旨にしたがい，改めて処分等をしなければならな
い（法33条2項）。

たとえば，行政文書の開示請求に対し，個人情報該当性を理由として拒否
決定がなされ，当該決定が判決によって取り消されたとする。行政機関の長
は，再度の開示請求を待つことなく，取消判決の趣旨に従って改めて審査し，
開示・不開示の決定を行わなければならない。

この規定は，申請にもとづく処分または審査請求を認容した裁決が，手続
に違法があることを理由に取り消された場合にも準用されている（同条3
項）。明文にはないが，判断過程審査（⇨第1章第4節III❸）によって処分が
取り消された場合も同様と解される。

# 第5節 その他の行政訴訟

**SECTION 5**

本節では，取消訴訟以外の行政訴訟として，抗告訴訟にあたる無効等確認訴訟（Ⅰ），不作為の違法確認訴訟（Ⅱ），義務付け訴訟（Ⅲ），差止訴訟（Ⅳ）を検討したうえで，最後に公法上の当事者訴訟（Ⅴ）を概説する。

## Ⅰ. 無効等確認訴訟

### ❶ 意義

**無効等確認訴訟は，処分もしくは裁決の存否またはその効力の有無の確認を求める訴訟**である（法3条4項）。

条文上は，処分または裁決（処分等）について，①存在または不存在の確認，②有効または無効の確認を求めることができる。実際に提起されるのは，ほとんどが**処分等の無効の確認を求める訴え**である（処分不存在確認訴訟の例については，⇨ 本章第2節Ⅰ❺(2)）。

すでにみたように（⇨ 第3章第2節Ⅲ），行政行為が違法でも，その効力を否定するには取消訴訟で争わなければならず（公定力），出訴期間がすぎると取消訴訟も提起できない（不可争力）。しかし，行政行為が無効であれば，公定力・不可争力は認められない（⇨ 第3章第2節Ⅳ❷(1)）。

無効等確認訴訟は，主として，出訴期間がすぎたのちに，処分等の無効の確認を求めるために用いられる。実質的にみれば，「出訴期間のない取消訴訟」といえる。もちろん，勝訴するには処分等が無効であること（原則として重大かつ明白な瑕疵があること）が必要だから，取消訴訟より本案のハードルが高い（⇨ 第3章第2節Ⅳ❷）。

たとえば，税務署長から課税処分を受けたが，これを争わず，滞納したまま出訴期間がすぎたとする。滞納処分（⇨ 第4章第1節Ⅴ）がされようとす

る場合，課税処分の無効等確認訴訟を提起し，無効が確認されれば，滞納処分を免れることができる。

## ❷ 訴訟要件

訴訟要件は，①処分性，②原告適格，③（狭義の）訴えの利益，④補充性，⑤被告適格，⑥管轄裁判所である。取消訴訟の被告適格と管轄裁判所の規定（法11条・12条）が準用されている（法38条1項）。出訴期間と審査請求前置の定めはない。

### (1) 処分性

対象となるのは，取消訴訟と同じく，**処分**または**裁決**である（法3条4項）。

### (2) 原告適格

訴えを提起できるのは，処分等の無効等の確認を求めるにつき「**法律上の利益を有する者**」である（法36条）。判例は取消訴訟の原告適格と同じ意味に解している（もんじゅ訴訟に関する最判平成4・9・22民集46巻6号571頁，百選Ⅱ162事件。⇨ 本章第2節Ⅱ❷(4)）。

### (3) （狭義の）訴えの利益

取消訴訟と同様，処分が職権で取り消された場合などは，訴えの利益が失われる。

### (4) 補充性

処分等の無効を主張するためには，無効等確認訴訟のほか，処分等の無効を前提とする民事訴訟や公法上の当事者訴訟を提起できる場合がある。たとえば，課税処分が無効であれば，納税義務を負わないから，債務不存在確認訴訟（民事訴訟）を提起することもできる。そこで，次のような補充性の要件が設けられている。

「無効等確認の訴えは，〔ⓐ〕当該処分又は裁決に続く処分により損害を受けるおそれのある者〔ⓑ〕その他当該処分又は裁決の無効等の確認を求めるにつき法律上の利益を有する者で，〔ⓒ〕当該処分若しくは裁決の存否又はその効力の有無を前提とする現在の法律関係に関する訴えによって目的を達することができないものに限り，提起することができる」（法36条，〔　〕は引用者による補足）。

補充性が要件とされたのは，行政事件訴訟法制定当時の民事訴訟法理論では，過去の法律関係の確認が例外的にしか認められていなかったからである。しかし，のちにみるように，**処分等の無効確認が紛争の抜本的解決に役立つ場合もある**から，この要件は柔軟に解すべきである。

この規定にはいくつかの解釈問題がある。

### a）一元説と二元説の対立

上記ⓐ〜ⓒの要件については，ⓒがⓐとⓑの両方にかかるとする説（一元説）と，ⓑだけにかかるとする説（二元説）がある（⇨図6-14）。

読点がⓑのあとにあるので，文理解釈としては一元説に分がある。しかし，立案関係者は二元説をとっていた（読点の位置は立法ミスとされる）。実質的にみても，課税処分にもとづいて滞納処分を受けるなど，後続処分によって損害を受けるおそれ（ⓐ）があれば，ただちに無効等確認訴訟を認めてよい。したがって，二元説が妥当である。この点に関する明確な判例はない。

❶ 図6-14　一元説と二元説

### b）「現在の法律関係に関する訴え」の意味

条文から明らかなように，**処分等の無効を前提とする訴え**をさす。課税処分の無効を前提とする租税債務の不存在確認訴訟などである。

もんじゅ訴訟では，原子炉設置許可処分の無効等確認訴訟とともに，人格権等にもとづく民事差止訴訟も提起されていた。第1審は，民事差止訴訟の方が紛争解決にとって適切であるから，無効等確認訴訟は不適法と判断した。

最高裁は，人格権等にもとづく民事差止訴訟は，原子炉設置許可の無効を前提とする訴訟にあたらないなどとして，無効等確認訴訟を適法と認めた（最判平成4・9・22民集46巻6号1090頁，百選Ⅱ181事件）。

当該民事差止訴訟は，人格権等が侵害されたことを根拠に提起され，原子炉設置許可処分の無効を前提とする訴えではないから，当然の判断である。

---

**COLUMN 6-12　3つのもんじゅ訴訟上告審判決**

もんじゅ訴訟の上告審判決は3つある。第1次控訴審判決は，補充性の要件は満たしているとしたが，一部の原告の原告適格を否定した。両当事者が上告し，原告側上告分が原告適格の部分で紹介した判決（⇨本章第2節Ⅱ❷(4)），被告側上告分がここで紹介した判決である。その後，第2次上告審判決（最判平成17・5・30民集59巻4号671頁）が本案について判断し，原子炉設置許可処分は無効とはいえないとして，請求を棄却した。

---

### c）「目的を達することができない」の意味

還元不能説は，現在の法律関係に関する訴えに還元できない（現在の法律関係に関する訴えを提起できない）ことをいうとする。**目的達成不能説**は，**現在の法律関係に関する訴えによって目的を達成できないことをいうとする**（目的の意味については諸説ある）。つまり，現在の法律関係に関する訴えを提起できる場合，前説では無効等確認訴訟はただちに不適法となるが，後説ではそうではない。

土地改良事業（⇨本章第2節Ⅲ❷）の換地処分（土地改良法54条）を例にとってみよう（⇨図6-15）。地権者（A）が換地処分の無効を主張する場合，無効等確認訴訟のほか，換地処分の無効を前提に，関係権利者（B～D）を被告として，換地処分前の土地（従前地）の所有権確認訴訟を提起することもできる。還元不能説によれば，無効等確認訴訟はただちに不適法となる。

千葉県換地処分無効確認請求事件では，土地改良事業の換地処分がされたので，照応原則（換地が従前地に適切に対応すべきとする原則，土地改良法53条1項2号）に反するとして，地権者が換地処分の無効確認を求めた（最判昭和62・4・17民集41巻3号286頁，百選Ⅱ180事件）。

最高裁は，換地処分は事業施行地域内の土地所有者等多数の権利者に対して行われ，通常相互に連鎖し関連しあっていると指摘する。このような紛争の実態にかんがみると，換地処分の

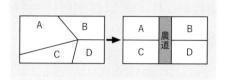

図 6-15　換地処分の効果

無効を前提とする従前地の所有権確認訴訟等は，この紛争を解決するための争訟形態として適切とはいえず，むしろ換地処分の無効確認を求める訴えの方が**「より直截的で適切な争訟形態」**であるとして，訴えを適法と認めた。

　本判決は，「目的を達することができない」かどうかを，どちらの訴訟が「より直截的で適切な争訟形態」かによって判断している。目的達成不能説の一種と解される。処分の無効確認が紛争の抜本的解決に役立つ点に着目した，適切な解釈といえる。

### ❸ 審理

　本案審理の対象は，処分等の無効（原則として重大かつ明白な瑕疵があること）である（⇨ 第3章第2節Ⅳ❷）。

　判断の基準時は，取消訴訟と同じく，処分時と解される。

### ❹ 判決

　認容判決により，処分等の無効が確認される（法3条4項）。

　拘束力に関する規定（法33条）が準用されているので（法38条1項），処分庁等は判決の趣旨にしたがって行動しなければならない。たとえば，課税処分の無効が確認された場合，税務署長はこれを前提とする滞納処分ができなくなる。

# Ⅲ. 不作為の違法確認訴訟

## ❶ 意義

不作為の違法確認訴訟は，**法令にもとづく申請に対し，行政庁が相当の期間内に何らかの処分をすべきであるにかかわらず，これをしないことについての違法の確認を求める訴訟**である（法3条5項）。

たとえば，建築主がマンションの建築確認（建築基準法6条1項）を申請したが，周辺住民が建築に反対しているとして，建築主事が確認も拒否処分もしないとする。処分が存在しないので，取消訴訟は使えない。このような場合，建築主は不作為の違法確認訴訟を提起して争うことができる。

もっとも，請求が認容されても，**不作為（何らの処分もしないこと）が違法とされるにすぎない**から，行政庁は拒否処分をすることもできる。その場合，原告は拒否処分の取消訴訟を提起しなければならない。このように，救済手段としては中途半端な制度である。

より実効的な救済手段は，一定の処分（建築確認など）を求める義務付け訴訟である。しかし，行政事件訴訟法制定当時，義務付け訴訟を否定する有力説があったため，明文化されなかった（⇨本節Ⅲ❶）。代わりに設けられたのが，不作為の違法確認訴訟である。

義務付け訴訟が明文で設けられた以上，不作為の違法確認訴訟はもはや必要ないとも考えられる。しかし，不作為の違法確認訴訟の利用を否定するまでもないこと，義務付け訴訟の併合提起の対象とされていること（⇨本節Ⅲ❸(2)c)及び(3)）から，従来通り残されている。

## ❷ 訴訟要件

訴訟要件は，①処分性，②原告適格，③（狭義の）訴えの利益，④被告適格，⑤管轄裁判所，⑥審査請求前置である。取消訴訟の被告適格，管轄裁判所及び審査請求前置の規定（法11条・12条・8条）が準用されている（法38条1項・4項）。出訴期間の定めはなく，不作為が続く間はいつまででも

提起できる。

## （1）処分性

対象となるのは**処分**である（法3条5項）。

## （2）原告適格

訴えを提起できるのは，**処分について申請をした者**である（法37条）。「申請」は，「法令に基づく申請」（法3条5項）をさすと解される。そこで，ⓐ**法令にもとづく申請が可能であり**，ⓑ**実際に申請したこと**が必要である。

法令にもとづく申請ができるのは，申請に対して何らかの応答を求める権利（申請権）を法令が認めている場合である（⇨ 第3章第2節Ⅶ❷）。たとえば，行政機関の保有する情報の公開に関する法律3条は，「何人も，……行政機関の長……に対し，当該行政機関の保有する行政文書の開示を請求することができる」と定める。この条文は開示請求者に申請権を認めていると解されるから，開示請求をしたにもかかわらず，何らの処分もされないときは，不作為の違法確認訴訟を提起できる。

## （3）（狭義の）訴えの利益

不作為にかかる処分がされた場合などは，訴えの利益が失われる。

### ❸ 審理

本案審理の対象は，不作為の違法，すなわち，**法令にもとづく申請がされてから，「相当の期間」が経過したこと**である（法3条5項）。

判断の基準時は，判決時（事実審の口頭弁論終結時）と解される。

### ❹ 判決

認容判決により，不作為の違法が確認される（法3条5項）。

取消訴訟の拘束力の規定（法33条）が準用されているので（法38条1項），

行政庁は何らかの処分をしなければならない。上記のとおり，拒否処分をすることもできる。

# III. 義務付け訴訟

## ❶ 概説

　**義務付け訴訟は，行政庁が一定の処分または裁決をすべき旨を命じることを求める訴訟**である（法3条6項柱書）。

　建築主が建築確認を申請したが，建築主事が何らの処分もしない場合に，建築確認をすべき旨を命じることを求める訴訟などである。

　行政事件訴訟法制定当時，田中二郎が義務付け訴訟を全面否定していたため（⇨ 第1章第1節 I ❶），明文では規定されなかった。同法のもとでは，無名抗告訴訟（法定外抗告訴訟）として提起できるかが議論され，全面否定説のほか，法定抗告訴訟で救済困難な場合のみ許されるとする説（補充説），一般的に提起できるとする説（独立説）が主張されていた。通説と下級審裁判例は補充説をとっていたが，訴えが適法とされた例はほとんどなかった。

　2004（平成16）年の行政事件訴訟法改正により，義務付け訴訟が明文化された。その際，**法令にもとづく申請ができるか（申請権が認められているか）どうかによって，申請型と非申請型に分けて規定された**。のちにみるように，非申請型の方が訴訟要件が厳しい。

　たとえば，建築主が建築確認（建築基準法6条1項）の義務付けを求める場合，申請権が認められると解されるので，申請型を提起できる。これに対し，建築物が違法であるとして，建築基準法9条1項にもとづいて，隣人が違法是正命令の義務付けを求める場合，同項は第三者による申請について何ら定めておらず，申請権を認めていないと解されるので，非申請型を提起しなければならない（⇨ 本節 II ❷ (2) 及び第3章第2節 VII ❷）。

**❷ 非申請型義務付け訴訟**

## (1) 意義

**非申請型**は，**法令にもとづく申請ができない（申請権が保障されていない）場合に，行政庁が一定の処分をすべき旨を命じることを求める訴訟**である（法3条6項1号）。

第三者に対する不利益処分を求める場合（違法建築物に対する是正命令を建築物の隣人が求める訴訟など）と，自分に対する授益処分を求める場合（建築主が自らに対する是正命令の撤回を求める訴訟など）がある。

申請型と比べると訴訟要件がかなり厳しく，訴えが適法とされた例は多くない。

## (2) 訴訟要件

訴訟要件は，①処分性，②一定性，③原告適格，④（狭義の）訴えの利益，⑤重大な損害，⑥補充性，⑦被告適格，⑧管轄裁判所である。取消訴訟の被告適格と管轄裁判所の規定（法11条・12条）が準用されている（法38条1項）。出訴期間の定めはない。

### a) 処分性

対象となるのは**処分**である（法3条6項1号）。

### b) 一定性

原告は「**一定の処分**」の義務付けを求めなければならない（同号）。立案関係者によれば，**訴訟要件及び本案勝訴要件について，裁判所の判断が可能な程度に特定すればよい**とされる（小林・行訴法158頁）。

### c) 原告適格

訴えを提起できるのは，行政庁が一定の処分をすべき旨を命じることを求めるにつき「**法律上の利益を有する者**」である（法37条の2第3項）。取消訴訟と同様に解することができる。取消訴訟の第三者に関する解釈規定（法9条2項）も準用されている（法37条の2第4項）。

### d) （狭義の）訴えの利益

義務付けを求められた処分がされた場合などは，訴えの利益が失われる。

### e) 重大な損害

非申請型は，一定の処分がされないことにより，**重大な損害を生ずるおそれがあるとき**に限り，提起できる（同条第1項）。重大な損害を生ずるか否かを判断するにあたっては，損害の回復の困難の程度を考慮するものとし，損害の性質及び程度並びに処分の内容及び性質をも勘案するものとされている（同条第2項）。

この要件が設けられたのは，非申請型では，法令で申請権が認められていないにもかかわらず，申請権を認めるのと同様の結果になるので，**救済の必要性が高い場合**に限って許すべきとの理由による（小林・行訴法161頁以下）。この要件を満たさないとして，多くの訴えが却下されている。

訴えが適法とされた数少ない例として，産廃処分場措置命令義務付け事件がある（福岡高判平成23・2・7判時2122号45頁）。産廃処分場で違法な処理がされているとして，周辺住民が，福岡県を被告として，措置命令（廃棄物の処理及び清掃に関する法律19条の5第1項）の義務付け訴訟を提起した。第1審は，本件処分場で違法な処理が行われているものの，原告らの生命・健康等にかかる著しい被害を生じるおそれは認め難いから，重大な損害の要件をみたさないとして，訴えを却下した。

控訴審は，鑑定嘱託の結果，本件処分場の地下に法定基準を大幅に超過した鉛を含む水が浸透していると認定した。周辺住民の生命・健康に損害を生じるおそれがあるから，重大な損害の要件をみたすとして，訴えを適法とした。さらに，本件では措置命令を行う義務があるとして，請求を一部認容した（上告棄却により確定）。

### f) 補充性

非申請型は，上記の**重大な損害を避けるため，他に適当な方法がないとき**に限り，提起できる（法37条の2第1項）。

他の「適当な方法」が何をさすかは明確ではない。立案関係者は，①損害を避けるための方法が個別法で特別に法定されている場合，②不利益処分について取消訴訟による救済が可能な場合，③法令にもとづく申請ができる場合をあげている。他方で，民事訴訟による救済が可能であっても，それだけで訴えが不適法となるわけではないとする（小林・行訴法162頁以下）。

## (3) 審理

本案審理の対象は，**一定の処分をする義務が行政庁にあること**と解される。

条文では，ⓐ「行政庁がその処分をすべきであることがその処分の根拠となる法令の規定から明らかである」か，ⓑ「行政庁がその処分をしないことがその裁量権の範囲を超え若しくはその濫用となる」と認められるときとされている（法37条の2第5項）。

ⓑは，処分に裁量が認められる場合に，当該処分をしないことが裁量権の逸脱濫用となること，すなわち，当該処分をする義務があることを意味する。ⓐは裁量が認められない場合の規定で，やはり処分をする義務があることと解される。以上要するに，当該処分をする義務が行政庁にあることをいうと考えられる。

判断の基準時は，判決時（事実審の口頭弁論終結時）と解される。

## (4) 判決

認容判決により，行政庁が一定の処分をすべき旨が命じられる（法37条の2第5項）。

拘束力の規定（法33条）が準用されているので（法38条1項），行政庁は当該処分をしなければならない。判決で直接命じられるので，拘束力をもち出すまでもないとする説もある。

---

**COLUMN 6-13　　義務付け判決と第三者効**

義務付け訴訟には，取消判決の第三者効の規定（法32条。⇨本章第4節II❷）が準用されていない。

たとえば，Aのマンションについて，隣人Bが是正命令の義務付け訴訟を提起し，勝訴しても，判決の効力はAに及ばない。そうすると，認容判決を受けて，特定行政庁が是正命令をした場合，Aは当該是正命令の取消訴訟を提起して争うことができる。

これを防ぐためには，BはAに訴訟告知（民事訴訟法53条）をするか，訴訟参加（法38条1項・22条）を申し立てる必要がある。これに対し，第三者効を認めるべきとの批判もある。

差止訴訟にも同様の問題がある（⇨本節Ⅳ❹）。たとえば，Ａのマンションについて建築主事が建築確認をしようとしているので，隣人Ｂが当該建築確認の差止訴訟を提起したとする。Ｂが勝訴し，差止判決が下されても，Ａは当該訴訟の当事者ではないので，建築確認を求める（申請型）義務付け訴訟等を提起して争うことができる。

## ❸ 申請型義務付け訴訟

### (1) 意義

申請型は，**法令にもとづく申請または審査請求ができる場合に，行政庁が一定の処分または裁決をすべき旨を命じることを求める訴訟**である（法3条6項2号）。

たとえば，風俗営業の許可（風俗営業等の規制及び業務の適正化等に関する法律3条1項）を申請したが，拒否処分を受けた場合に，許可処分の義務付けを求める場合である。

訴訟要件が厳しくないことから，大いに活用されており，認容例も多い。

### (2) 訴訟要件

訴訟要件は，①処分性，②一定性，③原告適格，④（狭義の）訴えの利益，⑤併合提訴，⑥被告適格，⑦管轄裁判所である。取消訴訟の被告適格と管轄裁判所の規定（法11条・12条）が準用されている（法38条1項）。出訴期間と審査請求前置の定めはないが，のちにみるように，併合される訴訟との関係で注意が必要である。一定性と（狭義の）訴えの利益の要件は，非申請型と同じである（⇨前記❷(2)b)・d)）。

#### a) 処分性

対象となるのは，取消訴訟と同じく，**処分**または**裁決**である（法3条6項2号）。

#### b) 原告適格

訴えを提起できるのは，**法令にもとづく申請または審査請求をした者**である（法37条の3第2項）。法令にもとづく申請の意味は，すでに説明した（⇨本節Ⅱ❷(2)）。

c） 併合提訴

　申請型については，一定の訴訟を併合して提起しなければならない。

　申請または審査請求に対し，相当の期間内に何らの処分または裁決がされないとき（同条第1項1号）は，**当該処分または裁決にかかる不作為の違法確認の訴えを併合提起しなければならない**（同条第3項1号）。

　申請または審査請求を却下しまたは棄却する処分（拒否処分）または裁決がされたとき（同条第1項2号）は，**当該処分または裁決にかかる取消訴訟または無効等確認訴訟を併合提起しなければならない**（同条第3項2号）。

　後者の場合，拒否処分等の出訴期間経過前は取消訴訟，経過後は無効等確認訴訟を提起することになる。併合提起された訴えにかかる請求に理由があることが本案勝訴要件なので（⇨ 後記(3)），出訴期間をすぎると（審査請求前置主義がとられている場合は，審査請求期間をすぎると），拒否処分等の無効を主張立証しなければならなくなる。

## (3) 審理

　本案審理の対象は，ⓐ**併合提起された訴え（不作為の違法確認訴訟，取消訴訟，無効等確認訴訟）にかかる請求に理由があること**と，ⓑ**当該処分または裁決をする義務が行政庁にあること**である（法37条の3第5項）。ⓑは非申請型と同じである（⇨ 前記❷(3)）。

　判断の基準時は，判決時（事実審の口頭弁論終結時）と解される。取消訴訟または無効等確認訴訟が併合提起されている場合は，処分時と解する説もある。

　併合提起された訴えにかかる弁論及び裁判は，義務付け訴訟と分離しないでしなければならない（同条第4項）。

　しかし，審理の状況等の事情を考慮し，併合提起された訴えについてのみ終局判決をする方が，より迅速な争訟解決に資すると認めるときは，裁判所は併合提起された訴えについてのみ終局判決をすることができる（同条第6項）。

　たとえば，個人タクシー事業の運賃変更認可（道路運送法9条の3）が拒否され，認可処分の義務付け訴訟と拒否処分の取消訴訟が提起されたとする。

考慮すべき事情を考慮しなかった点で，拒否処分が違法であることは判明したが，認可要件をみたすか明らかでない場合，拒否処分の取消判決をして，要件該当性を行政庁に判断させることができる（大阪地判平成 19・3・14 判タ 1252 号 189 頁参照）。

併合提訴が訴訟要件とされたのは，こうした柔軟な解決を可能にするためである。

---

**COLUMN 6-14** **本案勝訴要件か訴訟要件か**

併合提起された訴えにかかる請求に理由があることについては，本案勝訴要件説と訴訟要件説が対立している。その原因は，この要件が，訴訟要件の条文（法 37 条の3 第 1 項）と本案勝訴要件の条文（同条第 5 項）の両方で規定されていることにある。

いずれに解しても通常は大差ないが，仮の義務付け（⇨本章第 6 節 III）との関係で違いがある。その要件の一つは，義務付け訴訟の適法な係属である（法 37 条の 5第 1 項）。訴訟要件説によると，併合提起された訴訟の本案を審理しなければ，仮の義務付けの可否を判断できないことになる。仮の義務付けについては迅速な処理が求められることを考えると，妥当ではないと思われる。

---

### (4) 判決

判決については，非申請型と同じである（⇨ 前記❷ (4)）。

# IV. 差止訴訟

## ❶ 意義

差止訴訟は，**行政庁が一定の処分または裁決（処分等）をすべきでないにもかかわらず，これがされようとしている場合において，行政庁がその処分等をしてはならない旨を命じることを求める訴訟**である（法 3 条 7 項）。

不利益処分を争うときは，原則として，処分がなされたのちに，取消訴訟を提起し，必要に応じて執行停止を申し立てればよい。しかし，処分がいっ

たんされると，原告が取り返しのつかない損害を受けることもある。このような場合に提起できるのが差止訴訟である。実質的にみれば，「処分等がされる前に提起できる取消訴訟」ということができる。

タクシー事業者に対し，違法な営業をしたとして，事業許可の取消し（道路運送法40条）がされようとしている場合を例にとろう。事業許可の取消しにより，ただちに倒産するおそれがあるときは，差止訴訟を利用できる。

行政事件訴訟法改正前は，義務付け訴訟と同様，無名抗告訴訟（法定外抗告訴訟）として許されるかが争われていた。全面否定説はなく，法定抗告訴訟で救済できない場合にのみ許されるとする説（補充説）と，一般的に許されるとする説（独立説）が対立していた。

この点に関するリーディング・ケースが長野勤評事件である（最判昭和47・11・30民集26巻9号1746頁）。長野県立高等学校の教員である原告らが，勤務評定の一環として，自己観察の結果を表示するよう命じられたので，思想良心の自由（憲法19条）等が侵害されると主張して，自己観察の結果を表示する義務を負わないことの確認を求めて出訴した。

最高裁は，この訴えを，上記義務の不履行に対し，懲戒その他の不利益処分が行われるのを防止するために，その前提である義務の不存在の確認を求める訴訟と解した。そして，このような訴訟は，不利益処分を受けてからこれに対する訴訟の中で事後的に義務の存否を争ったのでは「回復しがたい重大な損害を被るおそれがある等，事前の救済を認めないことを著しく不相当とする特段の事情がある場合」にのみ許されるとし，本件はこれにあたらないとして，訴えを不適法とした。

この判決はかなり厳格な補充説に立つものと解される。そのためもあり，差止訴訟を適法とした例はほとんどなかった。

行政事件訴訟法の改正によって差止訴訟が明文で規定された。訴訟要件は厳しいが，訴えが適法とされた例として，教職員が懲戒処分の差止めを求めた東京都教職員国旗国歌訴訟（最判平成24・2・9民集66巻2号183頁，百選II 207事件），自衛隊基地の周辺住民が自衛隊機等の運航差止めを求めた厚木基地第4次訴訟（最判平成28・12・8民集70巻8号1833頁，百選II 150事件）等がある。

<u>COLUMN</u> **6-15**　　長野勤評事件は生きているか

　上記のとおり，改正前の長野勤評事件では，かなり厳格な補充説がとられた。この判決は訴訟類型（差止訴訟か確認訴訟か）を明示していないため，その射程（判決の影響がどこまで及ぶか）に不明確な点が残っている。

　まず，差止訴訟については，改正法によって訴訟要件が明文で規定されたので（⇨後記❷），長野勤評事件は判例としての意味を失っている。

　公法上の確認訴訟との関係では，最高裁は長野勤評事件を明確には否定していないようであり（⇨本節Ⅴ❷(2)），この点で判例として生きているかは，なお明らかではない。

## ❷ 訴訟要件

　差止訴訟の訴訟要件は，①処分性，②一定性，③蓋然性，④原告適格，⑤（狭義の）訴えの利益，⑥重大な損害，⑦補充性，⑧被告適格，⑨管轄裁判所である。取消訴訟の被告適格と管轄裁判所の規定（法11条・12条）が準用されている（法38条1項）。

### (1) 処分性

　差止訴訟の対象となるのは，取消訴訟と同じく，**処分**または**裁決**である（法3条7項）。権力的事実行為（⇨本章第2節Ⅰ❸(3)）が含まれる点も同じである。厚木基地第4次訴訟（前掲最判平成28・12・8）は，自衛隊機等の運航を事実行為とみているようである（⇨ COLUMN 6-5）。

<u>COLUMN</u> **6-16**　差止訴訟の対象となる権力的事実行為

　取消訴訟の場合，事実行為が完了すると訴えの利益が失われる（⇨本章第2節Ⅲ❷）。したがって，武器の使用（警察官職務執行法7条）など，1回的な行為は対象とならない。警察署における保護（同法3条）など，継続的性質をもつ行為のみが争える（⇨本章第2節Ⅰ❸(3)）。

これに対し，事前に差止めを求める差止訴訟では，継続的性質をもたない行為も対象となりうる。改正前の事案であるが，受刑者が頭髪丸刈りの差止めを求めたのに対し，訴えを適法とした（請求は棄却した）裁判例がある（東京地判昭和38・7・29行集14巻7号1316頁）。

## (2) 一定性

原告は「一定の」処分等の差止めを求めなければならない（法3条7項）。非申請型義務付け訴訟と同じく，**訴訟要件及び本案勝訴要件について，裁判所の判断が可能な程度に特定すればよい**（⇨ 本節Ⅲ❷(2)b)）。

## (3) 蓋然性

**処分等が「されようとしている」こと**，すなわち処分等がされる蓋然性が必要である（法3条7項）。

## (4) 原告適格

訴訟を提起できるのは，行政庁が一定の処分等をしてはならない旨を命じることを求めるにつき「**法律上の利益を有する者**」である（法37条の4第3項）。取消訴訟と同様に解することができる。取消訴訟の第三者に関する解釈規定（法9条2項）も準用されている（法37条の4第4項）。

## (5) (狭義の) 訴えの利益

差止めを求めている処分等がされたときなどは，訴えの利益が失われる。この場合は取消訴訟に訴えを変更できる（民事訴訟法143条）。

## (6) 重大な損害

差止訴訟は，一定の処分等がされることにより，**重大な損害を生じるおそれがある場合**に限り，提起できる（法37条の4第1項本文）。重大な損害については，解釈規定がおかれている（同条第2項）。

不利益処分を争う場合，通常は，取消訴訟を提起し，必要があれば執行停

止を申し立てることができる。そこで，重大な損害を生じるおそれがある場合とは，**処分がされたのちに取消訴訟と執行停止によって容易に救済できない場合**をさすと解される。

　この点のリーディング・ケースは東京都教職員国旗国歌訴訟である（前掲最判平成 24・2・9）。東京都教育委員会（都教委）の教育長が，都立学校長に対し，卒業式等の式典で国旗に向かって起立して国歌を斉唱すること等（起立斉唱行為）を教職員に命じるよう求める通達（本件通達）を発した。これを受けて，都立学校長が教職員に起立斉唱行為を命じる職務命令（本件職務命令）を発し，本件職務命令にしたがわなかった多数の教職員に対して，都教委が懲戒処分（地方公務員法 29 条）を行った。そこで，都立学校の教職員らが，東京都等を被告として，（ア）本件職務命令にしたがわなかったことを理由とする懲戒処分の差止めと，（イ）本件職務命令にしたがう義務の不存在の確認等を求めて出訴した（（イ）については**本節Ⅴ❷**(2) で検討する）。なお，都教委は，懲戒処分の量定基準（処分基準）にもとづき，本件職務命令にしたがわなかった場合，おおむね，1 回目は戒告，2 回目と 3 回目は減給，4 回目以降は停職としている。

　最高裁は，（ア）について次のように判示し，訴えを適法としたが，本件職務命令は憲法に違反しないなどとして，請求を棄却した。①重大な損害を生じるおそれがあると認められるためには，「**処分がされることにより生ずるおそれのある損害が，処分がされた後に取消訴訟等を提起して執行停止の決定を受けることなどにより容易に救済を受けることができるものではなく，処分がされる前に差止めを命ずる方法によるのでなければ救済を受けることが困難なものであることを要する**」。②本件通達をふまえて懲戒処分が反復継続的かつ累積加重的にされる危険が現に存在する状況のもとでは，取消訴訟等の判決確定に至るまで相応の期間を要している間に，毎年度 2 回以上の式典を契機として懲戒処分が反復継続的かつ累積加重的にされていくと，事後的な損害の回復が著しく困難になることを考慮すると，本件職務命令違反を理由とする懲戒処分により生じるおそれのある損害は，取消訴訟と執行停止により容易に救済を受けることができるとはいえない。

　本件では，懲戒処分を受けたつど，取消訴訟を提起し，執行停止を申し立

てることもできる。しかし，最高裁は，上記の量定基準を前提として，年2回以上の式典（入学式や卒業式など）のたびに懲戒処分を受ければ，短期間のうちに停職に至ることを考慮して，重大な損害が生じるおそれを認めている。

## (7) 補充性

差止訴訟は，上記の重大な損害を避けるため，**他に適当な方法があるとき**は，提起することができない（法37条の4第1項ただし書）。

非申請型義務付け訴訟（⇨ 本節III**❷**(2)f)）と異なり，補充性はただし書で消極要件として定められている。この点については，被告が主張立証責任を負うことになる。

他の「適当な方法」が何をさすかは明確ではない。立案関係者によれば，**差止めを求める処分に前提となる処分があって，当該前提処分の取消訴訟を提起すれば，法令上，当然に後続の処分ができないような場合**を意味する（小林・行訴法191頁）。

たとえば，国税に関する滞納処分について取消訴訟を提起したときは，その訴訟が係属する間は，当該国税について滞納処分による財産の換価（売払い）をすることができない（国税徴収法90条3項）。そこで，滞納処分を受けたときは，その取消訴訟を提起すればすむから，換価処分の差止訴訟を提起することはできない。

## ❸ 審理

本案審理の対象については，義務付け訴訟と類似の規定がある（法37条の4第5項）。取消訴訟と同じく，**当該処分等が違法であること**と考えられる（⇨ 本節III**❷**(3)）。

判断の基準時は，判決時（事実審の口頭弁論終結時）と解される。

### 4 判決

認容判決により，行政庁が一定の処分等をしてはならない旨が命じられる（法37条の4第5項）。

取消判決の拘束力の規定（法33条）が準用されているので（法38条1項），行政庁は当該処分等をしてはならない。判決で直接命じられるので，拘束力をもち出すまでもないとする説もある（⇨ 本節III❷(4)）。

第三者効の規定（法32条1項）は準用されていない（⇨ COLUMN 6-13）。

##  公法上の当事者訴訟

### ❶ 意義

公法上の当事者訴訟には形式的当事者訴訟と実質的当事者訴訟がある（⇨ 本章第1節III❶(2)）。前者は特殊な訴訟であり，すでに概略を説明したので，ここでは後者のみ検討する。

**実質的当事者訴訟**とは，「**公法上の法律関係に関する確認の訴えその他の公法上の法律関係に関する訴訟**」をいう（法4条）。民事訴訟と同じく，給付訴訟，確認訴訟，形成訴訟が考えられる。形成訴訟は法令に特段の定めがある場合にのみ認められるので，一般的に提起できるのは給付訴訟と確認訴訟である。

給付訴訟の例として，公務員が俸給の支払を求める訴訟，確認訴訟の例として，日本国籍を有することの確認を求める訴訟がある。

上記規定中，「公法上の法律関係に関する確認の訴え」の部分は，2004（平成16）年の改正で追加された。改正案の検討過程では，取消訴訟の処分性を拡大すべきかが議論されたが，結論が出なかった。そこで，従来あまり利用されていなかった確認訴訟を活用するというアイディアが浮上し，その趣旨を示すために上記文言が付加された（⇨ COLUMN 6-4）。のちにみるように，訴訟要件等には不明確な点が残されている。

改正後，実際に多くの確認訴訟が提起されている。請求認容例として，選

挙権を行使する権利の確認が求められた在外国民選挙権訴訟（最大判平成17・9・14民集59巻7号2087頁，百選Ⅱ208事件），一定の医薬品をインターネットで販売できる権利ないし地位の確認が求められた医薬品ネット販売権確認等請求事件（最判平成25・1・11民集67巻1号1頁，百選Ⅰ50事件。⇨第3章第1節Ⅱ❸(2)），訴えを適法とした例として，職務命令にしたがう義務の不存在確認が求められた東京都教職員国旗国歌訴訟（最判平成24・2・9民集66巻2号183頁，百選Ⅱ207事件。⇨本節Ⅳ❷(6)）などがある。

## ❷ 訴訟要件

　給付訴訟では，訴訟要件は通常問題とならず，本案で給付請求権の存否が争われる。

　確認訴訟の場合，確認の対象が限定されないので，民事訴訟では確認の利益が訴訟要件とされ，①対象選択の適否，②即時確定の必要性，③方法選択の適否が検討される。

　以下では公法上の確認訴訟の訴訟要件を検討する。基本的に民事訴訟と同様と解されるが，行政法関係の特質も考慮すべきである。

### (1) 対象選択の適否

　民事訴訟では，**確認の対象とされた訴訟物（法律関係等）が，紛争解決にとって適切**かどうかが問題とされる。

　公法上の確認訴訟についても同様の問題がある。しかし，それ以前に，そもそも**何が確認の対象となるか**について争いがある。大別すると，①**契約等の具体的な法律関係に限られる**とする説，②**法令にもとづく法的地位や法的義務も対象となりうる**とする説，③**行為（行政立法，行政計画，行政指導，通達等）の違法確認も可能**とする説がある。

　判例では，選挙権を行使する権利（前掲最大判平成17・9・14），日本国籍（最大判平成20・6・4民集62巻6号1367頁），職務命令にしたがう義務（前掲最判平成24・2・9），一定の医薬品をインターネットで販売できる権利ないし地位（前掲最判平成25・1・11）等の確認を求める訴えが適法とされて

いる。そこで，少なくとも，②は確認の対象となると考えられる。

たとえば，墓地埋葬通達事件（最判昭和 43・12・24 民集 22 巻 13 号 3147 頁，百選 I 55 事件。⇨ 第 3 章第 1 節 III ❸）では，異教徒であることは墓地埋葬を拒否できる「正当の事由」（墓地，埋葬等に関する法律 13 条）にあたらないとする通達を，墓地を管理する寺院が取消訴訟で争ったが，処分性がないとして却下された（⇨ 本章第 2 節 I ❹ (2)）。この事案では，異教徒であることを理由に墓地埋葬を拒否できる地位の確認訴訟などを提起することが考えられる。

学説上は③の確認もできるとする見解が有力であるが，これを明確に認めた判例はない。

### (2) 即時確定の必要性

民事訴訟では，**確認判決によって即時に解決する必要があるか**が問題とされる。

公法上の確認訴訟については，①民事訴訟と同様に，**原告の有する権利または法的地位に危険または不安が存在すれば足りる**とする説，②長野勤評事件（前掲最判昭和 47・11・30）のように，「**事前の救済を認めないことを著しく不相当とする特段の事情**」が必要とする説，③差止訴訟と同様に，**重大な損害を生じるおそれがあることを要件**とする説などがある。

この点に関する判例として，まず，在外国民選挙権訴訟（前掲最大判平成 17・9・14）がある。国外に居住しているため国内に住所がない日本国民（在外国民）には，かつて選挙権がまったく認められず，1998（平成 10）年の公職選挙法改正により，衆議院比例選挙区等についてのみ選挙権が認められた。そこで，在外国民であった原告らが，選挙権行使の機会を保障しないのは憲法等に違反すると主張して，（ア）原告らのうち引き続き在外国民である者が衆議院小選挙区選挙等において選挙権を行使する権利を有すること等の確認を求めるとともに，（イ）原告らが 1996（平成 8）年の総選挙で投票できなかったことについて慰謝料等を請求した（（イ）については第 7 章第 1 節 II ❷ (4)b) ⑦で検討する）。

最高裁は，在外国民に選挙権を認めないことは憲法 15 条等に違反すると

判断した。そして，上記（ア）について，選挙権の性質（選挙で行使できなければ意味がなく，事後的な回復が不可能）及びその重要性にかんがみると，具体的な選挙につき選挙権を行使する権利の有無に争いがある場合に，これを有することの確認を求める訴えは，それが有効適切な手段であると認められる限り確認の利益を肯定すべきであるとして，訴えを適法とし，請求も認容した。

東京都教職員国旗国歌訴訟（前掲最判平成24・2・9）では，職務命令にしたがう義務の不存在確認も求められていた（⇨ **本節Ⅳ❷ (6) の（イ）**）。

最高裁は，懲戒処分以外の処遇上の不利益（昇級の遅延等）の予防を目的とする確認の訴えは，公法上の当事者訴訟にあたるとした。そして，本件通達をふまえて処遇上の不利益が反復継続的かつ累積加重的に発生し拡大する危険が現に存在する状況のもとでは，毎年度2回以上の式典を契機として処遇上の不利益が反復継続的かつ累積加重的に発生し拡大していくと，事後的な損害の回復が著しく困難になることを考慮すると，本件確認の訴えはその目的に則した有効適切な争訟方法であって，確認の利益が認められるとした。もっとも，本件職務命令は憲法に違反しないとして，請求を棄却した。

これら二つの判決は，一般論を示すことなく，事例判断にとどまっている。これらの事案については，長野勤評事件の基準によっても，確認の利益が認められると思われる。上記①〜③のいずれの説でも説明できるので，この問題について，最高裁はいまだ明確な判断を示していないと考えられる。

## (3) 方法選択の適否

民事訴訟では，**紛争解決のために確認訴訟が有効適切であるか**が問題とされる。そこで，給付訴訟による救済が可能な場合は，原則として不適法とされている（**補充性**）。

公法上の確認訴訟についても基本的に同様と解される。給付訴訟による救済が可能な場合は，原則として確認訴訟は不適法となる。

抗告訴訟との関係については議論がある。東京都教職員国旗国歌訴訟では，懲戒処分の予防を目的とした確認の訴えについては，差止訴訟による救済が可能であるから，補充性の要件を欠き，不適法とされた。

## ③ 審理

　本案審理の対象は，基本的に民事訴訟と同様と考えられる。給付訴訟では請求権の存否，確認訴訟では確認を求められた法律関係や法的地位の存否等である。

　判断の基準時も，原則として判決時（事実審の口頭弁論終結時）と解される。

　手続についても，原則として民事訴訟の例による（法7条）。取消訴訟の行政庁の訴訟参加（法23条）や職権証拠調べ（法24条）の規定等が準用されている（法41条1項）。

## ④ 判決

　判決についても，基本的に民事訴訟と同様である。取消判決の拘束力の規定（法33条）が準用されている（法41条1項）。

# 第6節　仮の救済

SECTION 6

## I. 概説

　訴訟提起から判決確定までは一定の時間がかかる。その間に原告が大きな不利益を受けることもある。**仮の救済**は，**判決確定までの間，原告の権利利益を仮に保護する制度**である。民事訴訟では，仮の救済として，民事保全法による仮処分がある。

　行政事件訴訟法は，「行政庁の処分その他公権力の行使に当たる行為」について，民事保全法による仮処分を排除し（法44条），代わりに，取消訴訟及び無効等確認訴訟について**執行停止**を，義務付け訴訟について**仮の義務付け**を，差止訴訟について**仮の差止め**を，それぞれ設けている。不作為の違法確認訴訟には仮の救済がないので，義務付け訴訟を提起して仮の義務付けを利用しなければならない。公法上の当事者訴訟では，民事保全法による仮処分を利用できるが，公権力の行使にあたる行為については上記の制限がかかる（⇨ 図6-16）。

● 図6-16　行政訴訟における仮の救済

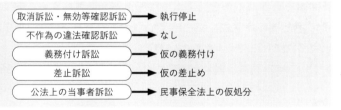

# Ⅲ. 執行停止

## ❶ 意義

執行停止とは，**取消訴訟または無効等確認訴訟が提起された場合に，処分の執行等を停止する制度**である（法25条2項・38条3項）。

取消訴訟等が提起された場合に，争われた処分の執行をただちに停止するか（執行停止原則），否か（執行不停止原則）は，立法政策の問題とされている。行政事件訴訟法は執行不停止原則をとり（法25条1項），裁判所が執行停止を命じる制度としている。

マンションを建築するために建築確認（建築基準法6条1項）がされ，隣人が建築確認の取消訴訟を提起する場合を例にとろう。訴訟係属中に当該マンションが完成すると，倒壊するおそれがあるときは，建築工事を阻止するために，建築確認の執行停止（効力停止）を申し立てることができる。

## ❷ 要件

執行停止の積極要件は，**①本案訴訟（取消訴訟等）が適法に係属していること，②処分の執行等により生じる重大な損害を避けるため緊急の必要があること**である（法25条2項）。消極要件は，**③公共の福祉に重大な影響を及ぼすおそれがあること，④本案に理由がないとみえることである**（同条4項）。積極要件は申立人（原告）が，消極要件は被申立人（被告）が，それぞれ主張立証責任（⇨ 本章第3節Ⅱ❺）を負う。

このうち，②の「重大な損害」は，改正前は「回復の困難な損害」となっていた。執行停止が十分活用されていないとの批判があり，要件を緩和するために文言が変更され，解釈規定（同条3項）も新設された。

「回復の困難な損害」の場合，財産上の損害については，損害賠償で事後的に回復できるとして，執行停止が否定されやすい。「重大な損害」であれば，財産上の損害についても，それが重大であれば，執行停止が認められうる。

改正後の判例として，弁護士懲戒執行停止事件がある（最決平成19・12・18判時1994号21頁，百選II 199事件）。弁護士である原告が，所属弁護士会から業務停止3月の懲戒処分（本件処分）を受けた（弁護士法56条）。日本弁護士連合会に審査請求をした（同法59条）が，棄却裁決（本件裁決）がされた。そこで，東京高裁に本件裁決の取消訴訟を提起する（同法61条）とともに，本件処分の執行停止（効力停止）を申し立てた（法29条）。

最高裁は，本件処分の業務停止期間中に，期日が指定されているものだけで31件の訴訟案件を受任していた等の事実関係のもとでは，本件処分によって原告に生じる社会的信用の低下，業務上の信頼関係の毀損等の損害は，重大な損害にあたると判断し，執行停止を認めた。

### ❸ 手続

裁判所が執行停止を命じるためには，申立てがなければならない（法25条2項）。

申立てを受けて，裁判所は執行停止の要件が満たされているかどうか，**疎明にもとづいて審理する**（同条5項）。疎明とは，証明とは異なり，**一応確からしいという心証が得られること**を意味する。口頭弁論を開く必要はないが，当事者の意見をあらかじめ聴かなければならない（同条6項）。

執行停止の要件を満たすときは，裁判所は執行停止を命じる。執行停止の決定には第三者効（法32条2項）と拘束力（法33条4項）が認められている（⇨ 本章第4節II ❷・❸）。

# III. 仮の義務付け・仮の差止め

### ❶ 意義

**仮の義務付け**は，**義務付け訴訟が提起された場合に，仮に処分等をすべき旨を命じる制度**である（法37条の5第1項）。**仮の差止め**は，差止訴訟が提起された場合に，仮に行政庁が一定の処分等をしてはならない旨を命じる制

度である（同条 2 項）。いずれも行政事件訴訟法の改正によって新たに設けられた。

たとえば，生活保護開始決定（生活保護法 24 条 3 項）の義務付け訴訟で，仮に開始決定を命じる場合や，タクシー事業の許可取消処分の差止訴訟で，仮に取消処分をしないよう命じる場合などである。

## ❷ 要件

仮の義務付け及び仮の差止めの積極要件は，**①本案訴訟が適法に係属していること**，**②償うことのできない損害を避けるため緊急の必要があること**，**③本案に理由があるとみえることである**（法 37 条の 5 第 1 項・第 2 項）。消極要件は，**④公共の福祉に重大な影響を及ぼすおそれがあること**である（同条第 3 項）。

「重大な損害」ではなく「償うことのできない損害」とされている点，本案に理由があるとみえることが積極要件とされている点で，執行停止より要件が厳しい。行政庁が処分をする前に，本案判決と同じ内容を裁判所が仮に命じることになるので，より高い救済の必要が求められるからであるとされる。

保育園で保育を受ける機会を失うことによる損害は原状回復や金銭賠償による塡補ができないとして，保育園への入園（旧児童福祉法 24 条 1 項）を仮に義務づけた例がある（東京地決平成 18・1・25 判時 1931 号 10 頁）。

## ❸ 手続

内閣総理大臣の異議も含めて，執行停止の規定が準用されているが，第三者効の規定（法 32 条 2 項）は準用されていない（法 37 条の 5 第 4 項。⇨ COLUMN 6-13）。

# Ⅳ. 内閣総理大臣の異議

執行停止の申立てがされるか，執行停止の決定があった場合，**内閣総理大臣は，裁判所に対し，異議を申し立てることができる**（法27条1項）。異議があったときは，**裁判所は執行停止をすることができず，すでに執行停止の決定をしているときは，これを取り消さなければならない**（同条4項）。裁判所は異議に理由があるかを審査できないと解されている。

この規定は仮の義務付け・仮の差止めにも準用されている（法37条の5第4項）。

内閣総理大臣の異議は，平野事件（⇨ **本章第1節Ⅱ❷(2)**）をきっかけに設けられた。司法判断を行政機関の長が一方的に覆す制度であり，憲法に違反するとの見解も有力である。

# 第7節　行政上の不服申立て

**SECTION 7**

本節では，行政上の不服申立てについて，その意義（Ｉ），審査請求の適法要件（Ⅱ），審理（Ⅲ），裁決（Ⅳ）及び仮の救済（Ⅴ）を検討する。

# Ⅰ. 行政上の不服申立てとは何か

## ❶ 意義

**行政上の不服申立てとは，行政活動によって生じた紛争を解決する手続（行政争訟）のうち，行政機関に提起されるもの**をいう。行政過程における行政争訟ともいう。

すでにみたように，裁判所に提起される行政争訟を行政訴訟という（⇨ 本章第1節Ⅰ❷）。これと比べると，行政上の不服申立ては，費用・労力・時間がかからず，違法性にくわえて不当性も審査できるが，手続の公正さの点で及ばない。

行政上の不服申立ては正式の争訟手続であり，その結果に不服があれば訴訟で争うことができる。これに対し，非公式の苦情処理は，公正さの点でさらに劣り，不服があっても訴訟で争うことができないが，対象や資格が限定されておらず，広く活用されている。

## ❷ 沿革

1890（明治23）年，行政上の不服申立ての一般法として「訴願法」が制定された。同法は，①行政の適正な運営の確保を主たる目的とし，②法令に列挙された事項しか争えず（列記主義），③当事者の手続保障も十分でないなど，問題が少なくなかった。

訴願法は第二次世界大戦後もしばらく適用されていたが，1962（昭和37）年，行政事件訴訟法と前後して，「行政不服審査法」が制定された（以下「旧法」という）。同法は，①国民の権利利益の救済を主たる目的とし，②処分及び不作為について一般的に不服申立てを認め（概括主義），③当事者の手続上の権利を手厚く保障するなど，制度を大きく改善した。

しかし，旧法に対しては，簡易迅速な救済が実現されていない，手続の公正が不十分といった批判があった。さらに，行政手続法の制定や行政事件訴訟法の改正などにより，制度の不備が目立つことになった。そこで，2014（平成26）年，行政不服審査法が全部改正された（以下，本節において「法」という）。

---

**COLUMN 6-17　2014年行政不服審査法改正**

改正の概要は次の通り。①「公正性の向上」として，審理員による審理手続（法9条等），第三者機関への諮問手続（法43条等）の導入など。②「使いやすさの向上」として，不服申立ての審査請求への一元化（法2条以下），審査請求期間の延長（法18条1項）など。

あわせて，③審査請求前置主義を縮減する法改正（⇨本章第2節Ⅵ），④処分等の求めや行政指導の中止等の求めを新設する行政手続法改正（⇨第3章第2節Ⅶ❹，第4節Ⅲ❶）も行われた。

---

### ❸　現行法上の不服申立て

#### (1) 行政不服審査法上の不服申立て

行政不服審査法は，国民の権利利益の救済を主な目的とし，行政の適正な運営の確保を副次的な目的とする（法1条1項）。行政上の不服申立てに関する一般法である（同条2項）。ただし，国会による処分等（法7条1項），国の機関や地方公共団体等に対する一定の処分（同条2項）については，適用が除外されている。個別法で適用除外とされる場合もある。

本法は，不服申立てとして，①審査請求，②再調査の請求，③再審査請求を定めている。

審査請求は，処分または不作為（処分等）に対する原則的な不服申立てであり（法2条・3条），処分庁または不作為庁（処分庁等）の最上級行政庁等に提起される（⇨本節Ⅱ❶(4)）。

再調査の請求は，処分庁以外の行政庁に審査請求ができる場合に，処分庁に提起される，より簡易な不服申立てである（法5条）。法律に定めがある場合にのみ提起できる。

再審査請求は，審査請求に対する裁決に不服がある場合に，再度なされる不服申立てである（法6条）。これも法律に定めがある場合にのみ提起できる。

行政不服審査法は審査請求について詳細な規定をおき，ほかの不服申立てにこれを準用している。以下でも主として審査請求について検討する。

---

**COLUMN 6-18** 不服申立てにおける「概括主義」の意味

行政不服審査法は概括主義をとるといわれるが，その意味は行政訴訟（⇨本章第1節Ⅱ❷(2)）とは同じではない。争えるのは処分と不作為のみであり，基本的に取消訴訟及び不作為の違法確認訴訟に対応している。

改正法は義務付け訴訟に類したしくみを導入した（⇨本節Ⅳ❶(1)・(2)）。ただし，申請型義務付け訴訟にあたる制度であり，また，審査庁が第三者機関の場合は適用されない。

訴訟には裁判を受ける権利（憲法32条）が及ぶのに対し，不服申立てはそうではないから，概括主義が不徹底でもただちに違憲となるわけではない。しかし，簡易迅速な行政争訟制度の充実は権利救済にとって望ましく，本法による上記改正はこの点で重要である。

---

## (2) 特別法上の不服申立て

行政不服審査法は一般法であり，法令に特別の定めがある場合には適用されない（法8条参照）。同法とは別の不服申立制度を設ける場合（地方自治法250条の13による国の関与に対する国地方係争処理委員会への審査の申出など）や，同法の特則を定める場合（国家公務員法90条以下による人事院への審査請求など）がある。

独立した行政機関が，裁判手続に準じた手続（準司法手続）で決定を下す制度を，**行政審判**という。不服申立ての判断をするための手続（上記の人事院への審査請求など）と，第一次的な処分をするための手続（破壊活動防止法11条以下にもとづく公安審査委員会による破壊的団体に対する規制など）があり，前者は行政上の不服申立てにあたる。

# Ⅲ． 審査請求の適法要件

審査請求の適法要件とは，**請求の当否（本案）を判断するための要件**である。訴訟における訴訟要件（⇨ 本章第2節）に対応する。以下では，処分についての審査請求と，不作為についての審査請求に分けて検討し，あわせて教示制度にも触れる。

## ❶ 処分についての審査請求

適法要件は，①対象，②資格，③利益，④審査庁，⑤期間，⑥形式である。

### (1) 審査請求の対象

審査請求の対象となるのは，**処分**，すなわち「**行政庁の処分その他公権力の行使に当たる行為**」である（法1条2項）。取消訴訟の対象となる「処分」と同じである（⇨ 本章第2節 Ⅰ❶）。権力的事実行為（⇨ 本章第2節 Ⅰ❸(3)）も含まれる（⇨ 本節Ⅳ❶(1)）。

### (2) 審査請求の資格

審査請求を提起できる者について，明文の規定はおかれていない。最高裁は，主婦連ジュース訴訟（最判昭和53・3・14民集32巻2号211頁，百選Ⅱ132事件）で，**取消訴訟の原告適格と同じ意味に解している**（⇨ 本章第2節Ⅱ❷(1)）。行政事件訴訟法改正によって原告適格の拡大が図られたので（⇨ 本章第2節Ⅱ❸），審査請求の資格も広がることになる。

## (3) 審査請求の利益

取消訴訟（⇨ 本章第2節Ⅲ）と同様，処分の効果がなくなった場合などは，審査請求の利益が失われる。

## (4) 審査庁

手続の公正を確保するため，原則として，**処分庁の最上級行政庁**が審査庁となる（法4条4号）。たとえば，県の福祉事務所長がした生活保護の開始決定（生活保護法24条・19条4項）については，当該県の県知事である。

これには例外がある。**①処分庁に上級行政庁がない場合は，処分庁が審査庁となる**（法4条1号）。**②処分庁またはその上級行政庁が，主任の大臣，宮内庁長官または庁の長である場合は，当該主任の大臣等**が審査庁となる（同条2号・3号）。②の場合，上級行政庁は存在するが（内閣または主任の大臣），組織の自律性を考慮して，これらの機関が審査庁とされている。たとえば，国土交通大臣がした行政文書の不開示決定（行政機関の保有する情報の公開に関する法律9条）については，同大臣が審査庁となる。

さらに，**法律（条例にもとづく処分については条例）に特別の定めがある場合は，所定の機関（第三者機関など）**が審査庁となる（法4条柱書）。たとえば，県の建築主事による建築確認（建築基準法6条1項）については，当該県の建築審査会が審査庁となる（同法94条1項）。

## (5) 審査請求の期間

処分があったことを知った日の翌日から起算して3か月（法18条1項本文），または，処分があった日の翌日から起算して1年（同条2項本文）を経過したときは，審査請求ができない。いずれの場合も，天災等の「正当な理由」があれば別である（同条1項ただし書・2項ただし書）。郵送等の送付に要した日数は算入されない（**発信主義**，同条3項）。

## (6) 審査請求の形式

審査請求は，行政不服審査法以外の法律（条例にもとづく処分については条例）に口頭でできる旨の定めがある場合を除き，審査請求書を提出してし

なければならない（法19条1項）。その記載事項は，①審査請求人の氏名または名称及び住所または居所，②審査請求にかかる処分の内容，③審査請求にかかる処分があったことを知った年月日，④審査請求の趣旨及び理由，⑤教示（⇨ 後記❸）の有無及びその内容，⑥審査請求の年月日である（同条2項）。

## ❷ 不作為についての審査請求

　適法要件は，①対象，②資格，③利益，④相当の期間の経過，⑤審査庁，⑥形式である。審査請求期間の制限はない。

### (1) 審査請求の対象
　不作為についての審査請求の対象も**処分**である（法3条）。

### (2) 審査請求の資格
　不作為についての審査請求ができるのは，**法令にもとづいて行政庁に対して処分の申請をした者**である（法3条）。①**法令にもとづく申請が可能であり**，②**実際に申請をしたこと**が必要である。不作為の違法確認訴訟と同様である（⇨ 本章第5節Ⅱ❷(2)）。

### (3) 審査請求の利益
　行政庁が申請された処分をした場合等は，審査請求の利益が失われる。

### (4) 審査庁
　不作為についての審査請求に関しても，処分についてと同様，原則として**不作為にかかる行政庁（不作為庁）の最上級庁**が審査庁となる（法4条，⇨ 前記❶(4)）。

### (5) 相当の期間の経過
　不作為についての審査請求は，申請から**相当の期間**が経過しないでされた

場合，不適法として却下される（法 49 条 1 項）。

---

> **COLUMN 6-19　相当の期間の経過の位置づけ**
>
> 　不作為の違法確認訴訟については，相当の期間の経過は，本案訴訟要件であると解される（⇨本章第 5 節 II ❸。行政事件訴訟法 37 条の 3 第 1 項 1 号も参照）。
> 　これに対し，本文で見たように，行政不服審査法は，これを明示的に適法要件としている。本案では，不作為に正当な理由があるかが審査される（宇賀克也『行政不服審査法の逐条解説〔第 2 版〕』〔有斐閣，2018 年〕228 頁）。
> 　もっとも，相当の期間の経過は，正当な理由の有無も含めて判断されるとも考えられ，そうすると本案審理の対象がないことになる。

## (6) 審査請求の形式

　不作為についての審査請求も，原則として，審査請求書を提出してしなければならない（法 19 条 1 項）。その記載事項は，①審査請求人の氏名または名称及び住所または居所，②不作為にかかる処分の申請内容及びその年月日，③審査請求の年月日である（同条 3 項）。

## ❸　教示制度

　不服申立ての適法要件は複雑でわかりにくいので，取消訴訟の教示制度（⇨ **本章第 2 節Ⅷ**）に先だち，旧法においても教示制度が設けられていた。

　行政庁は，不服申立て（本法以外の法令にもとづく不服申立ても含む）ができる処分をする場合には，その相手方に対し，①当該処分につき不服申立てができる旨，②不服申立てをすべき行政庁，③不服申立てができる期間を，書面で教示しなければならない（法 82 条 1 項本文）。ただし，処分を口頭でする場合は，教示は必要ない（同項ただし書）。

　それ以外の場合でも，利害関係人から，①不服申立ての可否，②不服申立てをすべき行政庁，③不服申立てをすべき期間につき教示を求められたときは，行政庁は当該事項を教示しなければならない（同条 2 項）。

教示を誤った場合の救済規定もおかれている。①必要な教示がなかったときは，処分庁に不服申立書を提出すればよい（法83条1項）。②審査請求をすべき行政庁が誤って教示されたときは，教示された行政庁に審査請求書を提出すればよい（法22条）。③法定より長い審査請求期間が教示されたときは，法定の期間をすぎても「正当な理由」が認められる（法18条1項ただし書）。④不服申立てができないのにできると教示されたときは，（却下）裁決を知った日等から出訴期間が起算される（行政事件訴訟法14条3項）。

# Ⅲ． 審査請求の審理

## ❶ 概説

### (1) 審理の対象

行政訴訟では，処分等（処分または不作為）が「違法」かどうかが審理される（⇨ 本章第3節Ⅰ❶，第5節Ⅱ❸）。これに対し，行政上の不服申立てでは，**処分等が「違法又は不当」**かどうかが審理される（法1条1項参照）。

「不当」とは，**法に反するわけではないが，行政目的に適合しないこと**をいう。処分に裁量が認められる場合，裁判所は，裁量権の逸脱濫用があるときにのみ，処分を取り消すことができる（⇨ 第1章第4節Ⅲ❶）。不服申立ての場合，逸脱濫用はないが，行政目的に適合しないと判断すれば，処分を取り消すことができる（⇨ 第3章第2節Ⅳ❶）。

### (2) 審理手続の特色

訴訟手続と比べると，行政上の不服申立ての手続には，①職権探知主義，②職権進行主義，③書面審理の原則などの特色がある。

**当事者が主張しない事実を判断の基礎にできることを職権探知主義**，できないことを**弁論主義**という。行政訴訟では，職権証拠調べができるものの，弁論主義がとられている（⇨ 本章第3節Ⅱ❸）。不服申立てについて明文はないが，訴願手続で職権探知を認めた判例があり（最判昭和29・10・14民集8巻10号1858頁，百選Ⅱ135事件），現行法上も同様と解されている。

**職権進行主義**とは，手続が職権で進められることをいう。訴訟でも一定範囲で認められているが，不服申立てでは多くの手続が審査庁または審理員の職権でできる（⇨後記❷）。

訴訟では口頭弁論による審理が原則であるのに対し，不服申立てでは**書面審理**が原則である。もっとも，口頭意見陳述も認められている（⇨後記❷(2)）。

## ❷ 審理手続

● 図 6-17　審理手続の概要

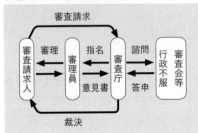

①審査請求の提起，②審理，③第三者機関への諮問，④裁決の順に行われる（⇨図6-17）。

### (1) 審査請求の提起

審査請求の手続は，審査請求書の提出によって開始される（⇨本節Ⅱ❶(6)，❷(6)）。

審査請求がされたときは，審査庁は，審査庁に所属する職員のうちから，審理手続を行う者（**審理員**）を指名し，審査請求人及び処分庁等（処分庁または不作為庁）に通知しなければならない（法9条1項本文）。

ただし，①行政委員会などの合議制の機関等が審査庁となる場合，②条例にもとづく処分について条例に特別の定めがある場合，③審査請求が不適法であることが明らかな場合などは，審理員を指名しなくてもよい（同項ただし書）。

審理員の制度は，審理手続の公正性を高めるために，行政手続法上の聴聞主宰者（⇨第3章第2節Ⅶ❸(3)b)）を参考にして，改正法で導入された。審査庁に所属する職員ではあるが，独立した立場で審理を行い，意見書を提出する。そこで，審査請求人等の関係者のほか，処分等に関与した者も除斥される（同条2項）。

利害関係人は，審理員の許可を得て当該審査請求に参加できる（**参加人**，

同法 13 条 1 項）。審理員は，必要があると認める場合，利害関係人に参加を求めることができる（同条 2 項）。

## (2) 審理

審査庁から指名された審理員は，ただちに，審査請求書等を処分庁等に送付し（法 29 条 1 項本文），**弁明書**の提出を求めなければならない（同条 2 項）。弁明書が提出されたときは，審査請求人及び参加人に送付しなければならない（同条 5 項）。審査請求人は**反論書**を，参加人は**意見書**を提出できる（法 30 条 1 項・2 項）。

審査請求人または参加人が申立てをした場合，審理員は申立人に**口頭意見陳述**の機会を与えなければならない（法 31 条 1 項本文）。口頭意見陳述は，審理員が期日及び場所を指定し，すべての審理関係人（審査請求人，参加人及び処分庁等）を招集して行う（同条 2 項）。申立人は，審理員の許可を得て，処分庁等に質問を発することができる（同条 5 項）。旧法でも口頭意見陳述は認められていたが，審理関係人を一堂に集める必要はなく，質問権も保障されていなかった。改正によって，**裁判における口頭弁論により近いものとなっている**。

審査請求人または参加人は，証拠書類または証拠物を提出できる（法 32 条 1 項）。処分庁等は，当該処分等の理由となる事実を証する書類その他の物件を提出できる（同条 2 項）。

審理員は，審査請求人もしくは参加人の申立てによりまたは職権で，書類その他の物件の所持人にその提出を求め（法 33 条），参考人に陳述または鑑定を求め（法 34 条），検証を行い（法 35 条 1 項），審理関係人に質問できる（法 36 条）。

審査請求人または参加人は，審理手続の終了まで，審理員に対し，提出書類等の閲覧等を求めることができる（法 38 条 1 項本文）。的確な主張ができるようにするためである。

審理員は，必要な審理を終えたと認めるときは，審理手続を終結する（法 41 条 1 項）。この場合は，審査庁がすべき裁決に関する意見書（**審理員意見書**）を遅滞なく作成し（法 42 条 1 項），事件記録とともに，審査庁に速やか

に提出しなければならない（同条2項）。

### (3) 第三者機関への諮問

審理員は審査庁に所属する職員なので，独立性には限界がある。手続の公正性をより高めるため，本法は**第三者機関（行政不服審査会等）への諮問制度**（⇨ 第2章第2節 II）を導入した。

審理員意見書の提出を受けたときは，審査庁が国の機関である場合は，総務省に設置される**行政不服審査会**に，地方公共団体の機関である場合は，当該地方公共団体に設置される機関（法81条参照）に，それぞれ諮問しなければならない（法43条1項）。

ただし，①処分が合議制の機関等の議を経てされた場合，②裁決が合議制の機関等の議を経てされる場合，③審査請求人が諮問を希望しない場合，④行政不服審査会等が諮問を要しないと認める場合，⑤審査請求を全部認容する場合等は，諮問を要しない（同項）。

### (4) 裁決

審査庁は，行政不服審査会等から諮問に対する答申を受けたときは，遅滞なく，裁決をしなければならない（法44条）。

裁決は，①主文，②事案の概要，③審理関係人の主張の要旨，④理由を記載し，審査庁が記名押印した裁決書によりしなければならない（法50条1項）。

審査庁は，審理員意見書及び行政不服審査会等の答申にしたがう法的義務はない。しかし，裁決の主文がこれらと異なる内容である場合は，その理由を示さなければならないから（同項4号かっこ書），事実上一定の拘束を受ける。

# Ⅳ. 審査請求に対する裁決

## ❶ 裁決の種類

　審査請求及び再審査請求に対する決定を「**裁決**」（法44条・64条等），再調査の請求に対する決定を「**決定**」（法58条等）という。以下では審査請求に対する裁決について検討する。

### （1）処分についての審査請求

　審査庁は，審査請求が適法要件をみたさない場合は**却下裁決**（法45条1項），適法ではあるが理由がない（処分が違法または不当ではない）場合は**棄却裁決**（同条2項）をする。請求に理由があるが，取消し等によって公の利益に著しい障害を生じる場合は，処分が違法または不当であることを主文で宣言した上で，請求を棄却できる（**事情裁決**，同条3項）。

　以上は取消訴訟の判決（⇨ 本章第4節Ⅰ）と同様であるが，請求に理由がある場合の**認容裁決**については特色がある。

　処分（事実行為を除く）に対する審査請求に理由がある場合，**審査庁は当該処分の全部もしくは一部を取り消し，または変更する**（法46条1項本文）。ただし，審査庁が処分庁の上級行政庁または処分庁のいずれでもない場合は，変更ができない（同項ただし書）。

　審査庁が処分庁の上級行政庁または処分庁であって，申請に対する拒否処分の全部または一部を取り消す場合，一定の処分をすべきものと認めるときは，**処分庁の上級行政庁は当該処分をすべき旨を命じ，処分庁は当該処分をする**（同条2項）。拒否処分に対する申請型義務付け訴訟に対応する制度である。たとえば，国土交通大臣の委任により，地方運輸局長が行政文書の不開示決定をした場合（行政機関の保有する情報の公開に関する法律9条・17条），審査請求を受けた同大臣が当該文書を開示すべきと判断すれば，裁決で地方運輸局長に開示決定をするよう命じることができる。

　事実行為に対する審査請求に理由がある場合は，当該事実行為（権力的事実行為，⇨ 本節Ⅱ❶(1)）が違法または不当である旨を宣言するとともに，処

分庁以外の審査庁は，処分庁に対し当該事実行為の全部または一部を撤廃または変更する旨を命じ，処分庁である審査庁は，当該事実行為の全部または一部を撤廃または変更する（法47条本文）。審査庁が処分庁の上級行政庁ではない場合は，変更を命じることができない（同条ただし書）。「撤廃」とは，事実行為をやめることをいう。入院措置（感染症の予防及び感染症の患者に対する医療に関する法律19条3項）をやめて退院させるなどである。

　このように，処分庁の上級行政庁及び処分庁は処分等を変更できるが，審査請求人への不利益変更はできない（**不利益変更の禁止**，法48条）。

## (2) 不作為についての審査請求

　審査庁は，審査請求が適法要件をみたさない場合は**却下裁決**（法49条1項），適法であるが理由がない場合は**棄却裁決**（同条2項）をする。請求に理由がある場合は，**認容裁決**によって，不作為が違法または不当である旨を宣言する（同条3項前段）。

　審査庁が不作為庁の上級行政庁または不作為庁であって，当該申請に対して一定の処分をすべきものと認めるときは，**上級行政庁は不作為庁に対し当該処分をすべき旨を命じ，不作為庁は当該処分をする**（同項後段）。不作為に対する申請型義務付け訴訟に対応する制度である。上記の例でいえば，地方運輸局長が行政文書の開示請求に対して何らの処分もしない場合，審査請求を受けた国土交通大臣が当該文書を開示すべきと判断すれば，裁決で地方運輸局長に開示決定をするよう命じることができる。

---

### ❷　裁決の効力

　裁決は，審査請求人に送達されたときに，その効力を生ずる（法51条1項）。

　裁決は関係行政庁を拘束する（拘束力，法52条1項）。取消判決の拘束力（⇨ 本章第4節Ⅱ❸）と同趣旨である。

　裁決は行政行為にあたるので，公定力と不可争力があり，慎重な手続によって争訟を裁断する行為なので，不可変更力も認められる（⇨ 第3章第2節

Ⅲ❹）。

# Ⅴ． 仮の救済

　取消訴訟（⇨ 本章第 6 節Ⅱ❶）と同様，行政不服審査法は**執行不停止原則**を採用している（法 25 条 1 項）。取消訴訟における執行停止に対応する義務的執行停止のほか，裁量的に執行停止をすることも認められている。執行停止は審査庁がするが，審理員は，必要があると認めるときは，執行停止をすべき旨の意見書を審査庁に提出できる（法 40 条）。

　審査庁が処分庁の上級行政庁または処分庁であるときは，必要があると認める場合，審査請求人の申立てによりまたは職権で，処分の効力，処分の執行または手続の続行の全部または一部の停止その他の措置をとることができる（**裁量的執行停止**，法 25 条 2 項）。「その他の措置」とは，違反建築物に対する除却命令（建築基準法 9 条 1 項）にかえて，暫定的に工事の施工停止を命じることなどをいう。審査庁が処分庁の上級行政庁または処分庁のいずれでもないときは，審査請求人の申立てが必要であり，上記「その他の措置」はとれない（法 25 条 3 項）。

　審査庁は，審査請求人の申立てがあった場合に，処分，処分の執行または手続の続行により生じる重大な損害を避けるために緊急の必要があると認めるときは，執行停止をしなければならない（**義務的執行停止**，同条 4 項本文）。ただし，公共の福祉に重大な影響を及ぼすおそれがあるとき，または本案に理由がないとみえるときは，この限りではない（同項ただし書）。

# 第6章 演習問題

**Q1.** 次の場合，いかなる抗告訴訟を提起すべきか。
　①マンションを建築しようとして建築確認（建築基準法6条1項）を申請したが，建築主事が何の処分もしない場合。
　②自分の家が違法建築物であるとして，県知事からこれを取り壊すよう命じる処分（建築基準法9条1項）を受けた場合。
　③②の命令を通知され，出訴期間を過ぎてしまった場合。
　④県知事が②の命令をしようとしているが，あらかじめこれを阻止したい場合。
　⑤隣のマンションが違法建築物であり，倒壊するおそれがあるので，県知事にこれを取り壊すよう求めたい場合。

**Q2.** 浜松市土地区画整理事業計画事件（最大判平成20・9・10）では，土地区画整理事業の事業計画決定に処分性が認められた。この判決は，非完結型計画に関するものであって，用途地域指定のような完結型計画にはただちにあてはまらないと一般に理解されている。同判決が処分性を認めた理由と，盛岡用途地域指定事件（最判昭和57・4・22）を参考にして，上記の理解の当否を検討しなさい。

**Q3.** 小田急訴訟大法廷判決（最大判平成17・12・7）は，行政事件訴訟法改正によって新設された同法9条2項を忠実に適用したものである。同判決で参酌された「関係法令」は何か。また，「利益の内容及び性質」等として，具体的にどのような事情が勘案されているか。

**Q4.** 新潟空港訴訟（最判平成元・2・17）を例にとって，取消判決に第三者効（行政事件訴訟法32条1項）が必要な理由を説明しなさい。

**Q5.** Aの隣人Bがマンションの建築を計画し，建築主事から建築確認（建築基準法6条1項）を得たのに対し，Aは当該建築確認の取消訴訟を提起した。Bはマンションの建築を続行し，1か月後に工事が完了する予定であり，このままだと取消訴訟の訴えの利益が失われてしまう。Aが，建築確認の執行停止（効力停止，行政事件訴訟法25条2項）を申し立て，訴えの利益が消滅するから執行停止を認めるべきだと主張した場合，申立ては認められるか。

## 解答例

**CHAPTER 6 – ANSWER**

**1.** 設例①の場合は，法令に基づいて申請し，自らに利益となる処分を求めているので，不作為の違法確認訴訟（行政事件訴訟法3条5項）か，申請型義務付け訴訟（同条6項2号）を提起すべきである。申請型義務付け訴訟を提起する場合は，不作為の違法確認訴訟も併合提起しなければならない（⇨ 本章第5節Ⅲ❸ (2) c)）。

設例②の場合は，自らに不利益となる処分を受け，出訴期間は経過していないと解されるので，取消訴訟（同条2項）を提起すべきである。

設例③の場合は，自らに不利益となる処分を受け，出訴期間がすぎていることから，無効等確認訴訟（同条4項）を提起すべきである。

設例④の場合は，自らに不利益となる処分を事前に阻止したいから，差止訴訟（同条7項）を提起すべきである。

設例⑤の場合は，自らに利益となる処分を求めているが，法令にもとづく申請はできないので，非申請型義務付け訴訟（同条6項1号）を提起すべきである。

**2.** 浜松市土地区画整理事業計画事件では，事業計画決定に処分性を認める理由として，①当該決定によって，施行地区内の宅地所有者等が，換地処分を受けるべき地位に立たされるから，その法的効果が一般的，抽象的とはいえないこと，②当該決定後に工事等が進み，事情判決される可能性が相当程度あることから，実効的な救済のためには当該決定の段階で取消訴訟の提起を認めることに合理性があることがあげられている（⇨ 本章第2節Ⅰ❺ (3)）。

用途地域指定の場合，盛岡用途地域指定事件によれば，その法的効果は法令に類似した一般的，抽象的なものであるとされるので，①の理由はあてはまらない。

また，用途地域指定の場合，それによって行政作用は一応完結し，既成事実が積み重ねられるわけではなく，事情判決の可能性が相当程度あるとはいえないから，②の理由もあてはまらない。

**3.** 小田急訴訟大法廷判決（⇨ 本章第2節Ⅱ❸ (2)）で参酌された「関係法令」は，公害対策基本法及び東京都環境影響評価条例である（⇨ 同・判旨①）。

　また，「利益の内容及び性質」等として勘案されているのは，違法な都市計画事業による被害を直接受けるのは周辺の一定範囲の住民に限られること，その被害の程度が居住地から事業地に接近するにつれて増大すること，その被害が住民の健康や生活環境に係る著しいものに至りかねないことである（⇨ 本章第2節Ⅱ❸ (2)・判旨②）。

**4.** 新潟空港訴訟では，当時の運輸大臣が，航空会社に対して，航空法による定期航空運送事業免許をしたのに対し，空港の周辺住民が取消訴訟を提起している（⇨ 本章第2節Ⅱ❷ (3)）。原告は周辺住民，被告は運輸大臣であり，航空会社は訴訟当事者ではない。

　仮に取消判決に第三者効（行政事件訴訟法32条1項）がなければ，当該免許が違法として取り消されたとしても，判決の既判力は訴訟当事者ではない航空会社に及ばない。航空会社は引き続き航空機を運航することができるから，取消訴訟を提起する意味がないことになってしまう。

⇨ 本章第3節Ⅱ❹ (1) 及び第4節Ⅱ❷

**5.** 執行停止が認められるための要件は，①本案訴訟（本件では取消訴訟）が適法に係属していること，②処分の執行等により生じる重大な損害を避けるため緊急の必要があること，③公共の福祉に重大な影響を及ぼすおそれがないこと，④本案に理由がないとみえないことである（行政事件訴訟法25条2項・4項。⇨ 本章第6節Ⅱ❷）。

　Ａとしては，このままでは1か月後にＢのマンションが完成し，それによって建築確認取消訴訟の訴えの利益が消滅することから，これを防ぐために必要であるとして，執行停止を申し立てようとしている。し

かし，それだけでは，「重大な損害」を避けるため緊急の必要があるとはいえない。マンションの完成により，災害が発生する恐れがあるなどの主張も行う必要がある。

# ADMINISTRATIVE LAW

## CHAPTER 7

第**7**章

国家補償

## はじめに

**国家補償**とは，**国家作用**（公共団体の作用も含む）**によって受けた損害または損失について，金銭的な補償を求める制度**をいう（⇨ 序章❸）。

違法な国家作用によって生じた損害の賠償を求める**国家賠償**と，適法な国家作用によって生じた損失の補償を求める**損失補償**からなる。いずれによっても救済されない場合について，何らかの対応をすべきか（**国家補償の谷間**）も問題となる（⇨ 図7-1）。

国家賠償の例としては，デモに際して警察官から暴行を受けた者が，当該警察官が所属する県に対して損害賠償を求める場合（国家賠償法1条1項）がある。

損失補償の例としては，土地を収用されたときに，地権者がその損失（土地の価格等）の補償を求める場合（土地収用法68条以下）がある。

国家補償の谷間の例としては，予防接種の副作用による被害の救済方法について議論がある。

本章では，国家賠償（第1節），損失補償（第2節），国家補償の谷間（第3節）について順次検討する。

**◉ 図7-1　国家補償の体系**

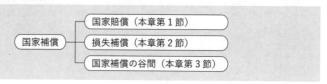

# 第1節　国家賠償

SECTION 1

## I. 国家賠償とは何か

### ❶ 国家賠償の意義

　**国家賠償**とは，**違法な国家作用によって生じた損害の賠償を求める制度**である。違法な国家作用を原因とする点で，適法な国家作用によって生じた損失の補償を求める損失補償と区別される。

　たとえば，国家公務員が懲戒免職処分（国家公務員法82条）を受け，当該処分が違法であると主張して，それによる損害の賠償を求める場合である。

### ❷ 国家賠償制度の沿革

#### (1) 諸外国における沿革

　違法な国家作用によって損害を受けた場合に，国家賠償を求めることができるのは，現在では当然のことと考えられている。しかし，国家賠償が認められるようになったのは，いわゆる先進国でもかなり最近のことである。

　その背景にあったのは，次の2つの考え方である。第1は，主権者（国王や国民）は法的な制限を受けないから，不法行為を行うことはありえない（King can do no wrong），という法理である（主権無答責の法理）。第2は，公務員の行為は法によって国の行為とみなされるから，違法な行為は国の行為ではなく，公務員個人の行為であって，公務員が個人責任を負うことがあっても，国が責任を負ういわれはない，という考え方である。

　国家賠償責任は，まず，大陸法諸国で確立した。もっとも早かったのはフランスであり，1870年代以降，判例によって認められた。損害を発生させた国が自ら責任を負うとする考え方（自己責任説）がとられている点，違法

性や公務員の故意過失ではなく，役務過失（faute de service）が責任の要件とされている点が特色である。役務過失は，のちにみる組織的過失（⇨ 本節Ⅱ❷(5)c)）に近い概念である。

ドイツでは，私経済作用（国が私人と同じ立場で活動する場合）については，早くから民法上の責任が認められていた。それ以外の国家作用については，19世紀末から立法による国家賠償の導入が進み，1919年のワイマール憲法によって憲法上認められた。公務員が負う責任を国が肩代わりするという考え方（代位責任説）がとられている。

これに対し，英米法諸国の多くでは，公務員の個人責任は認められていたものの，国家賠償が認められたのは，戦後になってからである。アメリカ合衆国（連邦）では1946年の連邦不法行為請求権法，イギリスでは1947年の国王訴追法による。

### (2) 日本における沿革

大日本帝国憲法のもとでは，私経済作用については，民法にもとづく不法行為責任が認められていた。これに対し，公の行政作用については，一部の例外を除き，損害賠償責任が否定されていた。

1890（明治23）年に制定された行政裁判法16条は，行政裁判所は損害賠償訴訟を受理しない旨を定めた。他方で，公法私法二元論にもとづき，司法裁判所も国家賠償の管轄をもたないとされた。公務員（官吏）の個人責任も，職権濫用の場合を除いて認められなかった。

1916（大正5）年の徳島遊動円棒事件（大判大正5・6・1民録22輯1088頁）で，司法裁判所である大審院が，学校の施設の瑕疵による損害について，民法にもとづく責任を認めた。これを契機として，非権力的作用については損害賠償請求が可能となったが，その射程は必ずしも明らかでなかった。

日本国憲法17条は，公務員の不法行為によって損害を受けたときは，法律の定めるところにより，国または公共団体にその賠償を求めることができる旨，明文で定めた。これを受けて，1947（昭和22）年，「国家賠償法」（以下，本節では「法」という）が制定された。

## ③ 現行法上の国家賠償

国家賠償に関する一般法は国家賠償法であり，**公権力の行使にもとづく責任**（法1条）と，**公の営造物の設置管理にもとづく責任**（法2条）を定める。それ以外については民法にもとづく損害賠償請求が可能である（法4条）。特別法がある場合はそれによる（法5条。⇨ 図7-2）。

なお，国家賠償法6条は，「外国人が被害者である場合には，相互の保証があるときに限り」，同法を適用すると定める（相互保証主義）。当該外国人の国籍国において，同様の事情のもとで，日本人が損害賠償を受けられることを要する，との趣旨である。

以下では，公権力の行使にもとづく責任（Ⅱ），公の営造物の設置管理にもとづく責任（Ⅲ），賠償責任者（Ⅳ）について順次検討する。

**◆ 図7-2　国等の賠償責任の根拠**

・公権力の行使にもとづく責任（国家賠償法1条）
・公の営造物の設置管理にもとづく責任（同法2条）
・民法にもとづく責任
・特別法にもとづく責任

# Ⅱ。公権力の行使にもとづく責任

## ① 意義

国家賠償法1条1項は，「国又は公共団体の公権力の行使に当る公務員が，その職務を行うについて，故意又は過失によって違法に他人に損害を加えたときは，国又は公共団体が，これを賠償する責に任ずる」と定める。

公務員の加害行為について，なぜ国または公共団体（国等）が責任を負うかについては，代位責任説と自己責任説が対立している。**代位責任説は，本来公務員が負うべき責任を，国等が肩代わりしたもの**と解する。これに対し，**自己責任説は，公務員の加害行為による損害は，国等がつくり出した危険によって生じたことから，国等がその責任を負う旨を定めたもの**と解する。

代位責任説については，国等が公務員の責任を代わって負う根拠が不明確であり，理論的には自己責任説の方が明快と思われる。しかし，国家賠償法が公務員の故意過失を要件としていること（法1条1項），公務員個人に対する求償を認めていること（同条2項）などから，同法の解釈論としては代位責任説が通説とされる。

もっとも，代位責任説をとった場合，①加害公務員を特定する必要があるのではないか，②過失の認定が公務員によって異なる結果となるのではないか，という問題がある。

しかし，①については，加害公務員の特定は必ずしも要しないと解されている。リーディング・ケースは，岡山税務署健康診断事件である（最判昭和57・4・1民集36巻4号519頁，百選Ⅱ230事件）。税務署が実施した定期検診で結核が見逃されたため，長期療養が必要になったとして，税務署の職員が国に対して損害賠償を請求した。本件では，過誤が，医師の診断，保健所からの伝達，税務署における措置のいずれにあったか不明だった。

最高裁は，具体的な加害行為が特定できなくても，公務員の一連の行為のいずれかによって損害が発生し，いずれの行為についても同じ行政主体が賠償責任を負うときは，損害賠償責任が認められると判示した。

②については，過失の認定において，公務員一般に要求される客観的注意義務が基準とされており，公務員個人によって過失の認定が左右されることはない（⇒後記❷(5)a）。

このように，代位責任説をとってもとくに問題はなく，自己責任説との違いは大きくない。


## ❷ 要件

国家賠償法1条1項にもとづく責任の要件は，①公権力の行使，②国または公共団体の公務員，③職務関連性，④違法性，⑤故意過失，⑥損害，⑦因果関係である。このうち⑥と⑦は民法上の不法行為とほぼ同じなので，検討を省略する。

## （1）公権力の行使

　国等の賠償責任が認められるためには，**加害行為が「公権力の行使」にあたること**が必要である（法1条1項）。

　加害行為が「公権力の行使」にあたらない場合でも，国等の責任が否定されるわけではなく，民法（715条等）が適用されるにすぎない。したがって，この要件は，国家賠償法と民法のいずれが適用されるかの基準となるものである。

　「公権力の行使」の意味については，①行政事件訴訟法（⇨ 第6章第2節I❷(1)）などと同様，優越的な意思の発動である作用をいうとする**狭義説**，②私経済作用を除く公の行政作用をいうとする**広義説**，③国等のすべての作用をいうとする**最広義説**がある。

　通説は広義説である。民法上の使用者責任と比べると，使用者免責（民法715条1項ただし書）が認められない点で，国家賠償法の方が被害者に有利であることを理由とする。判例は明確ではないが，学校事故（最判昭和62・2・6判時1232号100頁，百選II 215事件）や行政指導（最判平成5・2・18民集47巻2号574頁，百選I 98事件。⇨ 第3章第4節II❷）について，国家賠償法の適用を認めていることから，広義説に立つようである。

---

**COLUMN 7-1　　　　　広義説の問題点**

　国家賠償法1条は，民法715条と比べると，①使用者免責が認められていないことのほか，②加害公務員に対する求償権の行使が故意重過失に限定されていること，③被害者が公務員の個人責任を追及できないと解されていること（⇨後記❸(1)）などが異なる。

　このうち，①については，民法上，使用者免責はほとんど認められていないので，実際の違いはあまりない。他方で，②と③の点では，加害公務員にとってメリットが大きい。

　広義説をとる場合，たとえば教育活動について，国公立学校と私立学校で加害公務員の個人責任に大きな違いがあるが，合理的かという疑問がある。また，公務員該当性の判断が難しくなったり，違法性の概念が不明確となるなどの問題も生じている（⇨後記(2)及び(4)）。

## (2) 国または公共団体の公務員

国等の責任が認められるためには，**加害行為を行ったのが，国または公共団体の公務員でなければならない**（法1条1項）。「公務員」は，司法作用や立法作用を行使する者（裁判官や国会議員）をも含む（⇨ 後記(4)b) ⑦・⑨）。

また，「公務員」は，**公務員法上の公務員**に限られず，**国等から「公権力の行使」をゆだねられた者**を含むと解されている。現在では，国等の事務を民間にゆだねる「民営化」が進んでいることから，どこまでが国等の「公務員」の行為といえるか，判断が難しくなっている。

もっとも，加害行為が狭い意味での「公権力の行使」にあたる場合は，比較的判断が容易である。たとえば，国土交通大臣または都道府県知事によって指定を受けた指定確認検査機関は，建築主事に代わって建築確認を行うことができる（建築基準法6条の2第1項。⇨ COLUMN 2-1）。建築確認が公権力の行使にあたり，国家賠償法1条1項が適用されることは明らかである。ただし，この場合，責任を負うのが当該指定確認検査機関か，建築主事が所属する公共団体かが問題となる。

この点で参考になるのが，東京建築検査機構事件である（最決平成17・6・24判時1904号69頁，百選Ⅰ7事件）。指定確認検査機関である株式会社Aが建築確認をしたので，周辺住民らがAを被告として建築確認の取消訴訟を提起した（⇨ 第6章第2節Ⅳ）。訴訟係属中に建築工事が完了し，訴えの利益が失われたため（⇨ 第6章第2節Ⅲ❷），原告らは損害賠償訴訟に訴えを変更する許可を申し立てた（行政事件訴訟法21条1項）。その際，被告（当該処分にかかる事務の帰属する公共団体）となるのが，建築主事が所属する横浜市か，それともAかが争われた。

最高裁は，建築主事による建築確認に関する事務は地方公共団体の事務であるところ，建築基準法が，①指定確認検査機関の確認を建築主事の確認とみなす旨を定め，②特定行政庁（建築主事をおく市町村の長または都道府県知事）に当該確認を是正する権限を与えていることを指摘する。そうすると，同法は，建築確認に関する事務を地方公共団体の事務とする前提に立ったうえで，指定確認検査機関に特定行政庁の監督下で当該事務を行わせることとしたものであるとする。そこで，その事務の帰属する行政主体は，当該確認

にかかる建築物について確認する権限をもつ建築主事がおかれた地方公共団体であるとした。

この決定は，地方公共団体を被告とする訴えへの変更を許可したにすぎず，当該公共団体が損害賠償責任を負う旨を明言しているわけではない。仮に公共団体が責任を負うとした場合，指定確認検査機関が建築確認によって利益を得ているにもかかわらず，賠償責任を公共団体が負うのはおかしいなどの批判もある。

加害行為が狭い意味での「公権力の行使」にあたらない場合は，私人が同種の行為を行うこともありうるので，判断がより難しくなる。この点のリーディング・ケースは，積善会児童養護施設事件である（最判平成 19・1・25 民集 61 巻 1 号 1 頁，百選 II 232 事件）。原告（暴行事件当時 9 歳）は，母親の病気療養により，家庭での養育が困難になった。そこで，愛知県は，児童福祉法 27 条 1 項 3 号にもとづく入所措置（3 号措置）によって，原告を社会福祉法人が設置運営する児童養護施設に入所させた。原告が他の入所児童から暴行を受けて重い障害を負ったので，同施設の職員等は愛知県の公務員にあたるとして，同県に損害賠償を求める訴え等を提起した。

最高裁は，児童福祉法が，①保護者による児童の養育監護について国または地方公共団体が後見的な責任を負うことを前提に，②要保護児童に対して都道府県がもつ権限及び責務を具体的に規定する一方で，③児童養護施設の長が入所児童に対して監護，教育及び懲戒に関してその児童の福祉のため必要な措置をとることを認めていると指摘する。そうすると，3 号措置にもとづいて児童養護施設に入所した児童に対する関係では，入所後の施設における養育監護は本来都道府県が行うべき事務であり，このような児童の養育監護にあたる児童養護施設の長は，本来都道府県がもつ公的な権限をゆだねられて，これを都道府県のために行使するものと解されるとする。そこで，当該施設の職員による養育監護行為は，都道府県の公権力の行使にあたる公務員の職務行為と解するのが相当であるとして，愛知県の責任を認めた。

社会福祉法人は民間の団体であり，児童養護施設における養育監護は狭い意味での「公権力の行使」にはあたらないので，本件施設の職員が愛知県の「公務員」といえるかが問題となった。本判決は，上記①〜③の事情をあげ

て，これを肯定した。もっとも，一般論を示すことなく，事例判断にとどめており，その射程は必ずしも明確ではない。

### （3）職務関連性

　国等が責任を負うためには，**国等の公務員が，「その職務を行うについて」，加害行為をしたこと**が必要である（法1条1項）。判例は，**加害行為の外形が職務行為と認められればよいとする立場（外形標準説）**をとっている。

　リーディング・ケースは，警察官強盗殺人事件である（最判昭和31・11・30民集10巻11号1502頁，百選Ⅱ229事件）。警視庁に所属する巡査が，非番のときに，制服制帽を着用し，同僚から盗んだ拳銃を用いて，川崎市内で強盗殺人をはたらいた。そこで，被害者の遺族が，東京都に対して損害賠償を求める訴えを提起した。

　最高裁は，国家賠償法1条は，公務員が主観的に権限行使の意思をもつのではなく，自己の利をはかる意図をもつときでも，客観的に職務遂行の外形をそなえる行為によって他人に損害を加える場合には適用されるとして，東京都の責任を認めた。

### （4）違法性

#### a）概説

　国等が損害賠償責任を負うのは，国等の公務員が，故意または過失によって「**違法**」に他人に損害を加えたときである（国家賠償法1条1項）。ここにいう「違法」の意味については，違法性一元説と職務義務違反説が対立している。

　**違法性一元説**は，国家賠償法1条1項にいう「違法」を，取消訴訟等における違法（⇨第6章第3節Ⅰ❶）と同じ意味に解し，**加害行為が法の定める要件に違反したこと**をいうとする（「違法性同一説」，「公権力発動要件欠如説」ともよばれる）。この説によれば，まず，加害行為が法の定める要件に違反したかを判断し，違法性が肯定された場合には，公務員に故意過失があったかを判断することになる（違法性と過失の二元的判断）。

　**職務義務違反説**は，国家賠償法1条1項にいう「違法」は，取消訴訟等

における違法とは異なり，「**公務員が職務上つくすべき注意義務をつくさ
なかったこと**」をいうとする（「職務行為基準説」ともよばれる）。違法性と過
失の判断が実質的に重なることになる。そこで，この説によれば，加害行為
が法の定める要件に違反したかを問うことなく，公務員に職務上の注意義務
違反があったかどうかを判断する（違法性と過失の一元的判断）。

このように，両説によって，賠償を認めるかどうかについて，結論に違い
が生じるわけではない。しかし，職務義務違反説では，加害行為が法の定め
る要件に違反したかが判断されない点が異なる。学説の多くは，国家賠償訴
訟においても，加害行為が法の定める要件に違反したかを裁判所が判断する
こと（違法行為抑止機能）が重要と考えて，違法性一元説をとっている。

判例は，当初は違法性一元説をとっていたが，特殊な国家作用について，
職務義務違反説とも解しうる判決があらわれ，のちに，一般の行政作用につ
いてもこの立場をとるに至っている。以下，判例の展開をたどってみよう。

### b) 特殊な国家作用の違法性

職務義務違反説とも解しうる立場は，まず，検察官による公訴提起，裁判
所による裁判行為，立法者による立法行為など，特殊な国家作用に関する判
例にあらわれた。

### ㋐ 検察官の行為

検察官による公訴提起については，無罪判決が確定した場合は，結果的に
公訴提起も違法になるとする考え方（結果違法説）と，そうではないとする
考え方（職務行為基準説）が対立していた。

この点に決着をつけたのが芦別国家賠償事件である（最判昭和 53・10・20
民集 32 巻 7 号 1367 頁，百選 II 228 事件）。電汽車往来危険罪等で起訴され，
無罪判決が確定した者らが，検察官による公訴提起等が違法だったと主張し
て，国に対して損害賠償を請求した。

最高裁は，**合理的な判断過程により有罪と認められる嫌疑があれば，検察
官は公訴の提起及び追行をすることができる**から，無罪判決が確定したとし
ても，公訴の提起及び追行がただちに違法となるわけではないと判断した。

本判決は，上記の職務行為基準説をとることを明らかにした。この判決に
ついては，現在の判例と同じく，職務義務違反説に立つとの見方もある。し

かし，「合理的な判断過程により有罪と認められる嫌疑があること」が，公訴提起の要件であると解するならば，違法性一元説によって説明することも十分可能である。

#### (イ) 裁判官の行為

裁判官による裁判行為に関するリーディング・ケースは，大阪民事判決国家賠償事件である（最判昭和57・3・12民集36巻3号329頁，百選Ⅱ227事件）。原告は，民事訴訟の被告となり，敗訴判決を受けたが，控訴しなかったため，当該判決は確定した。のちになって，当該判決は法令の適用を誤っており，それによって損害を受けたとして，国を被告として損害賠償訴訟を提起した。

最高裁は，判決に上訴等によって是正されるべき瑕疵があっても，これによって当然に国家賠償法にいう違法な行為として賠償責任を生じるわけではなく，**違法または不当な目的をもって裁判をしたなど，裁判官がその付与された権限の趣旨に明らかに背いてこれを行使したと認めうるような特段の事情があること**を必要とする，と判示し，原告の請求を棄却した。

裁判は法にしたがって行われるべきであるから，法令の適用を誤れば違法となる。この点で検察官による公訴提起とは異なる。したがって，本判決は，裁判行為の国家賠償法上の違法性を限定したものといえる。もっとも，判決に瑕疵があると考える場合，訴訟当事者は上訴を提起して争うべきである。上訴を提起することなく，判決の違法を理由として損害賠償を請求することを認めると，上訴制度が意味を失うことになる。そこで，本判決は，裁判行為の特殊性（上訴制度の存在）を考慮して，その国家賠償法上の違法性を限定したと解することができる。

#### (ウ) 立法者の行為

立法行為に関するリーディング・ケースは，在宅投票制度廃止違憲訴訟である（最判昭和60・11・21民集39巻7号1512頁，百選Ⅱ〔第6版〕233事件）。第二次世界大戦後，公職選挙法によって在宅投票制度が設けられたが，悪用されたことを理由として，のちに廃止された。身体障害者である原告は，そのために投票できなかったので，在宅投票制度を復活させなかったこと（本件立法行為）等は，国会議員による違法な公権力の行使であり，それに

よって精神的損害を受けたとして，国に対して損害賠償を請求した。第1
審は，本件立法行為は違憲・違法であり，国会議員に過失も認められるとし
て，請求を一部認容した。控訴審も，本件立法行為は違憲・違法としたが，
過失は認められないとして，請求を棄却した。

　最高裁は次のように判示して，請求を棄却した。①国家賠償法1条1項
は，国等の公権力の行使にあたる公務員が，「**個別の国民に対して負担する
職務上の法的義務に違背して**」，当該国民に損害を加えたときに，国等がこ
れを賠償する責任を負うことを規定する。②したがって，国会議員の立法行
為（立法不作為も含む）が，同項の適用上違法となるかは，国会議員の立法
過程における行動が，個別の国民に対して負う職務上の法的義務に違背した
かどうかの問題であって，当該立法の内容の違憲性の問題とは区別されるべ
きであり，仮に当該立法の内容が憲法の規定に違反するとしても，国会議員
の立法行為がただちに違法の評価を受けるものではない。③国会議員は，立
法に関しては，原則として，国民全体に対する関係で政治的責任を負うにと
どまり，個別の国民に対して法的義務を負うわけではない。④したがって，
国会議員の立法行為は，「**立法の内容が憲法の一義的な文言に違反している
にもかかわらず国会があえて当該立法を行うというごとき，容易に想定し難
いような例外的な場合**」でない限り，国家賠償法1条1項の規定の適用上，
違法の評価を受けない。⑤選挙に関する事項の具体的決定は原則として国会
の裁量的権限にまかされており，本件立法行為が上記の例外的な場合にあた
ると解すべき余地はないから，国家賠償法上違法とはいえない。

　本判決は，立法行為という特殊な国家作用に関するものであるが，①は国
家賠償法の一般的な解釈を行っているようにみえる。その内容は，表現はや
や異なるものの，のちの判例がとる職務義務違反説とほぼ同旨ではないかと
思われる。

　本判決により，国家賠償訴訟で法律の違憲を主張する方法が，大きく制限
されることになった。これに対しては，（ア）国家賠償法上の違法性について，
①のように解する根拠が示されていない，（イ）国会議員が憲法遵守義務を負
うこと（憲法99条）からすれば，国民との関係でも憲法に適合した立法を
する義務を負っているはずである，（ウ）国会議員が個別の国民との関係で政

313

治的責任しか負わないとしながら，例外的に立法行為が違法となる理由が不明である，といった批判がある。

　④の要件をみると，立法行為が国家賠償法上違法となることは，ほとんどありえないように思われる。しかし，その後，在外国民選挙権訴訟（最大判平成 17・9・14 民集 59 巻 7 号 2087 頁，百選 II 226 事件。⇨ 第 6 章第 5 節 V ❷(2)）は，本判決の考え方（①〜③）を維持しつつ，立法行為が国家賠償法上違法となる要件（④）について次のように判示し，在外国民に選挙権を認めないことは，国家賠償法上違法であると判断した。

　**「立法の内容又は立法不作為が国民に憲法上保障されている権利を違法に侵害するものであることが明白な場合や，国民に憲法上保障されている権利行使の機会を確保するために所要の立法措置を執ることが必要不可欠であり，それが明白であるにもかかわらず，国会が正当な理由なく長期にわたってこれを怠る場合**などには，例外的に，国会議員の立法行為又は立法不作為は，国家賠償法 1 条 1 項の規定の適用上，違法の評価を受けるものというべきである。」**

　この判決は，在宅投票制度廃止違憲訴訟について，「以上と異なる趣旨をいうものではない」と述べる。しかし，「憲法の一義的な文言に違反している」場合を，憲法上の権利を侵害することが「明白な」場合などといいかえており，要件を実質的に緩和しているようにみえる（再婚禁止期間違憲訴訟に関する最大判平成 27・12・16 民集 69 巻 8 号 2427 頁，憲法判例百選 I〔第 7 版〕28 事件も参照）。

---

COLUMN **7-2**　　　　　職務義務違反説の起源

　判例は，芦別国家賠償事件以来，一貫して職務義務違反説をとってきたとする見方もある。しかし，上記のとおり，芦別国家賠償事件の判示は，違法性一元説によっても説明できる。大阪民事判決国家賠償事件は，確かに裁判行為の国家賠償法上の違法性を限定しているが，上訴制度の存在を理由としたものであり，裁判行為の特殊性によるものと解することができる。

　これに対し，在宅投票制度廃止違憲訴訟においては，同事件の下級審のように，違

法性一元説によっても判断できたはずである。したがって，判例における職務義務違反説の直接の起源は，この判決にあるとみるのが妥当ではないかと思われる。

### c）　一般的な行政作用の違法性

　このように，特殊な国家作用について，職務義務違反説とも解される判決が現れたが，その後，最高裁は，一般的な行政作用についても，職務義務違反説をとるに至った。しかし，違法性一元説に立つ判決も散見される。

### ㋐　職務義務違反説をとる判例

　一般的な行政作用について，最高裁が職務義務違反説をとることをはじめて明示したのが，奈良過大更正国家賠償事件である（最判平成 5・3・11 民集 47 巻 4 号 2863 頁，百選 II 219 事件）。原告が事業所得を申告したのに対し，税務職員が帳簿書類の提示を求めたが，原告は民主商工会事務局員の立会いを要求し，これに応じなかった。そこで税務署長は，得意先等への反面調査にもとづいて，所得が申告より多かったと認定し，支払うべき税金を増額する更正処分（本件処分）を行った。原告が，不服申立てをへて，本件処分の取消訴訟を提起したところ，必要経費が過少に認定されているとして，本件処分の一部取消判決が下され，確定した。原告は，本件処分によって精神的損害等を受けたとして，国に対して損害賠償を請求した。

　最高裁は，次のように判示して，請求を棄却した。①税務署長の更正処分は，所得金額を過大に認定したとしても，ただちに国家賠償法 1 条 1 項にいう違法があったとの評価を受けるものではなく，税務署長が資料を収集し，これにもとづき課税要件を認定，判断するうえで，「**職務上通常尽くすべき注意義務を尽くすことなく漫然と更正をしたと認め得るような事情がある場合**」に限って，上記の評価を受ける。②本件で所得金額が過大に認定されたのは，原告が必要経費を過少に記載した申告書を提出し，これを訂正しなかったことに原因があるから，税務署長が職務上通常つくすべき注意義務をつくすことなく漫然と更正処分をした事情は認められず，本件処分に国家賠償法 1 条 1 項にいう違法があったとはいえない。

　本件では，取消訴訟で本件処分の違法性（法の定める要件に違反したこと）が確定しているので，違法性一元説によれば，あとは税務署長の故意過失を

検討すればよい。本判決は，国家賠償法1条1項にいう違法とは，公務員が職務上つくすべき注意義務をつくさなかったことをいうとして，明確に職務義務違反説を採用した。

これ以降，判例の大勢は職務義務違反説によっており，下級審もこれにしたがっている。もっとも，その後も違法性一元説に立つと解される判決が若干ながら存在する。

### (イ) 違法性一元説をとる判例

比較的早い時期のものとして，すでに紹介した幼児接見不許可事件がある（最判平成3・7・9民集45巻6号1049頁，百選Ⅰ48事件。⇨ 第3章第1節Ⅱ❸(2)）。未決拘留者が10歳の義理の姪との接見許可を求めたが，14歳未満の者との接見を原則禁止する監獄法施行規則（当時）の規定により，拘置所長から不許可とされたので，国に対して損害賠償を請求した。

最高裁は，未決拘留者が必要かつ合理的な範囲でのみ自由を制限されることから，上記の監獄法施行規則の規定は，監獄法（当時）の委任の範囲をこえて違法無効であり，これにもとづく不許可処分も違法であると判断した。もっとも，それまで監獄法施行規則の有効性が疑われたことがないので，拘置所長に過失はなかったとして，損害賠償請求は棄却した。

職務義務違反説によれば，監獄法施行規則が委任の範囲をこえているかを検討するまでもなく，拘置所長は職務上つくすべき注意義務をつくしたとして，違法はないと判断されたはずである。したがって，この判決は違法性一元説に立つものといえる。

その後の例として，不法滞在外国人国民健康保険被保険者証不交付事件がある（最判平成16・1・15民集58巻1号226頁）。在留資格をもたない外国人である原告が，国民健康保険法（当時）9条にもとづき，横浜市港北区長に国民健康保険の被保険者証の交付を請求した。当時，在留資格をもたない外国人は，同法5条にいう「市町村の区域内に住所を有する者」にあたらず，被保険者資格がないとする厚生省（当時）の通知があった。区長は，当該通知にしたがって，被保険者証の交付拒否処分（本件処分）をした。原告は，本件処分は違法であるとして，横浜市等に対して損害賠償を請求した。

最高裁は，在留資格をもたない外国人でも，一定の要件をみたす場合は被

保険者資格を認めるべきであり，原告はこの要件をみたすから，本件処分は違法であると判断した。しかし，本件処分は上記の通知にしたがったものであり，その解釈には相当の根拠が認められるから，区長に過失はないとして，請求を棄却した。

本件についても，職務義務違反説によるならば，通知による解釈の当否を判断する必要はなかったと思われる。

このように，違法性一元説による判決も散見され，判例は必ずしも統一が取れていない。

#### d）規制権限不行使による責任
#### ㋐ 意義

**規制権限不行使による責任**とは，**直接の加害者は私人であるが，国等が当該加害者に対して規制権限をもっており，これを適切に行使すれば損害を防げたとして，国等に損害賠償を求める場合**をいう。

通常の国家賠償では，国等の公務員が加害者であり，被害者である私人が国等の責任を追及する（**二面関係**）。規制権限不行使では，直接の加害者は私人であるが，加害者に対して規制権限を行使しなかった国等の責任が問われる点に特色がある（**三面関係**。⇨ 図7-3）。

● 図7-3 規制権限不行使の特色

その典型は薬害訴訟である。医薬品の副反応によって被害を受けた場合に，加害者である製薬会社等とは別に，副反応が判明したにもかかわらず，当該医薬品の製造承認等の取消し（講学上の撤回）をしなかったことは違法であるとして，国の責任を追及する場合である。

規制権限不行使を争う訴訟は，第二次世界大戦後しばらくしてから出現し，その後多くなる傾向にある。背景には，社会が複雑化し，行政の介入が多くなるにつれて，私人の行政に対する依存が強まっているという事情がある。

規制権限不行使による責任については，当初，これを全面否定する2つの考え方があった。第1の反射的利益論は，規制権限は特定の個人を保護するためではなく，公益のために行使されるから，その不行使によって損害を受けたとしても，反射的利益が侵害されたにすぎず，損害賠償を請求することはできない，という考え方である。しかし，法令が被害者の利益を保護することもありうるから，責任を全面否定する理由とはならない。

第2の行政便宜主義は，検察官の起訴便宜主義を転用したもので，規制権限の行使には一般に広い裁量が認められるから，その不行使が違法となることはありえない，という考え方である。しかし，仮に広い裁量が認められるとしても，逸脱濫用があれば違法となるから（⇨第1章第4節Ⅲ❶），やはり全面否定の根拠にはならない。

このように，現在では，規制権限不行使による責任を全面否定する考え方は克服されており，責任が認められる要件が議論されている。

この点について，下級審では，具体的な要件を設定する5要件説が有力だったが，最高裁はより抽象的な基準を採用している。

---

**COLUMN 7-3** 　　　　規制義務の理論的説明

一般に，不作為（何かをしないこと）が違法となるには，その前提として，作為義務（何かをする義務）がなければならない。ところが，規制権限は，通常，AのときにはBという処分が「できる」と定められており，権限行使に（効果）裁量が認められている。たとえば，宅地建物取引業者（宅建業者）が顧客等の取引関係者に損害を与えたときは，都道府県知事等は業務の停止等を命じることができる（宅地建物取引業法65条2項）。そこで，規制権限から規制義務をどのように導き出すかが問題となる。

この点については，①一定の状況のもとでは裁量権が収縮してゼロになり，規制義務に転化するとする説（裁量権収縮論），②裁量権の行使に著しい不合理があれば，裁量権の消極的濫用として違法となるとする説（裁量権消極的濫用論），③規制権限

を定める法令は，一定の場合に規制義務を課すものと趣旨解釈できるとする説（根拠法令趣旨解釈説）がある。

①と②については，裁量権が収縮した場合や，その行使が著しく不合理な場合に，なぜ規制義務が発生するのか，十分説明できないように思われる。したがって，理論的説明としては，③がもっとも妥当と考えられる（宇賀克也『国家補償法』〔有斐閣，1997年〕160頁以下）。

なお，この問題（規制義務の理論的説明）と，規制権限不行使が違法となる要件の問題は，一般には関連すると考えられている（裁量権収縮論＝5要件説，裁量権消極的濫用論＝最高裁の示す要件）。しかし，両者は本来別の問題であろう。最高裁は裁量権消極的濫用論に立つといわれることもあるが，規制義務の理論的説明を明示しているわけではないと思われる。

(イ)　**5要件説**

**5要件説**とは，次の5つの要件をみたす場合，規制権限不行使が違法となるとする考え方である。すなわち，①重大な法益が侵害される危険が差し迫っていること（**危険の切迫**），②損害発生が予見できること（**予見可能性**），③権限行使によって損害を回避できること（**回避可能性**），④ほかの手段によって損害発生を防止できないこと（**補充性**），⑤行政の介入が社会的に期待されること（**期待可能性**）である。

その代表例は東京スモン訴訟第1審である（東京地判昭和53・8・3判時899号48頁）。キノホルム製剤の副反応によって，いわゆるスモン病にかかったと主張する者またはその承継人が，当該製剤の製造承認等の取消し（撤回）を厚生大臣（当時）がしなかったことは違法であるとして，国に対して損害賠償を請求した。

東京地裁は，製造承認等の取消しは厚生大臣の裁量にゆだねられているとする。しかし，(ア)国民の生命・身体・健康の侵害という結果発生の危険があって（危険の切迫），(イ)行政庁が規制権限を行使すれば容易にその結果の発生を防ぐことができ（回避可能性），(ウ)しかもこれを行使しなければ結果の発生を防止できず（補充性），(エ)行政庁が上記の危険の切迫を容易に知ることができる状況にあって（予見可能性），(オ)被害者が当該権限の行使を期待することが社会的に容認されうる（期待可能性）場合には，規制

権限行使についての裁量権は収縮・後退し、その行使を義務づけられるとする（裁量権収縮論）。本件ではこれらの要件がみたされているとして、請求を一部認容した。

#### ⑦ 最高裁の判例

規制権限不行使による責任の要件を最高裁がはじめて示したのが、京都宅建業者事件である（最判平成元・11・24 民集 43 巻 10 号 1169 頁、百選Ⅱ 222 事件）。経営が危うくなっていた宅建業者Ａが、取得の可能性がない他人の土地建物を売却しようとしたため、原告が損害を受けた。そこで、京都府知事がＡに対して業務停止（宅地建物取引業法 65 条 2 項）をしなかったこと等は違法だったとして、京都府に対して損害賠償を請求した。

最高裁は、業務停止等は宅建業者に対する不利益処分であり、聴聞等の手続が設けられ、その行使は都道府県知事の専門的判断にもとづく合理的な裁量にゆだねられているとする。そこで、宅建業者の不正な行為によって個々の取引関係者が損害を受けたとしても、「**具体的事情の下において、知事等に監督処分権限が付与された趣旨・目的に照らし、その不行使が著しく不合理と認められるとき**」に限り、権限不行使は違法になると判示した。本件では、苦情を受けて京都府がＡに対して行政指導を行っていたことなどから、権限不行使が著しく不合理とはいえないとして、請求を棄却した。

規制権限不行使による責任を肯定した例として、水俣病関西訴訟がある（最判平成 16・10・15 民集 58 巻 7 号 1802 頁、百選Ⅱ 225 事件）。水俣病の患者であると主張する者またはその承継人が、原因物質である水銀を排出したチッソ株式会社に対して規制権限を行使しなかったことが違法であるとして、国及び熊本県に対して損害賠償を請求した。

最高裁は、京都府宅建業者事件等の先例を引用しつつ、判断基準をやや詳しく述べている。すなわち、規制権限不行使は、「**その権限を定めた法令の趣旨、目的や、その権限の性質等に照らし、具体的事情の下において、その不行使が許容される限度を逸脱して著しく合理性を欠くと認められるとき**」、違法となるとする。そして、国については当時の水質二法（「公共用水域の水質の保全に関する法律」及び「工場排水等の規制に関する法律」）にもとづき、熊本県については当時の同県漁業調整規則にもとづき、それぞれ規制権限を

行使しなかったことは違法であるとして，請求を一部認容した。

　このように，最高裁は，規制権限不行使が違法となる要件として，「著しく不合理（合理性を欠く）」という抽象的な基準を採用している。これに比べると，5要件説の方が基準としては明確である。しかし，5要件説に対しては，すべての場合に一律の要件をあてはめるのは硬直的ではないか，との批判がある。これには，5要件については柔軟な解釈が可能だから，硬直的とはならない，との反論もある。いずれにしても，具体的な判断にあたっては，5要件説があげる事情を考慮することが有益であろう。

### e）　違法性のまとめ

　以上のように，国家賠償法1条1項にいう「違法」の意味については，多くの学説が違法性一元説をとるのに対し，現在の判例の大勢は職務義務違反説によっている。

　この点については，違法性一元説が妥当と考えられる。国家賠償訴訟においても，**加害行為が法の定める要件に違反するかを，裁判所が判断すること（違法行為抑止機能）が重要**だと考えるからである。幼児接見不許可事件や不法滞在外国人国民健康保険被保険者証不交付事件を例にとると，監獄法施行規則や厚生省の通知が違法かどうかについて，裁判所が明確な判断を示したのは適切だったと思われる（⇨前記c)④）。

　もっとも，違法性一元説によっても，違法性と過失の判断をつねに区別できるわけではない。とくに，法によって加害行為の要件が明確に定められていない場合は，違法性と過失の判断が重なることになる。

　①まず，「公権力の行使」については広義説が判例通説であり（⇨前記(1)），私人が行うのと同様の行為についても国家賠償法が適用されることになるが，こうした場合は法に要件が定められていないのが一般である。

　たとえば，教育活動については，私立学校と国公立学校で実質的な違いはほとんどなく，法で要件が定められていないことが多い。プール飛び込み事件を例にとってみよう（最判昭和62・2・6判時1232号100頁，百選Ⅱ215事件。⇨前記(1)）。市立中学校での水泳授業中，飛び込みによる事故で重い障害を負った原告が，担当教諭の指導が不適切だったとして，市に対して損害賠償を請求した。

最高裁は，公立学校における教育活動も，国家賠償法1条1項にいう「公権力の行使」に含まれるとしたうえで，当該教諭に指導上の注意義務違反があったとして，請求を一部認容した。

本件では，担当教諭による指導について，法が要件を定めていたわけではなかった。こうした場合，民法上の不法行為と同様，違法性と故意過失の判断が重なったとしても不思議ではない。

②狭い意味での公権力の行使にあたる場合でも，法によって要件が明確に定められていないことがある。富山パトカー追跡事件がその例と思われる（最判昭和61・2・27民集40巻1号124頁，百選Ⅱ216事件）。パトカーによって追跡されていた車が，信号を無視して交差点に進入し，それによって引き起こされた事故によって負傷した原告らが，パトカーを運転していた警察官の所属する富山県に対して損害賠償を請求した。

最高裁は，警察官が被疑者を追跡することは可能であり（警察法2条・65条，警察官職務執行法2条1項），追跡によって第三者が損害を受けた場合に，追跡行為が違法となるのは，職務目的遂行上追跡が不必要であるか，被害発生の具体的危険性の有無及び内容にてらして追跡方法等が不相当であることを要するとし，本件における追跡行為は違法とはいえないとした。

本件では，被疑者との関係とは異なり，第三者との関係では明文の定めがないことから，条理によって判断せざるをえないと考えられる。

③また，規制権限不行使による責任については，5要件説に示されているように，過失の要件（予見可能性及び回避可能性）が違法性の要件に取り込まれているので，違法性と過失の判断が重なることになる（規制義務が発生する要件が明文で定められていないともいえる）。

④裁判行為についても，国家賠償法上違法となる場合が限定されていることから，違法性が肯定されれば，少なくとも過失が認められることになる（⇒ 前記b)④)。

①～④のように，違法性一元説によっても，違法性と過失を区別できない場合があることは否定できない。しかし，法に明文で要件が定められている場合にまで，職務義務違反説により，その違反を判断しないことには疑問がある。したがって，違法性一元説が妥当と考えられる。

COLUMN **7-4**　　　　　**反射的利益論の位置づけ**

国家賠償訴訟において，反射的利益論（⇨ 前記 d）⑦）が認められるか，すなわち，被害者の利益が保護されていることを，国家賠償の要件と解すべきかについては，争いがある。この理論は，本来，取消訴訟の原告適格に関するものであり（⇨ 第6章第2節Ⅱ❷），国家賠償訴訟でもち出すべきではないとする見解もある。いずれにしても，給付訴訟である国家賠償訴訟では訴訟要件が問題とならないので（⇨ 第6章第5節Ⅴ❷），本案勝訴要件の話となる。

国家賠償訴訟で反射的利益が問題となるとする見解の中でも，違法性，過失，損害，因果関係のうち，どの要件に位置づけるべきかについて，争いがある。

判例は必ずしも明確ではないが，違法性の問題と考えているようである。この点で参考になるのが，すでに検討した在宅投票制度廃止違憲訴訟である（前掲最判昭和60・11・21，⇨ 前記 b）⑦）。この判決は，国家賠償法1条1項にいう違法とは，公務員が「個別の国民に対して負担する職務上の法的義務に違背」した場合をいうとする。この判示からは，被害者を保護する目的で，法令が公務員に職務上の法的義務を課していることが必要，とみていることがうかがえる。

## (5) 故意過失

### a) 意義

国等が賠償責任を負うのは，国等の公務員が，「**故意又は過失によって**」，他人に損害を加えた場合である（**過失責任主義**，法1条1項）。

ここにいう故意または過失は，基本的に，民法上のそれと同じ意味と解される。すなわち，**故意**とは，**損害の発生を認識しつつ，それを容認して行動することをいう**。**過失**とは，**損害の発生を予見し回避する注意義務に違反することをいう**（**注意義務違反**）。過失で問題となるのは，公務員一般に要求される注意義務である（**客観的注意義務**。⇨ 前記❶）。

なお，違法性について職務義務違反説をとる場合，違法性の要件の中で注意義務違反が判断されることになる。

### b) 違法性の認識

加害公務員に過失が認められるためには，**加害行為が違法であることを，当該公務員が認識できたことが必要**と解されている。

この点のリーディング・ケースは，未登記立木強制執行事件である（最判

昭和46・6・24民集25巻4号574頁）。未登記立木に対する強制執行が動産の執行手続で行われ，原告は競売によってこれを落札し，代金を支払った。ところが，動産の執行手続をとったことは違法であるとして，競売が無効とされ，原告は当該立木の権利を取得できなかった。そこで，執行吏の違法な行為によって損害を受けたとして，国に対して損害賠償を請求した。

最高裁は，未登記立木については，立木伐採権を差し押さえ，これを換価する方法で執行すべきであり，本件における強制執行は違法と判断した。しかし，未登記立木の執行方法には複数の説があり，本件において執行吏は，一応の調査をしたうえで，上記の執行方法をとったと指摘する。そして，「このように，ある事項に関する法律解釈につき異なる見解が対立し，実務上の取扱いも分かれていて，そのいずれについても相当の根拠が認められる場合に，公務員がその一方の見解を正当と解しこれに立脚して公務を執行したときは，のちにその執行が違法と判断されたからといって，ただちに右公務員に過失があったものとすることは相当でない」と判示し，本件では過失が認められないとした。

幼児接見不許可事件や不法滞在外国人国民健康保険被保険者証不交付事件で，過失が否定されたのも，同様の理由による（⇨ 前記(4)c)④)。

## c) 組織的過失

条文上は，加害行為をした公務員個人の過失が要件とされている。しかし，今日の行政活動では，意思決定が組織的に行われることが多く，この場合，個々の公務員の過失ではなく，組織としての過失が問題となる（**組織的過失**)。

このことが明らかなのは，合議制の機関による行為である。この点で，すでに紹介した在宅投票制度廃止違憲訴訟の第1審が興味深い（札幌地小樽支判昭和49・12・9判時762号8頁）。国会が在宅投票制度を復活させなかった行為（本件立法行為）等が違憲・違法であるとして，身体障害者である原告が国に対して損害賠償を請求した（⇨ 前記(4)b)⑤)。

札幌地裁小樽支部は，違法性一元説に立って，本件立法行為は違憲・違法であるとしたうえで，国会議員の過失について次のように判示している。「合議制機関の行為の場合，必ずしも，国会を構成する個々の国会議員の故

意，過失を問題にする必要はなく，国会議員の統一的意思活動たる国会自体の故意，過失を論ずるをもって足りるものと解すべきである。」そして，本件においては国会議員に過失があったとして，請求を一部認容した。

このように，合議制の機関の場合，意思決定が組織的に行われるため，個々の公務員ではなく，組織としての過失を問題とせざるをえない。

独任制の行政庁についても，意思決定が組織的に行われるのがむしろ一般的なので，実際には組織的過失が問題となることが多い。これを示唆するのが，東京予防接種禍訴訟の控訴審である（東京高判平成4・12・18判時1445号3頁）。種痘等の予防接種の副反応によって被害を受けたと主張する者またはその承継人が，国に対して損害賠償または損失補償を請求した（予防接種事故については，⇒ 本章第3節Ⅱ）。

東京高裁は，予防接種によって重篤な副反応が生じるおそれがあるから，事前に医師が予診を十分に行い，禁忌該当者（熱があるなど，予防接種によって副反応が発生する可能性が高い者）を的確に識別・除外する体制を作る義務があるところ，厚生大臣（当時）にはこのような措置をとるのを怠った過失があるとして，国の損害賠償責任を認めた。

本判決は厚生大臣に過失があったとしているが，実際に問題となったのは，当時の厚生省における組織的な判断の当否と考えられる。

## ③ 公務員の個人責任

### (1) 公務員個人に対する求償

公務員の加害行為について，国等が損害賠償を行った場合，**加害公務員に故意または重過失があったときは，国等は当該公務員に求償することができる**（法1条2項）。

民法上の使用者責任（民法715条2項）と異なり，求償権の行使が，故意または重過失がある場合に限定されている。公務員が萎縮することを避けるためである。

かつて，求償権はほとんど行使されていないといわれていた。しかし，近年はその例が増えている。その背景には，求償権を行使しないのは違法であ

るとして，首長の責任を追及する住民訴訟が提起されるようになったことがある（住民訴訟については，⇨ COLUMN 6-3）。

## (2) 被害者による個人責任の追及

国等が国家賠償法1条1項によって損害賠償責任を負う場合に，**被害者が，加害公務員個人の責任を，民法709条にもとづいて追及できるか**，という問題がある。この点の明文規定はない。民法上の使用者責任（民法715条）については，被害者は被用者の責任も追及できると解されている。

この問題については，①公務員の個人責任はいっさい追及できないとする説（**全面否定説**），②追及できるとする説（**全面肯定説**），③故意または重過失がある場合，または，職権濫用にあたる場合に限って，追及できるとする説（**制限的肯定説**）がある。

通説判例は全面否定説をとる。リーディング・ケースは，農地委員会解散命令事件である（最判昭和30・4・19民集9巻5号534頁，百選Ⅱ234事件）。熊本県知事が，県農地委員会の請求にもとづき，町農地委員会の解散を命じたことから，町農地委員会の委員だった原告らが，県知事個人等に対して損害賠償を請求した。

最高裁は，本件請求は県知事の職務行為を理由とする国家賠償請求と解すべきであるから，「国または公共団体が賠償の責に任ずるのであって，公務員が行政機関としての地位において賠償の責任を負うものではなく，また公務員個人もその責任を負うものではない」と判示した。

個人責任を認めることにより，被害者の報復感情を満足し，違法行為を抑止することが期待できる。しかし，それによって公務員の行動が萎縮し，行政活動が阻害されるおそれもある。被害者が国等から賠償を得られることも考えると，全面否定説が妥当と思われる。もっとも，外形標準説によって職務関連性が認められる場合（⇨ 前記❷(3)）などは，個人責任を認めるべきであるとして，制限的肯定説も有力に主張されている。

# Ⅲ. 営造物の設置管理にもとづく責任

## ❶ 意義

　国家賠償法2条1項は、「道路、河川その他の公の営造物の設置又は管理に瑕疵があったために他人に損害を生じたときは、国又は公共団体は、これを賠償する責に任ずる」と定める。

　すでにみたように、大日本帝国憲法のもとでも、営造物の設置管理に瑕疵があった場合は、判例が民法にもとづく責任を認めていた（⇨ 本節 I ❷(2)）。本条は、こうした場合に国等が責任を負う旨を、明文で規定したものである。

　本条は民法の工作物責任（717条1項）にならった規定である。ただし、「土地の工作物」が「公の営造物」とされ、占有者の免責（同項ただし書）は認められていない。

　本条は、国家賠償法1条1項とは違い、過失を要件としていない（**無過失責任主義**）。そこで、本条の適用範囲を広く解する傾向がみられる（⇨ 後記❷(1)）。もっとも、瑕疵と過失の違いは明確ではない（⇨ 後記❷(2)）。

## ❷ 要件

　責任の要件は、①公の営造物の、②設置管理の瑕疵によって、③他人に損害が生じ、④瑕疵と損害の間に因果関係が認められることである。以下では①と②を検討する。

### (1) 公の営造物

　**「公の営造物」とは、国または公共団体によって設置管理され、公の用に供されている有体物**（形がある物）を意味する。

#### a) 有体物

　「公の営造物」は、もともと、ドイツ語（öffentliche Anstalt）の翻訳で、公の目的に供された人的物的手段の総合体を意味する。国公立の学校や病院などがこれにあたる。

**327**

しかし，本条では，道路や河川が例示されているように，もっぱら物的な側面に着目されており，有体物を意味すると解されている。用語としては，公の用に供される物を意味する「公物」の方が適切といえる（公物については，塩野・行政法Ⅲ 379 頁以下など参照）。

道路・河川の例からもわかるように，営造物には，人工的に作られた**人工公物**のほか，自然に存在する**自然公物**も含まれる。人工公物と自然公物では，瑕疵についての判例の考え方が大きく異なる（⇨ 後記 (2)）。

通説によれば，公の営造物には，不動産だけではなく，動産も含まれる（自動車，拳銃など）。本条が無過失責任を認めるため，広く解すべきと考えられていることによる。

### b）　国または公共団体による設置管理

「公の営造物」といえるには，**「国又は公共団体」が設置管理していること**を要する。

「国又は公共団体」は，国家賠償法 1 条 1 項でも要件とされるが，「公権力の行使」にあたれば同項が適用されるので，重要な要件ではない（⇨ 本節Ⅱ❷ (2)）。これに対し，本条ではこの要件が正面から問題となる。有力説は，行政主体（⇨ 第 2 章第 1 節Ⅰ）の性格をもつ法人をさすと解する（塩野・行政法Ⅱ 358 頁）。

設置管理については，法律上の権限にもとづく場合のほか，事実上設置管理する場合も含む。また，私人が所有している場合でも，国または公共団体が設置管理していれば，公の営造物にあたる（私有地に設置された公園など）。

### c）　公の用に供されていること

「公の営造物」といえるには，その有体物が公の用に供されていることが必要である。

国や地方公共団体の財産は，公の用に供される行政財産と，その他の普通財産に分類される（塩野・行政法Ⅲ 388 頁以下など参照）。そこで，後者は，原則として公の営造物とはいえない。もっとも，「土地の工作物」にあたれば，民法 717 条が適用される。

## (2) 設置管理の瑕疵

### a） 意義

「設置又は管理の瑕疵」の意味については，客観説と義務違反説の対立がある（**瑕疵論争**）。

**客観説**は，**営造物が通常有すべき安全性を欠いており，それが設置管理によること**をいうと解する。損害が天災などの不可抗力によって生じたときは，責任を負わないとする。

**義務違反説**は，**設置管理者が損害回避義務に違反すること**をいうと解する。

判例は，高知落石事件（⇨後記 b）で，設置管理の瑕疵を「営造物が通常有すべき安全性を欠いていること」と定義した。そこで，当初は，客観説が通説判例と解されていた。

その後，予見可能性・回避可能性を要件とするようにみえる判例が出現し，義務違反説が有力となった。しかし，この説に対しては，過失を要件とすることになり，国家賠償法 1 条との違いが不明確になる，との批判がある。

さらに，次にみるように，いずれの説によっても結論に大差がないうえ，判例は類型ごとに異なった判断基準を用いているので，論争自体にあまり意味がないとの見方も有力である。

現在のところ通説といえる見解は存在しない。

以下では，類型ごとに，道路，河川，機能的瑕疵に関する判例を概観し，やや一般的な問題として，本来の用法によらない利用と，改善義務とその限界について検討する。

---

**COLUMN 7-5** 　　　　　　　　瑕疵論争と判例

　上記のとおり，高知落石事件の判示から，判例は客観説に立つと解されていた。その後，学説では義務違反説が有力となったが，現在の判例の立場は明確ではない。のちにみるように，予見可能性（予測可能性）や回避可能性が要件とされており，義務違反説によっているようにもみえる。そうすると，国家賠償法 1 条との違いが問題となる。

　この点で注目されるのが，国道 43 号線公害訴訟である（最判平成 7・7・7 民集

49巻7号1870頁，2599頁）。国道の沿線住民が，騒音等の被害を受けていると主張し，国等を被告として，民事差止めと損害賠償を求めた。最高裁は，差止めの訴えは適法としたうえで，請求を棄却したが（⇨COLUMN 6-5），損害賠償については，大阪空港訴訟（⇨後記d））の判断枠組みにより，請求を一部認容した。その際，損害の回避可能性があったことは，瑕疵を認めるための「積極的要件になるものではない」と判示している。

本判決の調査官解説によれば，これは，回避可能性（及び予見可能性）を，被告側で主張立証すべき抗弁とする趣旨のようである（田中豊「判解」最判解民事篇平成7年度(下)740頁以下）。そうすると，国家賠償法2条については，予見可能性及び回避可能性を原告側で主張立証する必要がなく，この点で同法1条との違いがあるといえる。

### b) 道路

道路の瑕疵に関するリーディング・ケースは，高知落石事件である（最判昭和45・8・20民集24巻9号1268頁，百選Ⅱ235事件）。従前から落石があった国道で，長雨のため大きな石が落下して，通行中のトラックを直撃し，同乗者が死亡したので，遺族が国及び高知県に対して損害賠償を請求した（⇨ 図7-4a）。

最高裁は次のように判示して，請求を一部認容した。①設置管理の瑕疵とは，「**営造物が通常有すべき安全性を欠いていること**」をいい，過失を要しない（**無過失責任主義**）。②本件道路は陸上交通のうえできわめて重要であり，従前からしばしば落石等があったにもかかわらず，防護柵の設置等の措置が講じられていなかったから，管理に瑕疵があった。③道路管理者が予算措置に困却することは推察できるが，「それにより直ちに道路の管理の瑕疵によって生じた損害に対する賠償責任を免れうるものと考えることはできない」。

この判決から，(ア)**通常有すべき安全性を欠くこと**，(イ)**無過失責任**，(ウ)**財政的制約は免責事由とならないこと**が，「**瑕疵の3原則**」とよばれた。ただし，(ウ)については，河川などの自然公物には適用されない（⇨ 後記c））。いずれにせよ，判旨①から，判例は客観説に立つと解されていた。しかし，その後，義務違反説に立つようにみえる判決が続けてあらわれた。

第1は赤色灯標柱事件である（最判昭和50・6・26民集29巻6号851頁）。

● 図7-4　道路事故訴訟（イメージ）

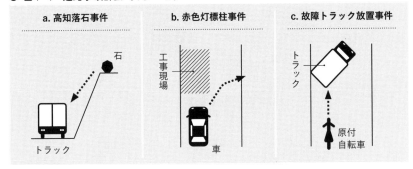

　奈良県が管理する道路の工事現場に赤色灯標柱等が設置されていたが，夜間，通過車両がこれらをなぎ倒し，赤色灯が消えた。直後に通過した車が工事現場に気づくのが遅れ，ハンドルを切り損なって道路脇に転落し，同乗者が死亡したので，遺族が県に対して損害賠償を請求した（⇨ 図7-4b）。

　最高裁は，本件では道路の安全性に欠如があったといわざるをえないが，それは夜間，しかも直前に先行した他車によって引き起こされたもので，時間的に管理者が遅滞なく原状に復し，道路を安全良好な状態に保つことは不可能だったから，瑕疵はなかったとした。

　第2は故障トラック放置事件である（最判昭和50・7・25民集29巻6号1136頁，百選Ⅱ236事件）。故障した大型トラックが国道の中央線付近に放置されていたが，道路を管理する和歌山県の土木出張所は気づかなかった。放置から約87時間後の早朝，原付自転車が当該トラックに激突し，運転者が死亡したので，遺族が県に対して損害賠償を請求した（⇨ 図7-4c）。

　最高裁は次のように判示して，請求を一部認容した。①道路管理者は，道路を常時良好な状態に保つよう維持修繕し，一般交通に支障がないよう努める義務を負う（道路法42条）。②本件では大型トラックが長時間放置され，道路の安全性を著しく欠如していた。③にもかかわらず，土木出張所は道路を常時巡視する体制をとっていなかったため，故障車の放置すら知らず，安全確保措置をまったく講じていなかったから，道路管理には瑕疵があった。

　2つの判決を比べると，赤色灯標柱事件では，予見可能性・回避可能性が

なかったため責任が否定されたのに対し，故障トラック放置事件では，それがあったために責任が認められたようにみえる。そうすると，義務違反説によった判例とも解しうる。これに対し，客観説は，赤色灯標柱事件では不可抗力が認められたにすぎないと説明している。

---

**COLUMN 7-6　　財政的制約を考慮すべきか**

　高知落石事件の判旨③では，予算措置に困却することにより「直ちに……賠償責任を免れうるものと考えることはできない」とされている。これが，道路等の人工公物について，財政的制約をいっさい考慮しない趣旨かは，必ずしも明確ではない。

　点字ブロック未設置転落事件（⇨後記 f)）では，「安全設備の設置の困難性の有無等」が考慮要素とされているが，設置費用も考慮されるようである。

　また，北海道縦貫自動車道キツネ侵入事件（最判平成 22・3・2 判時 2076 号 44 頁）では，高速道路で動物の侵入防止措置が講じられていなかったことが，瑕疵にあたるかが争われたが，「多額の費用を要すること」が考慮され，責任が否定された。

　以上からすると，人工公物についても財政的制約は考慮されるが，次にみる河川の場合ほど重視されない，ということになろうか。

---

## c) 河川

　水害はかつては天災と考えられていたが，戦後，権利意識の高まり，都市化の進展などのため，被害者が河川の管理者に損害賠償を求める水害訴訟が提起されるようになった。

　下級審は，当初，道路に関する判例にしたがって，管理責任を広く認める傾向にあった。流れを一変させたのが，大東水害訴訟である（最判昭和 59・1・26 民集 38 巻 2 号 53 頁，百選 II 237 事件）。都市河川である谷田川では，様々な事情から，上流部分と下流部分が先に改修されていたところ，残された未改修部分が豪雨のため氾濫したので，被害を受けた住民らが国等に対して損害賠償を請求した（⇨ 図 7-5a）。

　最高裁は，次のように判示して，請求を棄却した。①河川は自然公物であり，もともと災害の危険をもっている。②したがって，道路等の人工公物と異なり，河川の通常そなえるべき安全性の確保は，治水事業によって達成されることが当初から予定されており，その実施には**財政的・技術的・社会的**

● 図7-5 水害訴訟（イメージ）

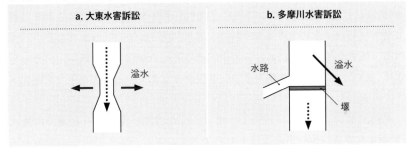

制約がともなう。③そこで，河川管理の瑕疵の有無は，過去に発生した水害の規模や頻度等，諸般の事情を総合的に考慮し，「**前記諸制約のもとでの同種・同規模の河川の管理の一般水準及び社会通念に照らして是認しうる安全性**を備えていると認められるかを基準として判断すべきである」。④改修計画にもとづいて改修中の河川については，改修計画が上記③の見地から格別不合理なものと認められないときは，特段の事由がない限り，未改修というだけで瑕疵があるとはいえない。

　本判決は，人工公物と自然公物の違いを強調して，河川についてはある程度の安全性で足りるとした（判旨①～③）。さらに，未改修河川については，改修計画が格別不合理でなければ，原則として瑕疵が認められないとした（判旨④）。

　本判決を受け，下級審は一転して責任を否定するようになった。一定の歯止めをかけたのが，多摩川水害訴訟である（最判平成2・12・13民集44巻9号1186頁，百選Ⅱ238事件）。多摩川の改修が不要とされていた箇所が，計画高水流量（改修計画で想定された最大流量）以下の増水により，第三者が許可を得て設置していた堰（当時川崎市が管理）の欠陥が原因で破堤した。そこで，洪水の被害者らが，河川管理者の国に対して損害賠償を請求した（⇨図7-5b）。

　最高裁は，大東水害訴訟の一般論（判旨①～③）を引用したうえで，次のように判示して，請求を棄却した原判決を破棄し，原審に差し戻した。（ア）工事実施基本計画にもとづいて改修整備された河川（本件のような改修整備

を要しないとされた河川も含む）の改修整備の段階に対応する安全性とは，「同計画に定める規模の洪水における流水の通常の作用から予測される災害の発生を防止するに足りる安全性をいう」。（イ）本件の堰のような許可工作物が存在する河川部分における河川管理の瑕疵の有無は，当該河川部分の全体について，上記判断基準の示す安全性をそなえているかによって判断すべきである。

本判決は，改修済み河川については，**改修計画に定められた規模の流水（計画高水流量）が一応の基準となる**とした。すなわち，計画高水流量を超える流水があった場合は原則として責任を負わないが，本件のように，それ以下の流水で破堤し，それが予測可能であれば，瑕疵が認められる（判旨（ア））。また，破堤の原因が許可工作物にある場合でも，河川管理者は免責されないことも明らかにした（判旨（イ））。

### d） 機能的瑕疵

**機能的瑕疵**（供用関連瑕疵）とは，営造物には物的な欠陥がないが，**供用目的にそって利用されることによって，第三者に被害を及ぼす場合**をいう。空港の騒音被害がその例である。

公共事業によって生じたこのような被害（**事業損失**）については，違法な侵害とみて損害賠償を認める考え方と，公益のための特別の犠牲（⇒ **本章第2節 II❶**）とみて損失補償を認める考え方がある。

空港等の騒音被害について，判例は，営造物の設置管理の機能的瑕疵とみて，国家賠償法2条によって救済している。リーディング・ケースは，すでに検討した大阪空港訴訟である（最大判昭和56・12・16民集35巻10号1369頁，百選 II 241 事件。⇒ COLUMN 6-5）。大阪国際空港（伊丹空港）の周辺住民が，騒音等によって被害を受けていると主張し，国を被告として，民事差止めと損害賠償を請求した。

最高裁は，差止めの訴えは不適法として却下したが，損害賠償については，次のように判示して，請求を一部認容した。①営造物の設置管理の瑕疵には，営造物が供用目的にそって利用されることによって，第三者に危害を生じさせる危険性がある場合（機能的瑕疵）も含む。②国の公共事業が第三者に対する関係で違法な（受忍限度をこえた）権利利益の侵害となるかは，（ア）侵

害行為の態様と侵害の程度，（イ）被侵害利益の性質と内容，（ウ）侵害行為の
公共性ないし公益上の必要性の内容と程度等を比較検討するほか，（エ）侵害
行為の開始とその後の継続の経過及び状況，（オ）その間にとられた被害防止
措置の有無及びその内容，効果等の事情をも考慮し，これらを総合的に考察
して決めるべきである。③本件空港による便益は，国民生活に不可欠な役務
のように絶対的とは必ずしもいえないのに対し，本件空港の供用による被害
者はかなり多数にのぼり，その被害内容も広範かつ重大であること等を考慮
すると，本件空港の供用行為は違法である。

このように，機能的瑕疵については，民事不法行為における受忍限度論に
類した判断基準がとられている。

### e）本来の用法によらない利用

**営造物が本来の用法によらない方法で利用され，損害が生じた場合に，設
置管理者が責任を負うか，**という問題がある。この点については，ニュアン
スがやや異なる判例がある。

第1は道路防護柵子供転落事件である（最判昭和53・7・4民集32巻5号
809頁）。高さ4mの崖のうえの道路に，高さ65cmの防護柵が設置されてい
た。当時6歳だった原告は，当該防護柵に後ろ向きに腰掛けて遊ぶうち，
誤って崖下に転落し，重傷を負ったので，道路管理者である神戸市に対して
損害賠償を請求した。

最高裁は，次のように判示して，請求を棄却した。①本件防護柵は，通行
時における転落防止の目的からみて，安全性に欠けるところはない。②原告
の転落事故は，設置管理者が**通常予測できない行動**に起因するものである。
③したがって，本件営造物に本来そなえるべき安全性がなかったとはいえず，
原告がしたような通常の用法によらない行動の結果生じた事故について，道
路管理者が責任を負う理由はない。

本判決は，通常の用法によらない行動について，通常予測できなかったと
して，管理者の責任を否定している。そうすると，通常予測できる方法によ
って事故が生じた場合には，責任を肯定する余地を認める趣旨と解される。

第2は校庭開放中の審判台転倒事件である（最判平成5・3・30民集47巻
4号3226頁，百選Ⅱ240事件）。原告が当時5歳10か月の子Aをつれて，町

立中学校の校庭でテニスをしていたところ，Ａが審判台の後部から降りようとして，審判台とともに転倒し，死亡したので，町に対して損害賠償を請求した。

最高裁は，次のように判示して，請求を棄却した。①審判台の安全性の有無は，その**本来の用法**による使用を前提に，危険発生の可能性があるか否かで判断すべきである。②本件審判台は，本来の用法によって使用する限り，転倒の危険がある構造ではなかった。③本来の用法によれば安全な営造物を，設置管理者の通常予測しえない異常な方法で使用しない注意義務は，利用者である一般市民の側が負うべきである。

本判決は，本来の用法によらない利用によって損害が生じた場合は，基本的に責任を認めない趣旨とも解される。しかし，日頃から審判台で子供が遊んでいたなど，事故が予測できた場合は，本来の用法によらなくとも，責任を認めるべきではないだろうか。したがって，道路防護柵子供転落事件の判断が妥当と思われる。

### f） 改善義務とその限界

営造物の設置当時は安全と考えられていても，その後の事情変化などによって，危険と考えられるようになることもある。この点で興味深いのは，点字ブロック未設置転落事件である（最判昭和 61・3・25 民集 40 巻 2 号 472 頁，百選Ⅱ239 事件）。点字ブロックが普及しはじめた当時，視力障害者である原告が国鉄（当時）のホームから転落し，重傷を負ったので，点字ブロックの未設置は管理の瑕疵にあたると主張して，国鉄に対して損害賠償を請求した。

最高裁は，次のように判示して，請求を認容した原判決を破棄し，原審に差し戻した。点字ブロックのように新たに開発された視力障害者用の安全設備を設置しなかったことが瑕疵にあたるかは，①当該安全設備が相当程度標準化されて普及しているか，②当該駅のホームの構造または視力障害者の利用度から予測される視力障害者の事故発生の危険性の程度，③事故防止のため当該安全設備を設置する必要性の程度，④設置の困難性の有無等，諸般の事情を総合考慮して判断すべきである。原審は，本件ホームが島式（両側に線路がある構造）であること（②）を重視して瑕疵を認めたが，本件当時の

点字ブロックの普及の程度（①），視力障害者の利用度（②）を十分検討していない。

このように，**営造物の設置後に危険性が判明した場合，管理者は改善義務を負うが，瑕疵の有無は諸般の事情を総合考慮して判断される。**

### ❸ 他の責任者への求償

国または公共団体が，営造物の設置管理の瑕疵について損害賠償をした場合，ほかに損害の原因について責任を負うべき者がいるときは，この者に対して求償できる（法2条2項）。

多摩川水害訴訟（⇨ 前記❷(2)c)）を例にとると，国は，破堤の原因となった堰を管理していた川崎市に対して，求償権を行使できる。

# Ⅳ． 賠償責任者

### ❶ 費用負担者の責任

国家賠償法によって責任を負うのは，原則として，加害公務員の**選任監督者**（法1条1項），または，営造物の**設置管理者**（法2条1項）である。しかし，選任監督者・設置管理者とは別に，加害公務員や営造物にかかる費用を負担している者（**費用負担者**）がいる場合もある。

たとえば，市町村立学校職員給与負担法によれば，市町村立学校の教職員の一部について，財政上の観点から，都道府県が給与を負担する（県費負担教職員）。当該教職員は市町村の職員ではあるが，都道府県が費用を負担している。

このような場合，**被害者は，選任監督者・設置管理者のほか，費用負担者に対しても損害賠償を請求できる**（法3条1項）。被害者が被告を選択する際の困難を考慮した規定である。

ここにいう**費用負担者に，補助金を交付している者も含むか**という問題がある。リーディング・ケースは，鬼ヶ城事件である（最判昭和50・11・28民

集 29 巻 10 号 1754 頁，百選 II 242 事件）。国立公園に設置された橋から原告が転落し，重傷を負ったので，設置管理者である三重県及び熊野市と，補助金を交付していた国に対して，損害賠償を請求した。

最高裁は，次のように判示して，国が費用負担者にあたるとした。①国家賠償法3条1項が，同法2条1項と相まって，営造物の設置管理者と費用負担者が異なるときに，双方が賠償責任を負うと定めるのは，被告の選択についての被害者の困難を除去するためだけでなく，危険責任の法理にもとづく同法2条の責任につき，同一の法理に立って，被害者の救済を完全なものとするためでもある。②そうすると，同法3条1項所定の費用負担者には，当該営造物の設置費用について法律上負担義務を負う者のほか，（ア）この者と同等かそれに近い設置費用を負担し，（イ）実質的にはこの者と当該営造物による事業を共同して執行していると認められる者であって，（ウ）当該営造物の瑕疵による危険を効果的に防止しうる者も含まれる。③本件では，国が国立公園事業を執行すべきものとされ，本件補助金には利用者の事故防止の目的が含まれ，国の負担割合が2分の1近くに達していることからすると，国は費用負担者にあたる。

このように，費用負担者には，法令上費用を負担する者のほか，上記（ア）～（ウ）の要件をみたすときは，補助金を交付する者も含まれる。

## ❷ 内部関係における求償

選任監督者・設置管理者と費用負担者が異なる場合，損害を賠償した者は，内部関係でその損害賠償責任を負うべき者に対して，求償権を行使できる（法3条2項）。

被害者との関係では，いずれの者も賠償責任を負うが，両者の間では求償権の行使によって処理させる趣旨である。

もっとも，この規定には，選任監督者・設置管理者と，費用負担者のうち，いずれが最終的な負担者となるかが明示されていない。この問題については，①選任監督者・設置管理者とする説（**管理者説**），②費用負担者とする説（**費用負担者説**），③損害発生への寄与度によって決めるとする説（**寄与度説**）

が対立している。

　この点のリーディング・ケースは，福島県求償金請求事件である（最判平成21・10・23民集63巻8号1849頁，百選Ⅱ243事件）。福島県が給与を支給している郡山市立中学の教諭（上記❶の県費負担教職員）が，生徒に体罰を加えたので，福島県が当該生徒に損害賠償を行ったうえで，国家賠償法3条2項にもとづき，郡山市にその全額を求償した。

　最高裁は，次のように判示して，福島県の請求を認容した。①国または公共団体が国家賠償法にもとづいて損害を賠償するための費用は，国または公共団体の事務を行うために要する経費に含まれる。②国家賠償法3条2項にもとづく求償についても，損害賠償費用をその事務を行うための経費として負担すべきものとされている者が，同項にいう内部関係でその損害を賠償する責任ある者にあたる。③市町村が設置する中学校の経費については，原則として，当該市町村が負担すべきとされているから，当該市町村が内部関係で損害を賠償する責任ある者として，求償に応じるべき義務がある。

　本判決は，費用負担者説に立って，給与以外は市町村が費用を負担することから，損害賠償費用についても市町村が最終的な負担者になると判断したものである。

# 第2節　　損失補償

SECTION 2

　以下では，損失補償の意義（Ⅰ），補償の要否（Ⅱ），補償内容（Ⅲ）について検討する。

# Ⅰ. 損失補償とは何か

## ❶ 損失補償の意義

　損失補償とは，**適法な公権力の行使によって加えられた財産上の特別の犠牲に対し，公平負担の見地からなされる財産的補償**をいう（田中・行政法上211頁）。第1節で検討した国家賠償とは，適法な行為による損失を補償する点が異なる（⇒ 本章第1節Ⅰ❶）。

　たとえば，道路を新設するために，土地収用法にもとづいて，市町村が私人の土地を強制的に取得し，補償金を支払う場合である（土地収用法71条以下）。

## ❷ 損失補償制度の沿革

　諸外国では，国家賠償と異なって，損失補償は早くから憲法によって認められてきた。フランス人権宣言17条（1789年），アメリカ合衆国連邦憲法修正5条（1791年），ドイツ・ワイマール憲法153条2項（1919年）などである。財産権保障の一環と考えられたことや，国家賠償のような理論的障害（⇒ 本章第1節Ⅰ❷(1)）がなかったことによる。

　日本では，大日本帝国憲法27条が所有権を保障していたが，損失補償の定めはなかった。そこで，損失補償はもっぱら立法政策の問題と考えられていた。

日本国憲法は，財産権を保障する（憲法29条1項）とともに，「私有財産は，正当な補償の下に，これを公共のために用いることができる」（同条3項）と定める。**損失補償は憲法上の要請**となったのである。

## ❸ 現行法上の損失補償

損失補償に関する一般法は存在しない。上記の土地収用法のほか，自然公園法64条，文化財保護法45条など，個別法に規定がある。

そこで，憲法上補償が必要であるにもかかわらず，法律に明文規定がない場合に，どう解すべきか問題となる。この点については，①補償を定めない法律は違憲無効とする**違憲無効説**と，②直接憲法29条3項にもとづいて補償を請求できるとする**請求権発生説**が対立している。

通説判例は請求権発生説をとる。リーディング・ケースは名取川河川附近地制限令事件である（最大判昭和43・11・27刑集22巻12号1402頁，百選Ⅱ252事件）。被告人は土地を借りて砂利採取を行っていたが，旧河川附近地制限令（本件命令）にもとづき，県知事が当該土地を河川附近地に指定した。そのため，砂利採取には許可が必要となったが，不許可処分を受けたにもかかわらず，被告人が事業を続行したので，本件命令違反として刑事訴追された。被告人は，損失補償を定めない本件命令は違憲無効であるとして，無罪を主張した。

最高裁は，次のように判示して，この主張を認めなかった。①本件命令による財産権の制限は，公共の福祉のための一般的な制限であり，特定の人に対し特別に財産上の犠牲を強いるものではないから，補償を要しない。②もっとも，被告人は従来行ってきた事業ができなくなったので，特別の犠牲を課したとみる余地もある。③しかし，被告人は，その損失を具体的に主張立証し，「直接憲法29条3項を根拠にして，補償請求をする余地が全くないわけではない」から，本件命令が違憲無効とはいえない。

このように，本判決は，傍論としてではあるが，請求権発生説をとった。もっとも，これまでのところ，最高裁が直接憲法にもとづく補償請求を認容した例はない。

---
COLUMN **7-7** 請求権発生説と相当補償説の関係
---

　本文で述べたように，判例は請求権発生説に立つ。他方で，損失補償の内容については，相当補償説をとっている（⇨本節Ⅲ❶）。

　そうすると，直接憲法 29 条 3 項にもとづいて損失補償が請求された場合，補償すべき「相当補償」とは何かが問題となりうる。

　法律に明文の規定がない場合は，原則にかえって，完全補償を行うべきであろうか。とはいえ，完全補償の内容も，実はあまり明確とはいえない（⇨後記Ⅲ❷）。

# Ⅱ. 損失補償の要否

## ❶ 一般的基準

　一般に，損失補償が必要となるのは，**特別の犠牲**にあたる場合とされている（⇨本節Ⅰ❶）。しかし，具体的な基準は明らかではない。現在有力と思われるのは，①**侵害行為の特殊性**，②**侵害行為の強度**，③**侵害行為の目的等**を総合的に判断する説である（宇賀・概説Ⅱ 532 頁など）。以下では，財産権が剥奪される場合と制限される場合に分けて，補償の要否を検討する。

## ❷ 財産権が剥奪される場合

　土地の収用など，財産権が剥奪される場合は，原則として補償が必要である。しかし，財産的価値が失われた場合，規制防止を目的とする場合，一般的な犠牲にあたる場合は，補償を要しないとされる。

### （1）財産的価値が失われている場合

　財産権が剥奪される場合でも，その**財産に価値がない場合は，補償は必要ない**。たとえば，火災の際に，延焼のおそれがあるとして建物が取り壊された場合は，すでに財産的価値が失われているので，補償が不要とされる（消防法 29 条 2 項）。これに対し，延焼のおそれはないが，延焼防止のために取

り壊された場合は，補償が必要とされる（同条3項）。

　この点で興味深いのが，東京都中央卸売市場事件である（最判昭和49・2・5民集28巻1号1頁，百選I 90事件）。原告は，東京都が所有する東京都中央卸売市場（築地市場）内の土地を，期間の定めなく借り受けていた。当該土地を市場用地として用いるため，東京都が使用許可の取消し（講学上の撤回）をしたので，原告はそれによる損失の補償を請求した。原審は，特別の犠牲にあたるとして，更地価格の60％の補償を命じた。

　最高裁は，次のように判示して，原判決を破棄し，原審に差し戻した。行政財産の使用許可によって期限の定めなく与えられた使用権は，当該行政財産本来の用途または目的上の必要を生じたときは，その時点で原則として消滅すべきであり，権利自体にそのような制約が内在している。したがって，特別の事情がない限り，使用権に対する補償は必要ない。

## (2) 危険防止を目的とする場合

　**危険防止を目的とする場合は，補償を要しない**。たとえば，建物に火災が発生したときは，これを破壊することができるが（消防法29条1項），この場合，補償は必要ない。

## (3) 一般的な犠牲

　財産権が剥奪されても，それが**国民一般が受忍すべき一般的な犠牲**にとどまる場合は，補償を要しない。戦争損害がその例とされる。リーディング・ケースは在外資産喪失補償請求事件である（最大判昭和43・11・27民集22巻12号2808頁，百選II 254事件）。第二次世界大戦後，サンフランシスコ平和条約によって，日本国が国民の在外資産を連合国に対する賠償にあてることを認めたため，原告らはカナダに所有していた財産を失った。そこで，財産権の収用にあたるとして，憲法29条3項にもとづいて，国に対して損失補償を請求した。

　最高裁は，戦争損害は国民が等しく受忍しなければならず，本件のような在外資産の賠償への充当による損害も，一種の戦争損害として，これに対する補償は憲法のまったく予想しないところであるとして，請求を棄却した。

すべての戦争損害について，一律に補償を要しないといえるかについては，争いがある。

## ❸ 財産権が制限される場合

　財産権が制限される場合は，判断がより難しい。危険防止を目的とする制限や，財産権の本来の効用を高めるための制限については，補償を要しない。他方，本来の効用とは関係のない公益目的での制限については，従来は補償が必要と解されてきたが，この点には争いがある。

### (1) 危険防止を目的とする制限

　**危険防止を目的とする権利制限（警察制限）には，一般に補償を要しない。**リーディング・ケースは奈良県ため池条例事件である（最大判昭和 38・6・26 刑集 17 巻 5 号 521 頁，百選Ⅱ 251 事件）。奈良県は，ため池の決壊による災害を防止するため，条例を制定し，ため池の堤とう（周囲の堤防）での耕作等を全面禁止するとともに，違反について罰則を定めた。従前からため池の堤とうで耕作していた被告人らは，条例施行後もこれを続けたため，条例違反として刑事訴追された。原審は，私有財産権を規制するには法律によらなければならず，そのうえ正当な補償も要するから，本件条例の効力は被告人に及ばないとして，無罪を宣告した。

　最高裁は，本件条例は財産権の行使を著しく制限しているが，災害を防止し公共の福祉を保持するために社会生活上やむをえないものであり，使用権者が当然受忍しなければならない責務であるとする。そこで，ため池の破損・決壊の原因となる堤とうの使用行為を条例で禁止・処罰しても憲法及び法律に違反するとはいえず，憲法 29 条 3 項による損失補償も必要ないとした。

　やや微妙なのが，高松ガソリンスタンド事件である（最判昭和 58・2・18 民集 37 巻 1 号 59 頁，百選Ⅱ 247 事件）。消防法 10 条・12 条等によれば，危険物の地下貯蔵タンクは，地下道等から 10m 以内に設置できない（離隔距離）。被告（石油会社）は，国道の交差点に面したガソリンスタンドの地下に，許可を得てガソリンタンクを設置していた。その後，国が当該交差点に

地下道を設置したため、離隔距離に反する状態になった。被告はタンクを移設したうえ、みぞかき補償（⇨ 本節Ⅲ❷）を定める道路法 70 条にもとづき、移設費用の補償を収用委員会に請求した。同委員会が請求を認容する裁決をしたので、国がその取消し等を求めた（⇨ 図 7-6）。

最高裁は、道路法 70 条による補償が認められるのは、道路工事によって土地の形状が変わったことを直接の原因として損失が生じた場合に限られ、警察規制にもとづく損失がたまたま現実化した場合は含まれないとして、上記裁決を取り消した。

本判決は道路法 70 条の適用を否定したにすぎないが、警察規制にもとづく損失とみているので、憲法上の補償も不要と解するようである。地下道の設置によって離隔距離に反する状態になったから、補償を認めるべきとの見解もある。しかし、危険物の所有者等は安全な状態を維持する義務（状態責任）を負うとすれば、補償は不要と考えられる。

◯ 図 7-6　ガソリンスタンド事件（イメージ）

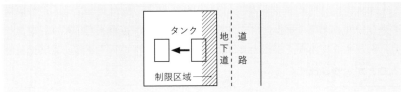

## (2) 財産権の本来の効用を高めるための制限

　財産権の本来の効用を高めるための制限については、補償を要しないとされている。たとえば、都市計画法にもとづく用途地域の指定（都市計画法 8 条 1 項）は、財産権の制限にあたる。しかし、たとえば、住居系の地域に指定されると、工場等の建築が禁止され、住宅地としての効用が高まることから、当該地域の地権者への補償は不要と解されている。

　都市計画で道路等の都市施設の建設が予定された場合、計画の障害とならないよう、予定区域内では建築行為が制限される（都市計画制限、都市計画法 53 条・54 条）。この場合、予定区域の地権者は一方的に権利の制限を受けるので、補償が必要とも考えられる。

この点で参考になるのが，都市計画制限損失補償事件である（最判平成17・11・1判時1928号25頁，百選II 253事件）。原告らの所有地は，都市計画道路の予定地として，60年以上にわたって建築制限を受けていた。道路建設の見通しがなかったので，原告らは，憲法29条3項にもとづき，都市計画の決定権者である盛岡市に対し，損失補償を請求した。

最高裁は，原告らが受けた損失は，「一般的に当然に受忍すべきものとされる制限の範囲を超えて特別の犠牲を課せられたものということがいまだ困難である」から，直接憲法にもとづいて補償請求をすることはできないとした。

本判決は補償を不要とする具体的な理由を述べていない。本件の下級審は，①上記の建築制限は都市内で不動産をもつ者が当然に負担すべき内在的制約であること，②土地を第三者へ処分することは法的に制限されていないこと，③許可を受ければ一定の建築行為が可能であることをあげている。制限の目的，一般性，強度が考慮されたものと思われる。

もっとも，本件のように建築制限が60年以上にわたる場合まで，補償が必要ないかは問題である。上記最判に付された藤田宙靖裁判官の補足意見では，合理的な理由なく制限が長期に及ぶ場合は，損失補償を認める余地もあることが示唆されている。

### (3) 本来の利用目的とは関係のない公益目的による制限

**財産権の本来の利用目的とは関係のない公益目的による制限については，従来，損失補償が必要と解されてきた。**環境保全や文化財保護のための権利制限がその例である。このような場合に損失を補償する旨を定める法律も多い。たとえば，自然公園法は，国立公園内の特別地域においては，工作物の建築に許可を要することとし（20条3項），不許可となった場合に損失補償を認めている（64条）。

しかし，実務上，こうした場合に補償はほとんどされておらず，下級審裁判例も同様の傾向にある。具体例として，伊豆国立公園別荘建築不許可補償事件をみてみよう（東京地判平成2・9・18行集41巻9号1471頁）。原告は国立公園の特別地域内の自己所有地に別荘を新築しようとしたが，許可を拒否

された。そこで，環境庁長官（当時）に対し，損失補償の請求を行ったが，補償額を0円とする決定を受けたので，国に対して地価低落分の補償を求めて出訴した。

東京地裁は，次のように述べて，請求を棄却した。不許可処分による利用行為の制限が特別の犠牲にあたるかは，①本件土地を含む周辺一帯の地域の風致・景観をどの程度保護すべきか，②本件建物の建築が風致・景観にどのような影響を与えるか，③本件不許可処分により従前の用途による利用等が不可能ないし著しく困難となるか等の事情を総合勘案して判断すべきである。本件では，周辺地域の風致・景観を保護する必要性がきわめて高く，本件建物の建築等によりそれが著しくそこなわれるうえ，本件土地には道路も通じていないなど，別荘用地としての利用がまったく予想されていなかったので，補償は必要ない。

①及び②は，権利を制限する理由とはなっても，ただちに補償を否定する理由とはならないように思われる。③に関しては，土地の利用制限について，**現状の利用を固定するにとどまるときは，補償を要しない**とする有力説がある（塩野・行政法II 389頁など）。

# III. 損失補償の内容

## ① 「正当な補償」の意味

憲法29条3項は，私有財産を公共のために用いる場合，「**正当な補償**」が必要とする。その意味については，①財産権の市場価格をすべて補償すべきとする**完全補償説**と，②市場価格にもとづいて合理的に算出された相当な額で足りるとする**相当補償説**が対立している。

判例は相当補償説に立つ。リーディング・ケースは農地改革事件である（最大判昭和28・12・23民集7巻13号1523頁，百選II 248事件）。第二次世界大戦後，旧自作農創設特別措置法にもとづき，不在地主（農地が所在する市町村に住んでいない地主）から農地を安く買収し，小作人に売り渡す農地改革が行われた。買収を受けた不在地主である原告が，市場価格を著しく下

回る補償は「正当な補償」とはいえないとして，補償金の増額を請求した。

　最高裁は，「正当な補償」とは，「**その当時の経済状態において成立することを考えられる価格に基き，合理的に算出された相当な額**をいうのであって，必しも常にかかる価格と完全に一致することを要するものでない」と判示し，本件における補償は違憲ではないとした。

　この判決に対しては，完全補償説からの批判があるほか，農地改革という社会改革を前提とした判示であって，一般化することはできないとの見方が有力だった。

　その後，倉吉都市計画街路事業用地収用事件で，最高裁は完全補償説とも解される判示をした（最判昭和48・10・18民集27巻9号1210頁，百選Ⅱ250事件）。原告の所有地は都市計画によって街路用地に指定されていたが，収用に際して，街路用地としての建築制限を受けていることを前提とした価格で補償裁決がなされた。原告は，制限を受けていない近傍類地（付近の同様の土地）と同等の価格を補償すべきであると主張し，土地収用法133条にもとづく形式的当事者訴訟（⇨ 第6章第1節Ⅲ❶(2)）として，補償金の増額を請求した。当時の同法71条は，「損失は，収用委員会の収用又は使用の裁決の時の価格によって算定して補償しなければならない」と定めていた。

　最高裁は，土地収用法における損失補償は，特定の公益事業のため土地が収用される場合，当該土地の所有者等が受ける特別な犠牲の回復を目的とするから，「**完全な補償，すなわち，収用の前後を通じて被収用者の財産価値を等しくならしめるような補償**をなすべき」と述べた。そして，建築制限を受けた土地については，制限がなければ有するであろうと認められる価格を補償すべきであるとした。

　この判決は，憲法ではなく，当時の土地収用法の解釈を示したものである。しかし，農地改革のような場合は別として，一般的には完全補償説による趣旨と解する見方が多かった。

　土地収用法71条については，次のような問題があったことから，1967（昭和42）年に改正された。第1に，公共事業の実施によって一般に周辺の地価が上がるので，収用裁決時の地価（⇨ 図7-7の a）を基準に補償を行うと，事業認定によって生じた公共事業による地価の上昇分（**開発利益**，同 a

−b）は地権者が得ることになってしまう。第 2 に，地価が上昇していた当時，収用裁決が遅れるほど補償額が高くなるので，土地の譲渡を渋る地権者が得をすることになる（いわゆる「**ゴネ得**」）。

法改正により，補償金の額は，「近傍類地の取引価格等を考慮して算定した事業の認定の告示の時における相当な価格に，権利取得裁決の時までの物価の変動に応ず

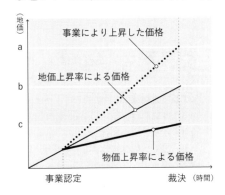

図 7-7 土地収用に対する補償（イメージ）

る修正率を乗じて得た額とする」とされた（新 71 条）。事業認定の時点で価格を固定することによって，補償額から開発利益を除外し，ゴネ得を防ごうとするものである（**価格固定制**）。

しかし，当時は地価上昇率が一般の物価上昇率を上回っていたため，上記の方法による補償額（⇨ 図 7-7 の c）が一般的な地価（同 b）より安くなり，「完全な補償」とはいえないとの批判があった。この点について判断したのが，関西電力変電所事件である（最判平成 14・6・11 民集 56 巻 5 号 958 頁）。原告の土地が電力会社による変電所建設のために収用され，新 71 条にしたがって補償裁決がなされた。原告は補償金の額が過少であると主張し，補償金の増額を求める訴訟を提起した。

最高裁は，農地改革事件を先例として引用し，憲法 29 条 3 項にいう「正当な補償」とは，「その当時の経済状態において成立すると考えられる価格に基づき合理的に算出された相当な額をいう」と述べる。そして，事業の影響によって生じる収用地の価格の変動（開発利益）は起業者に帰属すべきこと，事業認定の告示があったのちは，土地所有者等は起業者に補償金の支払を請求できるから（土地収用法 46 条の 2・46 条の 4），近傍で被収用地にみあった代替地を取得できること等を理由に，価格固定制には十分な合理性があり，違憲とはいえないとした。

本判決は，最高裁が相当補償説に立つことを改めて明示した。もっとも，

判示内容からすると，完全補償説と実質的に異なるわけではないとの見方も有力である。

> ### COLUMN 7-8 「正当な補償」に関する判例の読み方
>
> 　関西電力発電所事件の判示によれば，判例は当初から一貫して相当補償説をとっているように思われる。倉吉都市計画街路事業用地収用事件は，憲法ではなく，当時の土地収用法の解釈を示したものであるから，判例に整合性がないとはいえない。
>
> 　もっとも，関西電力発電所事件は，価格固定制について，「収用の前後を通じて被収用者の有する財産価値を等しくさせるような補償を受けられる」と述べる。これは倉吉都市計画街路事業用地収用事件とほぼ同じ表現なので，完全補償説に立つようにもみえる。
>
> 　しかし，上記のとおり，収用裁決の時点でみると，完全補償とならない可能性があることは否定できないように思われる。最高裁は，にもかかわらず，開発利益が本来起業者に帰属すべきこと，事前に補償金の支払を請求できること等を理由に，「十分な合理性」を認めたものであり，相当補償説に立つと解される。

## ❷ 通損補償

　以上は財産権そのものに対する補償（**権利対価補償**）である。しかし，収用等によって，それ以外の付随的な損失が生じることが多い。

　土地収用法は，土地の一部が収用されたため残地の価格が下がった場合（**残地補償**，74条），収用によってみぞや垣根を設置する必要が生じた場合（**みぞかき補償**，75条），物件の移転が必要となった場合（**移転料**，77条），その他収用によって通常受ける損失（**通損補償**，88条）などについても，補償を認めている。

　これらのすべてが「正当な補償」にあたるかは，必ずしも明らかではない。

## ❸ 精神的損失に対する補償

　住みなれた土地を離れる苦痛など，**精神的損失については，一般に補償が否定されている。**

この点で参考になるのが，福原輪中堤訴訟である（最判昭和 63・1・21 判時 1270 号 67 頁）。原告は輪中堤（水害を防ぐため集落を囲った堤防）で占用許可を得て耕作していたが，河川改修のために占用許可の取消し（講学上の撤回）がなされたので，輪中堤の文化財的価値について損失補償を求めた。

最高裁は，土地収用法 88 条にいう「通常受ける損失」は，収用にもとづいて被収用者が当然受けるであろう経済的・財産的な損失を意味し，**市場価格の形成に影響を与えない文化財的価値は補償の対象とならない**とした。

この判旨からすると，精神的損失についても，補償は必要ないことになるであろう。これに対し，精神的損失にも補償を認めるべきとする有力説がある（宇賀・概説 II 554 頁以下など）。

## ❹ 生活権補償

ダム建設などによって山間部の土地が収用され，集落が消滅することがある。こうした場合，土地の価格を補償するだけでは十分でないことが多い。そこで，被収用者の生活を維持するための補償（**生活権補償**）をすべきかが問題となる。

実務上は，集落が消滅して残存した者に対する補償（少数残存者補償）や，就職の斡旋等が行われている。

しかし，これらが「正当な補償」に含まれるか，含まれるとしても，訴訟で請求できるかは，不明確である。

# 第3節　国家補償の谷間

SECTION 3

## I. 国家補償の谷間とは何か

　国家賠償については，原則として過失責任主義がとられているので（国家賠償法1条1項），違法であっても過失がなければ救済されない。

　損失補償については，適法な財産的損失が対象となるが，生命身体の損失については補償が受けられない。

　**いずれの制度によっても救済できない場合を「国家補償の谷間」**といい，救済の必要や方法が議論されている。

　立法的な対応として，無過失責任を認めたり（国家賠償法2条1項），刑事補償（憲法40条，刑事補償法）のように結果責任を認めるものがある。

　立法がない場合，解釈論でどこまで対応できるかが問題となる。具体例として，予防接種事故による被害の救済について検討しよう。

## II. 予防接種事故による被害者の救済

　伝染病を防ぐための予防接種は，社会にとって有益であるものの，副反応による事故をともなうとされる（「悪魔のくじ」とよばれる）。そこで，それによる被害の救済をどうするかが問題となる。

　かつては予防接種法に補償の定めがなく，その後補償が規定されたものの，当初は低額だったことから，多くの訴訟が提起された。この問題については，損害賠償による対応と，損失補償による対応が考えられる。

　まず，損害賠償について，判例は**原告による過失の立証負担を軽くする努力**を行ってきた。

　最高裁は，インフルエンザ接種禍訴訟において，予防接種を行った医師が適切な問診をつくさなかったため，異常な副反応により被害が生じたときは，

担当医師の過失が推定されるとした（最判昭和 51・9・30 民集 30 巻 8 号 816 頁）。

　続いて，小樽種痘禍訴訟では，予防接種によって後遺障害が発生した場合は，被接種者が禁忌者（熱があるなど予防接種によるリスクが高い者）に該当していたと推定されるとした（最判平成 3・4・19 民集 45 巻 4 号 367 頁，百選 II 217 事件）。

　さらに，すでに検討した東京予防接種禍訴訟控訴審は，厚生大臣（当時）には，禁忌者に予防接種をさせないための措置を怠った過失（組織的過失）があるとして，国の損害賠償責任を認めた（東京高判平成 4・12・18 判時 1445 号 3 頁。⇨ 本章第 1 節 II ❷ (5)c)）。

　こうした判例によって，過失の立証負担はかなり軽減されたが，問題がなくなったわけではない。特に，予防接種体制が整備されたにもかかわらず，副反応が生じた場合は，過失の立証が困難である。

　そこで，**予防接種による被害について，損失補償を認める**ことが有力に主張されている。地裁レベルでは，憲法 29 条 3 項等の類推適用（東京地判昭和 59・5・18 判時 1118 号 28 頁）や，もちろん解釈（大阪地判昭和 62・9・30 判時 1255 号 45 頁，福岡地判平成元・4・18 判時 1313 号 17 頁）によって，損失補償を認めた判決がある。

　損失補償肯定説に対しては，①損失補償は財産権が対象であって，生命身体の侵害には認められない，②予防接種事故を「適法」とみることはできない，という批判がある（前掲東京高判平成 4・12・18）。

　これに対しては，①財産上の犠牲に補償が認められるのであれば，それより価値の高い生命身体の犠牲にはなおさら補償が必要である，②予防接種の実施が適法なのであって，副作用による侵害を適法とするわけではない，という反論がある。

# 第7章 演習問題

**Q1.** 市立小学校の生徒Xが教員から放課後に暴言を受けたことから，市に対して精神的損害の賠償を請求しようとしている場合を考える。

仮に「公権力の行使」（国家賠償法1条1項）について狭義説をとり，当該暴言が「公権力の行使」にあたらないとすると，市に対して損害賠償を求めることができなくなるか。

また，仮に上記の暴言が「職務を行うについて」（同項）という要件を満たさないとすると，市に対して損害賠償を求めることができなくなるか。

**Q2.** 国家賠償法1条1項にいう「違法」の意味については，違法性一元説と職務義務違反説が対立している。両説の内容を説明した上で，不法滞在外国人国民健康保険者証不交付事件（最判平成16・1・15）の事案を例にとって，両説の違いを説明しなさい。

**Q3.** 河川の設置管理の瑕疵に関する最高裁判決として，大東水害訴訟（最判昭和59・1・26）と多摩川水害訴訟（最判平成2・12・13）がある。両判決の関係はどのように理解することができるか。

**Q4.** 憲法上損失補償が必要であるにもかかわらず，財産権を収用または使用する法律に補償の規定がない場合の扱いについては，違憲無効説と請求権発生説が対立している。両説の内容を説明したうえで，それぞれのメリット・デメリットを検討しなさい。

**Q5.** 予防接種事故による被害については，損害賠償のみが認められると
する説（損害賠償説）と，損失補償による救済も認められるとする説
（損失補償説）がある。両説の考え方を説明したうえで，それぞれの
メリット・デメリットを検討しなさい。

解答例                                  **CHAPTER 7 - ANSWER**

**1.** 公権力の行使の要件が満たされていない場合は，国家賠償法1条1項にもとづく損害賠償請求はできないものの，民法（715条など）にもとづいて，市に対して損害賠償を請求することは可能である（⇨ 本章第1節Ⅱ❷(1)）。

これに対し，「職務を行うについて」という要件が満たされていないときは，加害公務員個人の行為と見なされるから，市に対する損害賠償請求はできず，公務員個人に対して民法（709条など）にもとづいて損害賠償を請求することしかできない（⇨ 本章第1節Ⅱ❷(3)）。公務員個人に資力がないときは，賠償を得られない可能性もある。

**2.** 違法性一元説は，国家賠償法1条1項にいう「違法」を，取消訴訟等における違法と同じ意味に解し，加害行為が法の定める要件に違反したことをいうとする。これに対し，職務義務違反説は，公務員が職務上つくすべき注意義務をつくさなかったことをいうとする（⇨ 本章第1節Ⅱ❷(4)a)）。

不法滞在外国人国民健康保険被保険者証不交付事件（⇨ 本章第1節Ⅱ❷(4)c)⑦）を例にとると，違法性一元説によれば，被保険者証の不交付処分が法の定める要件に違反したかどうかを判断し，違反した場合に，区長に故意過失があったかどうかを判断する。そこで，不法滞在外国人に国民健康保険被保険者証の交付を拒否できるか，という問題（通知の内容の当否）について，裁判所の判断が示されることになる。

職務義務違反説によれば，不交付処分が法の定める要件に違反するかどうかを判断するまでもなく，区長が職務上つくすべき注意義務をつくさなかったかを判断する。そこで，上記の問題について，裁判所の判断が示されないことになる。

**3.** 大東水害訴訟は（⇨ 本章第1節Ⅲ❷(2)c)），河川管理の瑕疵について一般
的判断基準（判旨①〜③）を示したうえで，未改修河川についての具体的
判断基準を示している（判旨④）。

これに対し，多摩川水害訴訟では，大東水害訴訟の一般的判断基準
（上記①〜③）を引用したうえで，改修済み河川（改修済みとみなされた河川
も含む）についての具体的判断基準を示している（判旨(ア)）。

そこで，2つの判決は，同じ一般的判断基準によりつつ，未改修河川
と改修済み河川について，それぞれの具体的判断基準を示したものとい
える。

**4.** 違憲無効説は，財産権を剥奪または制限する法律に補償を定めた明文規
定がない場合は，当該法律は違憲無効となるとする。請求権発生説は，
当該法律は違憲無効とならないが，憲法29条3項に直接もとづいて損
失補償を請求できるとする（⇨ 本章第2節Ⅰ❸）。

違憲無効説は，財産権の保護に手厚い点がメリットである反面，財産
権の収用等ができなくなることから，円滑な行政活動を妨げる点がデメ
リットである。

請求権発生説は，財産権の収用等が有効となるので，円滑な行政活動
という点でメリットがある反面，立法者が補償を認めない趣旨で規定を
おかなかった場合，その意思に反するというデメリットがある。

**5.** 損害賠償説（⇨ 本章第3節Ⅱ）は，予防接種事故について，国等が被害者
に対して違法に損害を加えたものと解する。理論構成としては手堅いが，
損害賠償の要件，特に過失の立証が困難である点がデメリットである。

損失補償説は，予防接種の実施それ自体は適法な国家作用であり，そ
れによる被害を適法行為による特別の犠牲と解して，損失を補償すべき
とする。予防接種と損害の因果関係さえ立証できればよいので，被害者
救済に手厚い反面，財産権以外に対して損失補償を認めうるか，生命身
体への侵害を適法な作用といえるかという問題がある。

# 事項索引　INDEX

### あ

| | |
|---|---|
| 青色申告 | 23 |
| 安全管理措置 | 180 |
| 委員 | 72 |
| 委員会 | 69,72 |
| 移管・廃棄義務 | 170 |
| 意見公募手続 | 83 |
| 意見書 | 291 |
| 違憲無効説 | 341 |
| 一元説 | 255 |
| 一身専属的 | 14,228 |
| 一斉検問 | 168 |
| 一定性 | 261,269 |
| 一般競争入札 | 130 |
| 一般処分 | 120 |
| 一般抽象的行為 | 209 |
| 移転料 | 350 |
| 委任条例 | 149 |
| 委任範囲逸脱の禁止 | 81 |
| 委任命令 | 79 |
| 違反金 | 160 |
| 違法 | 102 |
| 違法行為の転換 | 107 |
| 違法行為抑止機能 | 311,321 |
| 違法性 | 310 |
| ——の承継 | 107,242 |
| ——の認識 | 323 |
| 違法判断の基準時 | 242 |
| インカメラ審理 | 177 |
| 営造物の設置管理 | 327 |
| 英米法諸国 | 12,43,190,304 |
| 役務過失 | 304 |
| 応答義務 | 116 |

| | |
|---|---|
| 公の営造物 | 327 |
| 公の用 | 328 |

### か

| | |
|---|---|
| 概括主義 | 191,216,284 |
| 外観上一見明白説 | 104 |
| 外局 | 69 |
| 外局規則 | 80 |
| 外形標準説 | 310,326 |
| 戒告 | 150 |
| 外国にある第三者への提供の制限 | 181 |
| 開示請求権 | 181 |
| 解釈基準 | 85 |
| 解除条件 | 114 |
| 改善義務 | 336 |
| 蓋然性 | 269 |
| 開発利益 | 349 |
| 回避可能性 | 330,331 |
| 回復の困難な損害 | 278 |
| 外部性 | 208 |
| 加害公務員個人の責任 | 326 |
| 加害公務員の特定 | 306 |
| 価格固定制 | 349 |
| 科学的経験則 | 243 |
| 確認 | 95 |
| 確認訴訟 | 272 |
| 加算税 | 160 |
| 過失 | 323 |
| 過失責任主義 | 323 |
| 瑕疵の治癒 | 51,106 |
| 河川 | 332 |
| 課徴金 | 160 |
| 下命 | 95 |
| 仮処分 | 277 |

358

| | |
|---|---|
| 仮の義務付け | 279 |
| 仮の救済 | 277,295 |
| 仮の差止め | 279 |
| 過料 | 159 |
| 管轄裁判所 | 235 |
| 関係地域 | 225 |
| 完結型計画 | 214 |
| 還元不能説 | 256 |
| 監視権 | 66 |
| 慣習法 | 20 |
| 間接強制 | 151 |
| ──調査 | 167 |
| 完全補償説 | 347 |
| 官房 | 70 |
| 管理関係 | 14 |
| 議院内閣制 | 71 |
| 議会 | 71 |
| 機関委任事務 | 72 |
| 機関訴訟 | 196 |
| 棄却判決 | 249 |
| 期限 | 114 |
| 危険責任 | 338 |
| 危険防止 | 343,344 |
| 議事機関 | 71 |
| 基準の設定・公表 | 53 |
| 規制規範 | 26 |
| 規制行政 | 11 |
| 規制権限不行使 | 317 |
| 規制的行政指導 | 132 |
| 規則 | 19 |
| 羈束行為 | 32 |
| 羈束裁量 | 32 |
| 既存不適格 | 210 |
| 機能的瑕疵 | 334 |
| 既判力 | 250 |
| 義務付け訴訟 | 199,259 |
| 義務的執行停止 | 295 |
| 却下判決 | 249 |

| | |
|---|---|
| 客観訴訟 | 194 |
| 客観的注意義務 | 323 |
| 客観的明白説 | 104 |
| 求償 | 325,337 |
| 給付行政 | 11 |
| 教育事務の委託 | 126 |
| 共管事務 | 67,120 |
| (狭義の)訴えの利益 | 226 |
| 教示制度 | 237,288 |
| 行政 | 9 |
| 行政過程における行政争訟 | 282 |
| 行政機関 | 61,64 |
| ──相互間の行為 | 208 |
| 行政機関匿名加工情報 | 181 |
| 行政機関等 | 179 |
| 行政基準 | 78 |
| 行政規則 | 84,208 |
| ──の外部化 | 86 |
| 行政救済法 | 3 |
| 行政計画 | 137 |
| 行政刑罰 | 158 |
| 行政契約 | 126 |
| 行政権の主体 | 155 |
| 行政行為 | 89 |
| ──中心主義 | 90 |
| ──の瑕疵 | 102 |
| 行政国家 | 12 |
| 行政サービスの拒否 | 160 |
| 行政財産 | 328 |
| 行政作用法 | 3 |
| 行政事件訴訟 | 193 |
| 行政指導 | 131 |
| ──指針 | 85,135 |
| ──の中止等の求め | 135 |
| 行政主体 | 61 |
| 行政上の管理関係 | 14 |
| 行政上の義務の司法的執行 | 152 |
| 行政上の強制執行 | 147 |

INDEX

事項索引

| | |
|---|---|
| 行政上の強制徴収 | 152 |
| 行政上の実効性確保手段 | 146 |
| 行政上の制裁 | 158 |
| 行政上の秩序罰 | 159 |
| 行政上の不服申立て | 282 |
| 行政上の法の一般原則 | 21 |
| 行政情報 | 166 |
| 行政審判 | 285 |
| 強制送還 | 157 |
| 行政争訟 | 189 |
| 行政組織法 | 3 |
| 行政訴訟 | 190 |
| 行政代執行 | 148 |
| 行政庁 | 64 |
| 強制調査 | 167 |
| 行政調査 | 167 |
| 行政手続 | 42 |
| 行政の行為形式 | 76 |
| 行政の判断過程 | 31 |
| 行政罰 | 158 |
| 行政不服審査会 | 292 |
| 行政不服審査会等 | 292 |
| 行政文書 | 172 |
| ——ファイル | 170 |
| 行政便宜主義 | 318 |
| 行政立法 | 78 |
| 強迫 | 127 |
| 供用関連瑕疵 | 334 |
| 許可 | 95 |
| 許可工作物 | 334 |
| 局 | 70 |
| 許認可権 | 66 |
| 禁忌者 | 353 |
| 緊急命令 | 79 |
| 均衡の原則 | 23 |
| 禁止 | 95 |
| 近傍類地 | 348 |
| 具体的価値衡量説 | 104 |

| | |
|---|---|
| 国 | 61 |
| 国または公共団体 | 328 |
| 訓令 | 84 |
| 訓令権 | 66 |
| 計画高水流量 | 333 |
| 計画裁量 | 139 |
| 警察制限 | 344 |
| 形式的当事者訴訟 | 195,272 |
| 形成的行為 | 93 |
| 形成力 | 250 |
| 契約 | 203 |
| 契約締結強制 | 128,130 |
| 結果責任 | 352 |
| 決定 | 293 |
| 権限争議の決定権 | 66 |
| 権限の委任 | 65 |
| 原告適格 | 214 |
| ——の定式 | 219 |
| 検査 | 167 |
| 現在の科学技術水準 | 243 |
| 原処分主義 | 240 |
| 建築確認の留保 | 133 |
| 県費負担教職員 | 337 |
| 憲法 | 18 |
| ——構造論 | 28 |
| ——遵守義務 | 313 |
| 顕名主義 | 66 |
| 権利制限・拡張区分説 | 248 |
| 権利対価補償 | 350 |
| 権利保護手続 | 43 |
| 権力関係 | 14 |
| 権力行政 | 11 |
| 権力的事実行為 | 207,268,285,293 |
| 権力分立 | 9 |
| 権力留保説 | 27 |
| 故意 | 323 |
| 公害防止協定 | 126 |
| 効果裁量 | 34 |

| | | | | |
|---|---|---|---|---|
| 効果裁量説 | 33 | | 5 要件説 | 319 |
| 合議制の機関 | 324 | | 根拠規範 | 26 |
| 広義の訴えの利益 | 226 | | 根拠法令趣旨解釈説 | 319 |

（さ）

| | |
|---|---|
| 裁決 | 293 |
| ——固有の瑕疵 | 241 |
| ——主義 | 241 |
| 財産権の主体 | 155 |
| 最小限の審査 | 39 |
| 再審査請求 | 284 |
| 財政的制約 | 330,332 |
| 最大限の審査 | 39 |
| 再調査の請求 | 284 |
| 裁判行為 | 312 |
| 裁判の公開 | 177 |
| 裁判を受ける権利 | 191,284 |
| 裁量基準 | 85 |
| —— の拘束力 | 87 |
| 裁量権収縮論 | 318 |
| 裁量権消極的濫用論 | 318 |
| 裁量権の逸脱 | 37 |
| 裁量権の逸脱濫用 | 37 |
| 裁量権の濫用 | 38 |
| 裁量行為 | 32 |
| 裁量的開示 | 175 |
| 裁量的執行停止 | 295 |
| 詐欺 | 127 |
| 錯誤 | 127 |
| 差止訴訟 | 200,266 |
| 作用法的機関概念 | 64 |
| 参加手続 | 43 |
| 参加人 | 123,290 |
| 3 号措置 | 309 |
| 3 条機関 | 70 |
| 三段階構造モデル | 90 |
| 残地補償 | 350 |
| 参与機関 | 65 |

| | |
|---|---|
| 公共安全情報 | 174 |
| 公共組合 | 62 |
| 公共施設の設置管理 | 204 |
| 公権力性 | 202 |
| 公権力の行使 | 307 |
| 抗告訴訟 | 195 |
| 工作物責任 | 327 |
| 公証 | 96 |
| 控除説 | 9 |
| 拘束力 | 251 |
| 公訴提起 | 311 |
| 公聴会の開催等 | 119 |
| 公定力 | 96 |
| 口頭意見陳述 | 291 |
| 公文書管理制度 | 170 |
| 公法上の当事者訴訟 | 195,272 |
| 公務員 | 61,308 |
| 告示 | 85,211 |
| 告知・聴聞 | 46 |
| 国内公法説 | 13 |
| 国民主権 | 171 |
| 国立大学法人 | 62 |
| 個人識別型 | 173 |
| 個人識別符号 | 179 |
| 個人情報 | 172,179 |
| ——保護委員会 | 182 |
| ——保護制度 | 178 |
| 個人メモ | 172 |
| 国家安全情報 | 174 |
| 国家賠償 | 303 |
| 国家補償 | 302 |
| 国家補償の谷間 | 352 |
| ゴネ得 | 349 |
| 個別具体説 | 248 |
| 個別審査義務 | 87 |

| | |
|---|---|
| 恣意抑制 ⋯⋯⋯⋯⋯⋯⋯⋯ 49 | 指定法人 ⋯⋯⋯⋯⋯⋯⋯ 63,235 |
| 始期 ⋯⋯⋯⋯⋯⋯⋯⋯⋯ 114 | 私的自治の原理 ⋯⋯⋯⋯⋯ 25 |
| 指揮監督権 ⋯⋯⋯⋯⋯⋯⋯ 66 | 指導要録 ⋯⋯⋯⋯⋯⋯⋯⋯ 181 |
| 事業損失 ⋯⋯⋯⋯⋯⋯⋯⋯ 334 | 事物管轄 ⋯⋯⋯⋯⋯⋯⋯⋯ 235 |
| しくみ解釈 ⋯⋯⋯⋯⋯⋯⋯ 77 | 司法 ⋯⋯⋯⋯⋯⋯⋯⋯⋯⋯ 9 |
| 私経済関係 ⋯⋯⋯⋯⋯⋯⋯ 14 | ── 国家 ⋯⋯⋯⋯⋯⋯⋯ 12 |
| 自己責任説 ⋯⋯⋯⋯⋯⋯⋯ 305 | 司法審査の手法 ⋯⋯⋯⋯⋯ 40 |
| 事後手続 ⋯⋯⋯⋯⋯⋯⋯⋯ 42 | 司法審査の密度 ⋯⋯⋯⋯⋯ 38 |
| 自己の法律上の利益に関係のない違法事由 | 事務局 ⋯⋯⋯⋯⋯⋯⋯⋯⋯ 70 |
| ⋯⋯⋯⋯⋯⋯⋯⋯⋯⋯ 240 | 事務事業情報 ⋯⋯⋯⋯⋯⋯ 175 |
| 事実行為 ⋯⋯⋯⋯⋯⋯⋯⋯ 206 | 事務配分的機関概念 ⋯⋯⋯⋯ 64 |
| 事実上の推認 ⋯⋯⋯⋯⋯⋯ 248 | 氏名等の公表 ⋯⋯⋯⋯⋯⋯ 160 |
| 事実上の強制 ⋯⋯⋯⋯⋯⋯ 133 | 諮問機関 ⋯⋯⋯⋯⋯⋯⋯⋯ 64 |
| 自主条例 ⋯⋯⋯⋯⋯⋯⋯⋯ 149 | 釈明処分の特則 ⋯⋯⋯⋯⋯ 244 |
| 自主立法権 ⋯⋯⋯⋯⋯⋯⋯ 80 | 終期 ⋯⋯⋯⋯⋯⋯⋯⋯⋯ 114 |
| 事情判決 ⋯⋯⋯⋯ 213,230,249 | 収去 ⋯⋯⋯⋯⋯⋯⋯⋯⋯ 167 |
| 私人 ⋯⋯⋯⋯⋯⋯⋯⋯⋯⋯ 61 | 自由裁量 ⋯⋯⋯⋯⋯⋯⋯⋯ 32 |
| 施設等機関 ⋯⋯⋯⋯⋯⋯⋯ 70 | 従事者の義務 ⋯⋯⋯⋯⋯⋯ 180 |
| 自然公物 ⋯⋯⋯⋯⋯⋯ 328,332 | 修正裁決 ⋯⋯⋯⋯⋯⋯⋯⋯ 241 |
| 事前告知 ⋯⋯⋯⋯⋯⋯⋯⋯ 169 | 重大説 ⋯⋯⋯⋯⋯⋯⋯⋯⋯ 104 |
| 自然的正義 ⋯⋯⋯⋯⋯⋯⋯ 43 | 重大な損害 ⋯⋯⋯ 262,269,278 |
| 事前手続 ⋯⋯⋯⋯⋯⋯⋯⋯ 42 | 重大明白説 ⋯⋯⋯⋯⋯⋯⋯ 104 |
| 自然の自由 ⋯⋯⋯⋯⋯⋯⋯ 93 | 住民自治 ⋯⋯⋯⋯⋯⋯⋯⋯ 171 |
| 自治事務 ⋯⋯⋯⋯⋯⋯⋯⋯ 72 | 住民訴訟 ⋯⋯⋯⋯⋯⋯ 130,196 |
| 市町村長 ⋯⋯⋯⋯⋯⋯⋯⋯ 71 | 重要事項留保説 ⋯⋯⋯⋯⋯ 27 |
| 執行機関 ⋯⋯⋯⋯⋯⋯⋯⋯ 65 | 授益的行為 ⋯⋯⋯ 27,28,37,91 |
| ── の多元主義 ⋯⋯⋯⋯⋯ 71 | 主観訴訟 ⋯⋯⋯⋯⋯⋯⋯⋯ 194 |
| 執行停止 ⋯⋯⋯⋯⋯⋯⋯⋯ 277 | 授権代理 ⋯⋯⋯⋯⋯⋯⋯⋯ 66 |
| 実効的な救済 ⋯⋯⋯⋯⋯⋯ 213 | 主権無答責の法理 ⋯⋯⋯⋯ 303 |
| 執行罰 ⋯⋯⋯⋯⋯⋯⋯⋯⋯ 151 | 主宰者 ⋯⋯⋯⋯⋯⋯⋯⋯⋯ 122 |
| 執行不停止原則 ⋯⋯⋯⋯ 278,295 | 主張事由の制限 ⋯⋯⋯⋯⋯ 239 |
| 執行命令 ⋯⋯⋯⋯⋯⋯⋯⋯ 79 | 首長制 ⋯⋯⋯⋯⋯⋯⋯⋯⋯ 71 |
| 執行力 ⋯⋯⋯⋯⋯⋯⋯⋯⋯ 101 | 出訴期間 ⋯⋯⋯⋯⋯⋯⋯⋯ 237 |
| 実質的当事者訴訟 ⋯⋯⋯ 195,272 | 受理 ⋯⋯⋯⋯⋯⋯⋯⋯⋯⋯ 96 |
| 実体的審査 ⋯⋯⋯⋯⋯⋯⋯ 40 | 準名宛人 ⋯⋯⋯⋯⋯⋯⋯⋯ 214 |
| 実体法上の列記主義 ⋯⋯⋯ 216 | 準法律行為的行政行為 ⋯⋯⋯ 92 |
| 質問 ⋯⋯⋯⋯⋯⋯⋯⋯⋯⋯ 167 | 省 ⋯⋯⋯⋯⋯⋯⋯⋯⋯⋯⋯ 68 |
| 指定確認検査機関 ⋯⋯ 63,235,308 | 照応原則 ⋯⋯⋯⋯⋯⋯⋯⋯ 256 |

| | |
|---|---|
| 消極説 | 9 |
| 条件 | 114 |
| 少数残存者補償 | 351 |
| 状態責任 | 345 |
| 情報公開 | 171 |
| 情報公開・個人情報保護審査会 | 177 |
| 情報公開制度 | 171 |
| 情報提供制度 | 171 |
| 情報の提供 | 119 |
| 証明責任 | 246 |
| 条約 | 18 |
| 条理 | 21 |
| 省令 | 80 |
| 条例 | 19,80 |
| 条例制定権 | 19 |
| ―― の限界 | 19 |
| 職務関連性 | 310 |
| 職務行為基準説 | 311 |
| 助成的行政指導 | 132 |
| 職権証拠調べ | 244 |
| 職権進行主義 | 290 |
| 職権探知主義 | 245,289 |
| 職権取消し | 110 |
| 処分 | 91,201 |
| 処分基準 | 121,233 |
| ―― の設定・公表 | 121 |
| 処分時説 | 242 |
| 処分性 | 201 |
| ―― の定式 | 202 |
| 処分等の求め | 124 |
| 書面審理 | 290 |
| 自力救済禁止の原則 | 147 |
| 知る権利 | 171 |
| 侵害的行為 | 27,37,92 |
| 侵害留保説 | 27 |
| 審議会等 | 69 |
| 審議検討情報 | 174 |
| 信義則 | 21 |

| | |
|---|---|
| 人工公物 | 328,332 |
| 審査開始義務 | 118 |
| 審査基準 | 117 |
| ―― の設定・公表 | 117 |
| 審査請求 | 284 |
| ―― の形式 | 286,288 |
| ―― の資格 | 285,287 |
| ―― の対象 | 285,287 |
| ―― の適法要件 | 285 |
| ―― の利益 | 286,287 |
| 審査請求前置 | 236 |
| ―― 主義 | 236 |
| 審査庁 | 286,287 |
| 紳士協定 | 127 |
| 申請型義務付け訴訟 | 199,264 |
| 申請権 | 116,199,207,259 |
| 申請に対する拒否 | 207 |
| 申請に対する処分 | 116 |
| 信頼保護原則 | 21 |
| 審理員 | 290 |
| ―― 意見書 | 291 |
| 審理関係人 | 291 |
| 水害 | 332 |
| スモン病 | 319 |
| 正確性の確保 | 180 |
| 生活権補償 | 351 |
| 請求権発生説 | 341 |
| 政治的・政策的裁量 | 35 |
| 成熟性 | 209 |
| 精神的損失 | 350 |
| 正当な補償 | 347 |
| 正当の理由 | 128 |
| 成文法源 | 17 |
| 政令 | 80 |
| 積極説 | 9 |
| 積極的作為義務 | 252 |
| 設権行為 | 95 |
| 絶対効説 | 250 |

INDEX

事項索引

363

| | | | |
|---|---|---|---|
| 設置管理 | 328 | 第三者機関 | 292 |
| ——者 | 337 | 第三者効 | 263,272 |
| 接道義務 | 108,211 | 第三者再審の訴え | 250 |
| 説明責任 | 171 | 第三者の訴訟参加 | 245,250 |
| 選挙訴訟 | 196 | 代執行権 | 66 |
| 専決・代決 | 66 | 代執行令書 | 150 |
| 戦争損害 | 343 | 対象選択の適否 | 273 |
| 選任監督者 | 337 | 代替的作為義務 | 148 |
| 全部留保説 | 27 | 滞納処分 | 152 |
| 専門技術的裁量 | 35 | 代理 | 65,95 |
| 前歴 | 232 | 大陸法諸国 | 12,43,190,304 |
| 相互保証主義 | 305 | 立入り | 167 |
| 争訟裁断行為 | 101 | 短期消滅時効 | 14 |
| 争訟取消し | 111 | 知事 | 71 |
| 相対効説 | 250 | 地方公共団体 | 61 |
| 相当の期間 | 259,287 | 地方公社 | 62 |
| 相当補償説 | 347 | 地方支分部局 | 70 |
| 双方代理 | 128 | 地方独立行政法人 | 63 |
| 訴願前置主義 | 236 | 注意義務違反 | 323 |
| 即時確定の必要性 | 274 | 中程度の審査 | 39 |
| 即時強制 | 156 | 庁 | 69 |
| 即時執行 | 156 | 長 | 71 |
| 組織規範 | 26 | 調査官解説 | 4 |
| 組織共用文書 | 172 | 調査義務違反説 | 104 |
| 組織的過失 | 324 | 調書 | 123 |
| 訴訟参加 | 245 | 調整的行政指導 | 132 |
| 行政庁の—— | 246 | 調達行政 | 11 |
| 訴訟承継 | 228 | 聴聞 | 122 |
| 訴訟物 | 239 | 直接強制 | 150 |
| 訴訟要件 | 201 | ——調査 | 168 |
| 疎明 | 279 | 通告処分制度 | 158 |
| 損失補償 | 340,353 | 通損補償 | 350 |
| 存否応答拒否 | 175 | 通達 | 84 |
| | | 通知 | 84,96 |
| | | 償うことのできない損害 | 280 |
| 代位責任説 | 305 | 停止条件 | 114 |
| 退去強制令書の執行 | 157 | 訂正請求権 | 181 |
| 対抗要件 | 14 | 適正手続条項 | 43 |

た

| | |
|---|---|
| 適正な取得 | 180 |
| 適当な方法 | 262 |
| 適法性推定説 | 247 |
| 手数料 | 176 |
| 撤回 | 112 |
| 撤回権の留保 | 115 |
| 手続瑕疵の効果 | 53 |
| 手続裁量 | 34 |
| 手続的審査 | 40 |
| 電磁的記録 | 172 |
| 時の裁量 | 35 |
| 特殊法人 | 62 |
| 特定管轄裁判所 | 236 |
| 特別権力関係論 | 29 |
| 特別地方公共団体 | 62 |
| 特別の機関 | 70 |
| 特別法説 | 13 |
| 独立行政法人 | 62 |
| 独立命令 | 79 |
| 都市計画制限 | 345 |
| 土地管轄 | 235 |
| 特許 | 95 |
| 届出 | 125 |
| 取消し | 103 |
| 取消・停止権 | 66 |
| 取消訴訟 | 198 |
| ――の排他的管轄 | 96 |
| 取消判決 | 249 |
| ――の第三者効 | 245,250 |
| 努力義務 | 116 |

## な

| | |
|---|---|
| 内閣 | 68 |
| 内閣総理大臣 | 68 |
| ――の異議 | 281 |
| 内閣府 | 68 |
| 内閣府令 | 80 |
| 二元説 | 255 |

| | |
|---|---|
| 二元代表制 | 71 |
| 2項道路 | 211 |
| 二重効果的（複効的）行政行為 | 92 |
| 日本司法支援センター | 62 |
| 入所措置 | 309 |
| 任意調査 | 167 |
| 認可 | 95 |
| 認容判決 | 249 |

## は

| | |
|---|---|
| バイパス理論 | 153 |
| 8条機関 | 70 |
| 剥権行為 | 95 |
| 発信主義 | 286 |
| パブリック・コメント | 84 |
| 判決時説 | 242 |
| 反射的利益論 | 318,323 |
| 反則金通告制度 | 158 |
| 判断過程審査 | 40 |
| 反復禁止効 | 251 |
| 判例法 | 21 |
| 反論書 | 291 |
| 非完結型計画 | 213 |
| 非権力行政 | 11 |
| 被告適格 | 234 |
| 非申請型義務付け訴訟 | 199,261 |
| 必要性の原則 | 23 |
| 標準処理期間 | 118 |
| 平等原則 | 24 |
| 費用負担者 | 337 |
| 平野事件 | 191,280 |
| 比例原則 | 23 |
| 部 | 70 |
| 封鎖 | 151 |
| 不開示情報 | 172,181 |
| 不可抗力 | 332 |
| 不可争力 | 100 |
| 不可変更力 | 101,294 |

| | | | |
|---|---|---|---|
| 附款 | 113 | 方法選択の適否 | 275 |
| 不作為の違法確認訴訟 | 199,257 | 法律 | 18 |
| 付随的な効果 | 232 | 法律行為的行政行為 | 92 |
| 附属機関 | 69 | 法律上の争訟 | 154,194 |
| 負担 | 114 | 法律上の利益 | 214 |
| 普通財産 | 203,328 | 　回復すべき ―― | 227,231 |
| 普通地方公共団体 | 62 | 法律先占論 | 19 |
| 不適正な利用の禁止 | 180 | 「法律による行政」の原理 | 25 |
| 不当 | 102,289 | 法律要件分類説 | 247 |
| 不服申立便宜 | 49 | 法令にもとづく申請 | 199,258 |
| 部分開示 | 175 | 保護 | 156 |
| 不文法源 | 17 | 補充行為 | 95 |
| 不要式行為 | 91 | 補充性 | 254,262,271,275 |
| プライバシー型 | 173 | 補助機関 | 64 |
| プライバシー権 | 178 | 補助金 | 160,337 |
| 不利益処分 | 120 | 保存義務 | 170 |
| 不利益変更の禁止 | 294 | 保有個人情報 | 179 |
| 文書閲覧 | 48 | 保有の制限 | 180 |
| 文書作成義務 | 170 | 本質性理論 | 27 |
| 文書等の閲覧 | 123 | 本人 | 180 |
| 併合提訴 | 265 | 本来の効用 | 345 |
| 便宜裁量 | 32 | 本来の用法 | 335 |
| 弁明書 | 124,291 | | |
| 弁明の機会の付与 | 124 | **ま** | |
| 弁論主義 | 289 | | |
| 包括的委任の禁止 | 80 | みぞかき補償 | 344,350 |
| 法規 | 78 | 美濃部三原則 | 33 |
| 法規裁量 | 32 | 民営化 | 308 |
| 法規命令 | 79 | 民事訴訟 | 196 |
| 法源 | 17 | 　―― の基本原則 | 177 |
| 報告書 | 124 | 民衆訴訟 | 195 |
| 法人等情報 | 174 | 民主主義の理念 | 171 |
| 法定外抗告訴訟 | 197 | 無過失責任 | 352 |
| 法定受託義務 | 72 | 　―― 主義 | 327 |
| 法定代理 | 66 | 無権代理行為の追認 | 128 |
| 法的義務 | 116 | 無効 | 103 |
| 法的効果 | 205 | 無効等確認訴訟 | 198,253 |
| 法の一般原則 | 21 | 無名抗告訴訟 | 197 |
| | | 明白性補充要件説 | 104 |

| | | | | |
|---|---|---|---|---|
| 名誉回復 | 233 | 利用目的の明示 | 180 |
| 命令 | 19 | 令状主義 | 169 |
| 命令的行為 | 93 | 列記主義 | 191 |
| 命令等 | 83 | 漏えい等の報告等 | 180 |
| 命令等制定機関 | 83 | | |
| 免除 | 95 | | |
| 目的手段プログラム | 137 | | |
| 目的達成不能説 | 256 | | |
| 目的適合性の原則 | 23 | | |

## や

| | |
|---|---|
| 薬害訴訟 | 317 |
| 優遇税制 | 160 |
| 有体物 | 327 |
| 要件効果プログラム | 137 |
| 要件裁量 | 34 |
| 要件裁量説 | 33 |
| 要綱 | 85 |
| ―― 行政 | 132 |
| 要式行為 | 91 |
| 用途地域の指定 | 345 |
| 予見可能性 | 331 |
| 予防接種 | 352 |

## ら

| | |
|---|---|
| 離隔距離 | 344 |
| 立証責任 | 246 |
| 立法 | 9 |
| ―― 行為 | 312 |
| 理由の告知 | 169 |
| 理由の差替え | 51 |
| 理由の追完 | 51 |
| 理由の提示 | 49,119,122 |
| ―― の程度 | 49 |
| 理由付記 | 49,119,122 |
| 利用及び提供の制限 | 181 |
| 利用停止請求権 | 182 |
| 利用目的の特定 | 180 |

INDEX

事項索引

**367**

# 判例索引　**CASE INDEX**

## 大審院・最高裁判所

大判大正 5・6・1（民録 22 輯 1088 頁。徳島遊動円棒事件）　　　　　　　　304

最判昭和 27・1・25（民集 6 巻 1 号 22 頁。高知県農地買取消請求事件）　　　243

最判昭和 27・11・20（民集 6 巻 10 号 1038 頁）　　　　　　　　　　　　237

最大判昭和 28・2・18（民集 7 巻 2 号 157 頁。大分県農地委員会事件）　　　15

最大判昭和 28・12・23（民集 7 巻 13 号 1523 頁。農地改革事件）　　　　347

最大判昭和 28・12・23（民集 7 巻 13 号 1561 頁。皇居前広場事件）　　　233

最判昭和 29・1・21（民集 8 巻 1 号 102 頁。中川原村農地買収事件）　　　101

最大判昭和 29・7・19（民集 8 巻 7 号 1387 頁。広島県農地買収計画事件）　107

最判昭和 29・10・14（民集 8 巻 10 号 1858 頁）　　　　　　　　　　　289

最判昭和 30・4・19（民集 9 巻 5 号 534 頁。農地委員会解散命令事件）　　326

最判昭和 31・11・30（民集 10 巻 11 号 1502 頁。警察官強盗殺人事件）　　310

最大判昭和 32・12・28（刑集 11 巻 14 号 3461 頁。政令 201 号事件）　　21

最判昭和 34・1・29（民集 13 巻 1 号 32 頁。東山村消防長同意取消事件）　208

最大判昭和 35・3・9（民集 14 巻 3 号 355 頁。区議会議員除名処分取消請求事件）　227

最判昭和 35・3・31（民集 14 巻 4 号 663 頁。富山県財産税事件）　　　　15

最判昭和 35・7・12（民集 14 巻 9 号 1744 頁。普通財産売払事件）　　　203

最判昭和 36・3・7（民集 15 巻 3 号 381 頁。山林所得課税事件）　　　　104

最大判昭和 36・3・15（民集 15 巻 3 号 467 頁）　　　　　　　　　　　206

最判昭和 36・4・21（民集 15 巻 4 号 850 頁。矢掛川農地買収事件）　　　98

最判昭和 36・7・14（民集 15 巻 7 号 1814 頁。尼崎市農地買収事件）　　106

最判昭和 38・5・31（民集 17 巻 4 号 617 頁。小石川税務署所得税増額更正事件）　49

最判昭和 38・6・4（民集 17 巻 5 号 670 頁）　　　　　　　　　　　　206

最大判昭和 38・6・26（刑集 17 巻 5 号 521 頁。奈良県ため池条例事件）　344

最判昭和 39・10・29（民集 18 巻 8 号 1809 頁。大田区ゴミ焼却場設置事件）　202,204

最大判昭和 40・4・28（民集 19 巻 3 号 721 頁。名古屋郵政局職員免職処分取消請求事件）　227

最大判昭和 41・2・23（民集 20 巻 2 号 271 頁。高円寺土地区画整理事業計画事件）　212

最大判昭和 41・2・23（民集 20 巻 2 号 320 頁。茨城県農業共済組合連合会事件）　153

最判昭和 42・4・7（民集 21 巻 3 号 572 頁）　　　　　　　　　　　　248

最大判昭和 42・5・24（民集 21 巻 5 号 1043 頁。朝日訴訟）　　　　　　228

最判昭和 43・11・7（民集 22 巻 12 号 2421 頁。玉川地区農地買収計画職権取消事件）　111

最大判昭和 43・11・27（刑集 22 巻 12 号 1402 頁。名取川河川附近地制限令事件）　341

最大判昭和 43・11・27（民集 22 巻 12 号 2808 頁。在外資産喪失補償請求事件）············ 343

最判昭和 43・12・24（民集 22 巻 13 号 3147 頁。墓地埋葬通達事件）············ 86,208,274

最判昭和 43・12・24（民集 22 巻 13 号 3254 頁。東京 12 チャンネル事件）············ 234

最大判昭和 45・7・15（民集 24 巻 7 号 771 頁。供託金取戻請求却下事件）············ 203

最判昭和 45・8・20（民集 24 巻 9 号 1268 頁。高知落石事件）············ 330

最判昭和 46・6・24（民集 25 巻 4 号 574 頁。未登記立木強制執行事件）············ 323

最判昭和 46・10・28（民集 25 巻 7 号 1037 頁。個人タクシー事件）············ 47,55,86,118

最大判昭和 47・11・22（刑集 26 巻 9 号 554 頁。川崎民商事件）············ 169

最判昭和 47・11・30（民集 26 巻 9 号 1746 頁。長野勤評事件）············ 267,274

最判昭和 47・12・5（民集 26 巻 10 号 1795 頁。大分県税務署法人税増額更正事件）············ 51

最判昭和 48・4・26（民集 27 巻 3 号 629 頁。譲渡所得課税無効事件）············ 105

最決昭和 48・7・10（刑集 27 巻 7 号 1205 頁。荒川民商事件）············ 168

最判昭和 48・10・18（民集 27 巻 9 号 1210 頁。倉吉都市計画街路事業用地収用事件）············ 348

最判昭和 49・2・5（民集 28 巻 1 号 1 頁。東京都中央卸売市場事件）············ 343

最大判昭和 49・11・6（刑集 28 巻 9 号 393 頁。猿払事件）············ 81

最判昭和 49・12・10（民集 28 巻 10 号 1868 頁）············ 228

最判昭和 50・2・25（民集 29 巻 2 号 143 頁。陸上自衛隊事件）············ 15

最判昭和 50・5・29（民集 29 巻 5 号 662 頁。群馬中央バス事件）············ 47,55

最判昭和 50・6・26（民集 29 巻 6 号 851 頁。赤色灯標柱事件）············ 330

最判昭和 50・7・25（民集 29 巻 6 号 1136 頁。故障トラック放置事件）············ 331

最大判昭和 50・9・10（刑集 29 巻 8 号 489 頁。徳島市公安条例事件）············ 19

最判昭和 50・11・28（民集 29 巻 10 号 1754 頁。鬼ヶ城事件）············ 337

最判昭和 51・9・30（民集 30 巻 8 号 816 頁。インフルエンザ接種禍訴訟）············ 352

最判昭和 52・12・20（民集 31 巻 7 号 1101 頁。神戸全税関事件）············ 32

最判昭和 53・2・23（民集 32 巻 1 号 11 頁。酒田市市議会事件）············ 15

最判昭和 53・3・14（民集 32 巻 2 号 211 頁。主婦連ジュース訴訟）············ 217,285

最判昭和 53・6・16（刑集 32 巻 4 号 605 頁。余目町個室付浴場事件）············ 99

最判昭和 53・7・4（民集 32 巻 5 号 809 頁。道路防護柵子供転落事件）············ 335

最大判昭和 53・10・4（民集 32 巻 7 号 1223 頁。マクリーン事件）············ 35,87

最判昭和 53・10・20（民集 32 巻 7 号 1367 頁。芦別国家賠償事件）············ 311

最判昭和 53・12・8（民集 32 巻 9 号 1617 頁。成田新幹線訴訟）············ 209

最判昭和 54・12・25（民集 33 巻 7 号 753 頁。横浜税関事件）············ 206

最決昭和 55・9・22（刑集 34 巻 5 号 272 頁。飲酒運転一斉検問事件）············ 168

最判昭和 55・11・25（民集 34 巻 6 号 781 頁。運転免許停止処分取消請求事件）············ 232,233

最判昭和 56・1・27（民集 35 巻 1 号 35 頁。宜野座村工場誘致事件）············ 22,55

最判昭和 56・4・7（民集 35 巻 3 号 443 頁。板まんだら事件）············ 155,194

CASE INDEX

判例索引

最大判昭和 56・12・16（民集 35 巻 10 号 1369 頁。大阪空港訴訟）・・・・・・・・・・・・・・・・・ 204,334

最判昭和 57・3・12（民集 36 巻 3 号 329 頁。大阪民事判決国家賠償事件）・・・・・・・・・・・ 312

最判昭和 57・4・1（民集 36 巻 4 号 519 頁。岡山税務署健康診断事件）・・・・・・・・・・・・・ 306

最判昭和 57・4・22（民集 36 巻 4 号 705 頁。盛岡用途地域指定事件）・・・・・・・・・・・・・ 140,210

最大判昭和 57・7・7（民集 36 巻 7 号 1235 頁。堀木訴訟）・・・・・・・・・・・・・・・・・・・・・・・ 242

最判昭和 57・7・15（民集 36 巻 6 号 1169 頁。交通反則金納付通告取消訴訟）・・・・・・・ 158

最判昭和 57・9・9（民集 36 巻 9 号 1679 頁。長沼訴訟）・・・・・・・・・・・・・・・・・・・・・・・・・ 218,226

最判昭和 58・2・18（民集 37 巻 1 号 59 頁。高松ガソリンスタンド事件）・・・・・・・・・・・ 344

最判昭和 58・4・5（判時 1077 号 50 頁。京都弁護士会業務停止処分取消請求事件）・・・ 232

最判昭和 59・1・26（民集 38 巻 2 号 53 頁。大東水害訴訟）・・・・・・・・・・・・・・・・・・・・・ 332

最判昭和 59・10・26（民集 38 巻 10 号 1169 頁。仙台市建築確認処分取消請求事件）・・・ 229,230

最大判昭和 59・12・12（民集 38 巻 12 号 1308 頁）・・・・・・・・・・・・・・・・・・・・・・・・・・・・・ 206

最判昭和 60・1・22（民集 39 巻 1 号 1 頁。旅券発給拒否事件）・・・・・・・・・・・・・・・・・・・ 49

最判昭和 60・7・16（民集 39 巻 5 号 989 頁。品川マンション事件）・・・・・・・・・・ 133,143,240

最判昭和 60・11・21（民集 39 巻 7 号 1512 頁。在宅投票制度廃止違憲訴訟）・・・・・・・ 312,323

最判昭和 60・12・17（判時 1179 号 56 頁。伊達火力発電所訴訟）・・・・・・・・・・・・・・・・・ 222

最判昭和 61・2・27（民集 40 巻 1 号 124 頁。富山パトカー追跡事件）・・・・・・・・・・・・・ 322

最判昭和 61・3・25（民集 40 巻 2 号 472 頁。点字ブロック未設置転落事件）・・・・・・・ 336

最判昭和 62・2・6（判時 1232 号 100 頁。プール飛び込み事件）・・・・・・・・・・・・・・・・・ 307,321

最判昭和 62・4・17（民集 41 巻 3 号 286 頁。千葉県換地処分無効確認請求事件）・・・・ 256

最判昭和 62・4・21（民集 41 巻 3 号 309 頁。米子鉄道郵便局事件）・・・・・・・・・・・・・・・ 241

最判昭和 62・10・30（判時 1262 号 91 頁。青色申告承認申請懈怠事件）・・・・・・・・・・・ 21,55

最判昭和 63・1・21（判時 1270 号 67 頁。福原輪中堤訴訟）・・・・・・・・・・・・・・・・・・・・・ 351

最判昭和 63・6・17（判時 1289 号 39 頁。優生保護医指定撤回事件）・・・・・・・・・・・・・・ 112

最決昭和 63・10・28（刑集 42 巻 8 号 1239 頁。スピード違反公訴提起事件）・・・・・・・ 99

最判平成元・2・17（民集 43 巻 2 号 56 頁。新潟空港訴訟）・・・・・・・・・・・・・・・・・・・・・ 218,240

最判平成元・4・13（判時 1313 号 121 頁。近鉄特急事件）・・・・・・・・・・・・・・・・・・・・・・・ 222

最判平成元・6・20（判時 1334 号 201 頁。伊場遺跡訴訟）・・・・・・・・・・・・・・・・・・・・・・・ 222

最決平成元・11・8（判時 1328 号 16 頁。武蔵野市水道法違反事件）・・・・・・・・・・・・・・ 128,141

最判平成元・11・24（民集 43 巻 10 号 1169 頁。京都宅建業者事件）・・・・・・・・・・・・・・・ 320

最判平成 2・1・18（民集 44 巻 1 号 1 頁。福岡伝習館高校事件）・・・・・・・・・・・・・・・・・ 85

最判平成 2・2・1（民集 44 巻 2 号 369 頁。サーベル登録拒否事件）・・・・・・・・・・・・・・・ 81,242

最判平成 2・12・13（民集 44 巻 9 号 1186 頁。多摩川水害訴訟）・・・・・・・・・・・・・・・・・・ 333

最判平成 3・4・19（民集 45 巻 4 号 367 頁。小樽種痘禍訴訟）・・・・・・・・・・・・・・・・・・・ 353

最判平成 3・7・9（民集 45 巻 6 号 1049 頁。幼児接見不許可事件）・・・・・・・・・・・・・・・ 82,316

最判平成 4・1・24（民集 46 巻 1 号 54 頁。八鹿町土地改良事業施行認可処分取消請求事件）・・・ 230,231

最大判平成 4・7・1（民集 46 巻 5 号 437 頁。成田新法事件）···································· 44

最判平成 4・9・22（民集 46 巻 6 号 571 頁，1090 頁。もんじゅ訴訟）············ 220,254,256

最判平成 4・10・29（民集 46 巻 7 号 1174 頁。伊方原発訴訟）·············· 35,87,243,248

最判平成 5・2・18（民集 47 巻 2 号 574 頁。武蔵野市教育施設負担金事件）········ 134,307

最判平成 5・2・25（民集 47 巻 2 号 643 頁。厚木基地第 1 次訴訟）······················ 205

最判平成 5・3・11（民集 47 巻 4 号 2863 頁。奈良過大更正国家賠償事件）··········· 315

最判平成 5・3・30（民集 47 巻 4 号 3226 頁。審判台転倒事件）························· 335

最判平成 5・9・10（民集 47 巻 7 号 4955 頁）····································· 231

最判平成 7・7・7（民集 49 巻 7 号 1870 頁，2599 頁。国道 43 号線公害訴訟）······· 205,329

最判平成 9・1・28（民集 51 巻 1 号 147 頁。下松市土地収用事件）······················ 39

最判平成 9・1・28（民集 51 巻 1 号 250 頁。開発許可処分取消訴訟）············· 222,228

最判平成 11・1・21（民集 53 巻 1 号 13 頁。志免町給水拒否事件）············ 129,130,141

最判平成 11・10・22（民集 53 巻 7 号 1270 頁。ノバルティス・アーゲー事件）········· 109

最判平成 11・11・19（民集 53 巻 8 号 1862 頁。逗子市住民監査請求記録公開請求事件）···· 52

最判平成 11・11・25（判時 1698 号 66 頁。環状 6 号線訴訟）····················· 222,224

最判平成 13・3・13（民集 55 巻 2 号 283 頁）··································· 222

最判平成 14・1・17（民集 56 巻 1 号 1 頁。御所町 2 項道路指定事件）············· 85,211

最判平成 14・1・22（民集 56 巻 1 号 46 頁）··································· 222

最判平成 14・6・11（民集 56 巻 5 号 958 頁。関西電力変電所事件）··················· 349

最判平成 14・7・9（民集 56 巻 6 号 1134 頁。宝塚市パチンコ店建築中止命令事件）···· 154,162

最判平成 14・10・24（民集 56 巻 8 号 1903 頁）································· 237

最判平成 15・9・4（判時 1841 号 89 頁。労災就学援護費不支給事件）················ 203

最判平成 15・11・11（判時 1846 号 3 頁。大田区指導要録事件）······················ 181

最判平成 15・11・11（民集 57 巻 10 号 1387 頁。大阪市食糧費訴訟）················· 173

最判平成 16・1・15（民集 58 巻 1 号 226 頁。不法滞在外国人国民健康保険被保険者証不交付事件）···· 316

最判平成 16・2・24（判時 1854 号 41 頁）····································· 228

最判平成 16・7・13（民集 58 巻 5 号 1368 頁。世界デザイン博事件）·················· 128

最判平成 16・10・15（民集 58 巻 7 号 1802 頁。水俣病関西訴訟）····················· 320

最判平成 17・5・30（民集 59 巻 4 号 671 頁。もんじゅ訴訟）······················· 256

最決平成 17・6・24（判時 1904 号 69 頁。東京建築検査機構事件）···················· 308

最判平成 17・7・15（民集 59 巻 6 号 1661 頁。病院開設中止勧告事件）············ 136,206

最大判平成 17・9・14（民集 59 巻 7 号 2087 頁。在外国民選挙権訴訟）········ 273,274,314

最判平成 17・11・1（判時 1928 号 25 頁。都市計画制限損失補償事件）················· 346

最大判平成 17・12・7（民集 59 巻 10 号 2645 頁。小田急訴訟）····················· 224

最判平成 18・2・7（民集 60 巻 2 号 401 頁。呉市公立学校施設使用不許可事件）··········· 41

最判平成 18・3・10（判時 1932 号 71 頁。京都市レセプト訂正請求事件）··············· 181

371

最判平成 18・7・14（民集 60 巻 6 号 2369 頁。高根町簡易水道事業給水条例事件）………………… 24,128

最判平成 18・11・2（民集 60 巻 9 号 3249 頁。小田急訴訟〔本案〕）………… 109,139,140,225,242

最判平成 19・1・25（民集 61 巻 1 号 1 頁。積善会児童養護施設事件）…………………………… 309

最判平成 19・10・19（判時 1993 号 3 頁）………………………………………………………………… 225

最決平成 19・12・18（判時 1994 号 21 頁。弁護士懲戒執行停止事件）……………………………… 279

最大判平成 20・6・4（民集 62 巻 6 号 1367 頁）………………………………………………………… 273

最大判平成 20・9・10（民集 62 巻 8 号 2029 頁。浜松市土地区画整理事業計画事件）… 140,143,213,296

最決平成 21・1・15（民集 63 巻 1 号 46 頁。沖縄ヘリ墜落事件）…………………………………… 177

最判平成 21・2・27（民集 63 巻 2 号 299 頁。優良運転免許証交付等請求事件）………………… 215

最判平成 21・7・10（判時 2058 号 53 頁。福間町公害防止協定事件）…………………… 129,155,162

最判平成 21・10・15（民集 63 巻 8 号 1711 頁。サテライト大阪事件）…………………………… 225

最判平成 21・10・23（民集 63 巻 8 号 1849 頁。福島県求償金請求事件）………………………… 339

最判平成 21・11・26（民集 63 巻 9 号 2124 頁。横浜市保育所廃止条例事件）……………… 210,251

最判平成 21・12・17（民集 63 巻 10 号 2631 頁。東京都建築安全条例事件）…………………… 108

最判平成 22・3・2（判時 2076 号 44 頁。北海道縦貫自動車道キツネ侵入事件）………………… 332

最判平成 22・6・3（民集 64 巻 4 号 1010 頁。冷凍倉庫固定資産税重課事件）……………………… 98

最判平成 23・6・7（民集 65 巻 4 号 2081 頁。一級建築士免許取消事件）…………………………… 50

最判平成 24・2・9（民集 66 巻 2 号 183 頁。東京都教職員国旗国歌訴訟）……………… 267,270,273,275

最判平成 25・1・11（民集 67 巻 1 号 1 頁。医薬品ネット販売権確認等請求事件）……………… 82,273

最判平成 26・1・28（民集 68 巻 1 号 49 頁）…………………………………………………………… 225

最判平成 26・7・29（民集 68 巻 6 号 620 頁）………………………………………………………… 225

最決平成 26・9・25（民集 68 巻 7 号 781 頁）………………………………………………………… 236

最判平成 27・3・3（民集 69 巻 2 号 143 頁。北海道パチンコ店営業停止命令事件）……………… 87,233

最判平成 27・12・14（民集 69 巻 8 号 2404 頁）……………………………………………………… 231

最大判平成 27・12・16（民集 69 巻 8 号 2427 頁。再婚禁止期間違憲訴訟）……………………… 314

最判平成 28・12・8（民集 70 巻 8 号 1833 頁。厚木基地第 4 次訴訟）………………… 205,267,268

最判平成 28・12・20（民集 70 巻 9 号 2281 頁。辺野古訴訟）……………………………………… 110

最判令和 3・3・2（民集 75 巻 3 号 317 頁）…………………………………………………………… 107


## 高等裁判所

大阪高決昭和 40・10・5（行集 16 巻 10 号 1756 頁。茨木市職員組合事務所明渡請求事件）………… 149

東京高判昭和 48・7・13（行集 24 巻 6 = 7 号 533 頁。日光太郎杉事件）…………………………… 40

東京高判昭和 55・7・28（行集 31 巻 7 号 1558 頁。摂津訴訟）……………………………………… 203

東京高判平成 4・12・18（判時 1445 号 3 頁。東京予防接種禍訴訟控訴審）……………… 325,353

福岡高判平成 23・2・7（判時 2122 号 45 頁。産廃処分場措置命令義務付け事件）……………… 262

東京高判平成 26・2・19（訟月 60 巻 6 号 1367 頁）…………………………………………………… 250

## 地方裁判所

東京地判昭和 38・7・29（行集 14 巻 7 号 1316 頁）･････････････ 269

東京地決昭和 40・4・22（行集 16 巻 4 号 708 頁。健康保険医療費値上げ事件）･････ 251

東京地判昭和 44・7・8（行集 20 巻 7 号 842 頁。ココム訴訟）･････ 38

札幌地小樽支判昭和 49・12・9（判時 762 号 8 頁。在宅投票制度廃止違憲訴訟第 1 審）･･ 324

東京地判昭和 53・8・3（判時 899 号 48 頁。東京スモン訴訟第 1 審）･････ 319

大阪地判昭和 57・2・19（行集 33 巻 1 = 2 号 118 頁。近鉄特急事件第 1 審）･･ 251

東京地判昭和 59・5・18（判時 1118 号 28 頁）･････････ 353

大阪地判昭和 62・9・30（判時 1255 号 45 頁）･････････ 353

福岡地判平成元・4・18（判時 1313 号 17 頁）･･････････ 353

東京地判平成 2・9・18（行集 41 巻 9 号 1471 頁。伊豆国立公園別荘建築不許可補償事件）･ 346

仙台地判平成 5・11・24（判時 1510 号 76 頁）････････････ 38

札幌地判平成 9・3・27（判時 1598 号 33 頁。二風谷ダム訴訟）･･ 249

東京地決平成 18・1・25（判時 1931 号 10 頁）･････････ 280

大阪地判平成 19・3・14（判タ 1252 号 189 頁）･････････ 266

## 著者紹介

村上裕章
（むらかみ　ひろあき）

1959年福岡県に生まれる
1988年九州大学大学院法学研究科博士後期課程単位取得退学
九州国際大学法経学部助教授，
北海道大学法学部助教授，
同大学大学院法学研究科教授，
九州大学大学院法学研究院教授などを経て
現在　成城大学法学部教授，九州大学名誉教授

## 主要著作

『行政訴訟の基礎理論』（有斐閣, 2007年）
『重要判例とともに読み解く個別行政法』（共著, 有斐閣, 2013年）
『行政情報の法理論』（有斐閣, 2018年）
『行政法〔第4版〕』（共著, 有斐閣, 2018年）
『判例フォーカス行政法』（共編著, 三省堂, 2019年）
『行政訴訟の解釈理論』（弘文堂, 2019年）

# スタンダード行政法
## Administrative Law

2021年12月15日　初版第1刷発行

著　者　　村上裕章
発行者　　江草貞治
発行所　　株式会社 有斐閣
　　　　　〒101-0051 東京都千代田区神田神保町2-17
　　　　　http://www.yuhikaku.co.jp/

デザイン　堀 由佳里
印刷　　　株式会社暁印刷
製本　　　牧製本印刷株式会社

©2021, Hiroaki Murakami. Printed in Japan
落丁・乱丁本はお取替えいたします。
★定価はカバーに表示してあります。
ISBN 978-4-641-22826-9

JCOPY　本書の無断複写（コピー）は，著作権法上での例外を除き，禁じられています。複写される場合は，そのつど事前に，（一社）出版社著作権管理機構（電話03-5224-5088, FAX03-5244-5089, e-mail:info@jcopy.or.jp）許諾を得てください。